KB001142

조성당일기

操 省 堂 日 記

일러두기

1. 단행본과 학술지, 잡지 등은『 』로, 논문과 단편, 시조, 그림은「 」로 표기했다.

국학자료 심층연구 총서 23

조성당 일기

操省堂日記

일기를 바탕으로 복원한
17세기 영남 사족의 생활 궤적

한국국학진흥원 연구사업팀 기획
윤성훈 장준호 신동훈 백광열 최은주 류인태 지음

은행나무

『조성당일기(操省堂日記)』는 조선 중기 예안 한곡에 거주했던 조성당(操省堂) 김택룡(金澤龍, 1547~1627)이 말년에 쓴 생활일기다. 2022년 한국국학진흥원은 심층연구의 대상으로 김택룡의 『조성당일기』를 선정하였다. 『조성당일기』는 2010년 한국국학진흥원의 대표적인 번역사업인 '일기국역총서'의 첫 번째 성과로 간행하였다. 그만큼 이 일기가 지닌 가치와 기대치가 높다고 할 수 있다. 이후 10년이 넘게 지났는데도 김택룡과 그의 일기에 주목한 성과는 많이 배출되지 못했다. 이는 『조성당일기』가 1612년과 1616년, 1617년이라는 3년간의 짧은 기록이라는 한계를 안고 있었기 때문이다. 이러한 한계에도 불구하고 다양한 학자들이 심도 있게 자료를 해독하고 다양한 방법론으로 공동연구를 이끌었다.

조성당 김택룡은 퇴계 이황의 제자인 월천 조목의 문인으로 알려져 있다. 월천 조목은 퇴계 이황과 함께 도산서원에 배향된 중요 인물이다. 김택룡은 경상도 예안 한곡에 거주하면서 예안의 큰 어른인 퇴계와 월천에게 학문을 배우고 나아가 과거에도 급제하여 중앙 관료로 현달하기도 했다. 『조성당일기』는 이러한 삶을 끝내고 향촌에 돌아와 말년의 일상을 살았던 기록이다. 여기에는 경상도 예안에서 발생한 크고 작은 사건들은 물론이고, 김택룡의 일상 속 경제생활과 인간관계를 세밀히 담고 있다.

이 공동연구는 3년이라는 짧은 기간에 걸친 기록이지만 해당 기간 동안 농축된 삶의 일상을 세밀하게 기록한 일기의 특성에 보다 주목하였다. 기간은 짧지만 그 안에 수록된 기록의 가치는 높았다고 판단했다. 이에 따라 각 연구자는 일기를 중심으로 김택룡의 삶을 다양한 각도에서 분석하였다. 역사학자는 그의 정치활동과 도산서원 설립의 역사성을 깊이 있게 탐구했다. 다양한 관찬사료를 동원하여 『조성당일기』와 합을 맞추어 보았다. 한문학자는 일기 자료의 가치와 함께 문집을 교차 검토하여 그의 문학적 수수관계를 분석했다. 사회학자는 그의 인적 네트워크를 족보를 중심으로 다각도로 분석했으며, 디지털인문학자는 그의 삶의 공간을 전자 지도로 재현하기도 했다. 이처럼 하나의 일기 사료를 다양한 전공 분야의 학자들이 협업하여 다양한 자료와 방법론을 동원해 김택룡의 삶의 궤적을 심도 있게 탐구하였다. 이는 이 저서가 지닌 가장 큰 가치라고 할 수 있다.

윤성훈 박사는 「『조성당일기』를 통해 본 김택룡의 일상」을 주제로, 이 일기가 지닌 가치를 탐구하는 것으로 포문을 열었다. 일기의 기록이 3년이라는 비교적 짧은 시기에 수록되었지만 그 밀도는 꽤 높아서 당시의 생활상을 재구성하는 훌륭한 자료로 평가하였다. 장준호 박사는 「조성당 김택룡의 관직 활동과 교유 관계」를 통해 김택룡의 정치적 삶을 재구성했다. 김택룡이 관직에 나가기 전의 행보부터 관직 활동에 나간 이후까지 면밀히 검토하였다. 특히 그의 관직 활동은 낙향 이후 향촌에서의 주도적 활동에 기반이 되기도 하였다. 신동훈 박사는 「17세기 서원 인식의 변곡점, 조목의 도산서원 종향」에서 도산서원이 지닌 가치를 재확인하였다. 특히 도산서원에 조목이 제향되기까지 당대 논쟁이 있었던 이유로 서원에 대한 향촌 사회 내의 상반된 인식에서 비롯되었음을 지적했다. 또한 당대의 논쟁 속에서 서원이 지닌 기능이 교육보다 제향이 우선되는 인식의 근거를 마련해 주었던 점도 지적해 주었다. 백광열 박사는 「예안 사족 김택룡과 영남 사족사회」를 주제로, 김택룡이 향촌 사회 내에서 그리고 조선시대 사족사회 내에서 차지하는 위치를 검토하였다. 김택룡의 혈연과 혼망을 중심으로 그의 인적 네트워크를 분석하여서 김택룡이 차지했던 사족으로서의 위치를 조망하였다. 최은주 박사는 「조성당 김택룡의 인맥 기반과 문학 네트워크」를 주제로 문집과 일기 자료 속에 나타난 김택룡의 인맥 기반을 확인하였다. 문학 네트워크는 시의 주고받음을 통한 인적 관계를 의미한다. 김택룡의 네트워크는 시기에 따라 상황에 따라 달라졌는데 중앙에서는 퇴계학파와 영남학계 전반과 교유했다면 향내에서는 월천계와 깊은 관계를 맺었다. 류인태 박사는 「예안-영주-봉화를 잇는 김택룡의 생활공간 복원」에서 김택룡의 일기를 통해 생활 영역을 복원하였다. 특히 일기에 나타난 말년의 삶을 보낸 공간을 중심으로 그의 공간을 추적했다. 이를 김택룡의 생활공간인 점dots, 김택룡의 이동 경로인 선lines, 생활권역을 형상화한 면faces으로 구분하여 이를 전자지도로 구현하였다.

『조성당일기』는 의성 김씨 한곡파에서 한국국학진흥원에 기탁되었다. 그리고 '일기국역총서' 간행위원회에서는 첫 번째 성과로 2010년 국역을 완성하였다. 그리고 13년이 지나 심층연구포럼을 통해 이 자료를 세밀하게 분석하였다. 이제 역사 속의 숨어 있던 조성당 김택룡의 삶이 조금 더 드러나게 되었다. 이 모든 과정은 참여해 주신 연구자분들과 한국국학진흥원에 자료를 기탁해 주신 분들 덕분이다. 앞으로도 기탁된 여러 자료에 대한 심도 있는 분석을 통해 자료의 가치를 이끌어 낼 수 있기를 희망한다.

2023년 11월

한국국학진흥원 연구사업팀

1장

『조성당일기』를 통해 본 김택룡의 일상

– 1612·1616·1617년, 그는 어디에서 무엇을 하며 삶을 영위했는가

윤성훈

종종 역사학의 가치가 알려지지 않았던 사실을 발견하는 데 있다고 여기는 사람들을 마주친다. 이들에게 역사학은 번쩍이는 금동 유물의 발굴을 알리는 신문 문화면 기사의 연속에 불과하다. 자료 한 줄의 해석에 골치를 썩이는 역사학자 앞에서, 알려진 모든 자료를 모아 거대 데이터셋을 만들어서 생성형 인공지능에 학습과 분석을 맡기면 새로운 역사적 사실을 발견해 낼 수 있지 않겠냐고 속 편한 조언을 하기도 한다. 다른 극단에는, 역사학이란 파편적인 사실들의 합으로부터 어떤 현상을 해석하는 이론적 틀을 도출하는 것이라 여기는 이들도 있다. 이런 이들에게 역사학은 어떤 것을 잘 설명해 내지 못하는 기존의 낡은 이론을 대체하는 훌륭한 새 프레임을 제시해 내는 지적 작업이 된다. 그러나 가만히 생각해 보면, 인문학의 한 하위 분과로서, 이른바 '문사철文史哲'이라는 말에서 알 수 있듯이 그저 하나의 하위 분과가 아닌 유구한 역사를 지녔으며 어떤 면에서 인문학 그 자체이기도 한 역사학은, 저 두 극단의 인식에 모두 해당하기도 하고 그렇지 않기도 하다. 교양서로 흔히 읽는 E. H. 카의 《역사란 무엇인가》가 이야기해 주는 바와 같이, 어떤 사소한 하나의 사실事實 혹은 사실史實도 해석자의 시각에서 자유롭지 않으며, 또한 언어적-사고적 가능성의 탐구인 문학-철학과 달리 사학의 그 어떤 이론도 엄밀한 사실과 단절되는 순간 그 가치를 잃게 된다. 이렇게 보면, 미시사micro-history와 거시사macro-history, 혹은 일상사와 정치·경제사 간의 구분이란 기실 그리 큰 의의가 없는 것일 수도 있다. 과거를 살았던 한 개인의 사소한 행위 하나는, 그가 속한 집단 혹은 그가 살았던 시대의 사상을 대표하는 징후일 수도, 혹은 다른 수많은 행위의 총합 속에 포함되어야 그 가치를 지니는 한 개의 예에 불과할 수도 있다. 조선 중기에서 후기로 넘어가는 시대를 살았던 경상도 예안 지역의 한 사족士族이었던 조성당 김택룡의 일상적 생활활동 기록의 총합인 『조성당일기』를 독해하는 작업 또한 지역사 혹은 일상사적 의의와 조선시대사 혹은 사상·정치·경제사라는 미시-거시적 의의를 동시에 지닐 것이다. 즉 그것을 읽는 행위는 오늘날의 시각에서 과거의 사실과 마주하는 역사학의 보편적 가치에서 한 치의 벗어남도 없는 일이 될 것이다.

위와 같이 길게 서두를 늘어놓은 까닭은 『조성당일기』가 매우 까다롭고 골치 아픈 텍스트이기 때문이다. 아래에서 다시 소개하겠지만 이 일기는 3년 치밖에 남아 있지 않다. 그러므로 별 가치 없는 단편斷片인가 하면 또 그렇지는 않다. 조선시대 생활일기가 다수 남아 전하지만 그날그날의 사실들을 짧게 적어놓은 일지日誌에 불과한 자료도 적지 않다. 그런 일기들에 비하면 『조성당일기』의 하루하루의 기록은 무척 상세한 편이며, 서술 태도나 문장 또한 매우 진솔하여 저자인 김택룡의 내면을 비교적 솔직히 드러내고 있어서 자료의 밀도가 높다고 할 수 있다. 즉 수습하여 연구하자니 쉽지 않고 버려두자니 아까운 계륵과 같은 존재다. 저자인 김택룡 또한 다면적 인물이다. 그는 월천 조목의 고제高弟인 유학자이면서 당대 지역을 대표하는 명망가 중 한 명이었으나, 다른 한편 가문의 지위가 상대적으로 높지 않고 행적에도 모난 구석이 없지 않은 인물이었다. 따라서 그가 손수 써서 남긴 『조성당일기』는 조심스럽게 독해되어야 할 (그 어떤 텍스트도 마찬가지겠으나) 텍스트다. 그러나 이런 사실들이 당대 유력 사족이 남긴 상세한 생활일기로서 그 가치에 심대한 손상을 줄 정도는 못 된다.

이 글은 『조성당일기』의 역사적·인문학적 가치를 본격적으로 연구한 성과는 아니다. 그보다는 본격적 연구를 위한 예비적 연구에 해당한다. 여기에서 필자는 『조성당일기』를 좀 더 접근하기 쉬운 텍스트로 변모시키기 위해, 어제와 오늘과 내일의 사실들의 일련一聯에 불과한 일기를 시간-공간-사건별로 재구성해 일목요연한 파악이 가능하도록 했다. 그러나 앞서도 이야기했다시피 어떤 작은 하나의 사실도 전체적 조망과 해석자의 종합 없이 정리·해석될 수 없다. 편년체 연대기를 기전체나 기사본말체의 구성으로 재구성하는 것은 역사학의 오랜 전통이기도 하다. 각종 데이터 분석틀을 이용하여 자료를 재구성-재해석할 수 있는 디지털인문학적 방법론이 발달한 현 시점에 조금 더 유의미한 시도일 수도 있다. 이 글의 시도는 필자의 연구 경험 및 성과에 기반을 둔 것이기도 하다. 필자는 『조성당일기』 국역의 연구책임자인 하영휘 선생이 따로 꾸려 오랫동안 해독-번역 작업을 진행한 『조성당일기』 독해 팀에 참여했다.[1] 또한 이 책의 다른 필자이기도 한 백광열, 류인태 선생과 함께 『지암일기』의 번역과 데이터베이스 구축에 참여하기도 했다. '지안일기 데이터베이스' 구축에서 활용된 디지털 인문학의 여러 방법론이 이 글에도 적용되었다.[2] 이 글은 『조성당일기』에 나타난 김택룡의 활동의 배경이 되는 그의 생활공간을 바탕으로 시간대별로 그의 각종 활동 및 일기에 기록된 사건들을 재구축하여 『조성당일기』라는 텍스트에 대한 좀 더 차원 높은 이해를 가능케 하는 것을 목표로 한다.

본격적 작업에 앞서 『조성당일기』의 서지書誌와 저자인 김택룡에 대해 대략적으로 살펴보려 한다.

『조성당일기』라는 책에 대하여

조성당操省堂 김택룡金澤龍이 직접 쓴 생활일기인 '조성당일기'는 현재 3책이 남아 전하고 있다. 이 일기에는 원래 특별한 제목이 없는데, '조성당일기'라는 명칭은 저자의 호를 따서 편의적으로 설정한 것이다. ('선조조성당(선생)일록先祖操省堂(先生)日錄'으로 불리기도 하는데, 이 또한 후손에 의해 후대에 붙여진 것이다.) 이 책은 현재 한국국학진흥원에 기탁·소장되어 있는데, 두 책은 의성 김씨義城 金氏 한곡파寒谷派, 한 책은 의성 김씨 평장사공파平章事公派 삼대종택三臺宗宅에 전해 오던 것이다.[3] 세 책 모두 저자가 손수 쓴 필사본으로서, 계선界線 및 광곽匡郭이 없는 종이에 자유롭게 서사되어 있어 행자수行字數가 일정하지 않다. 지면紙面이 깨끗하지 않고 관인官印이 희미하게 비치는 면 또한 눈에 띄는 것으로 보아, 저자는 생활 중에 얻게 된 종이들을 적절히 잘라 일기장 용도로 재

활용한 것으로 보인다. 모서리 혹은 아랫부분의 종이가 닳아 탈락된 곳이 적지 않으며, 특히 제3책 후반부의 탈락이 심하다. 현재 후대에 배접·정리되어 장정된 상태로 전하고 있다.[4]

1612년 권은 총 24장(48면)이고, 1616년 권은 총 46장이며, 1617년 권은 총 47장(94면)이다. 1616년 권은 일기가 기재된 면이 총 91면이며, 마지막 장의 마지막 1면은 판독이 힘든 3행의 어떤 기록이 서사되어 있다. 이 권의 표지 뒷면에는 종계변무宗系辨誣 관련 기록이 적혀 있다(1616년 4월 9일 기사 참조). 이 권의 권수卷首에는 '만력사십사년병진정월대경인건萬曆四十四年丙辰正月大庚寅建'이라는 연기年紀 및 월건月建이 기록되어 있다. 『조성당일기』의 각 월 앞에는 모두 월건이 기재되어 있으나, 1616년 권 이외 1612년·1617년 권은 모두 1월 첫 부분이 탈락되어 있기 때문에 연기를 확인할 수 없다. 그러나 1616년 권을 통해 나머지 권들도 원래 이런 형식으로 시작했다고 짐작할 수 있다. 일기는 행초서로 서사되어 있으며, 각 월의 시작에서 개행改行(행바꿈)하고 있는 것 이외에는 모두 빈틈없이 빽빽하게 적혀 있고, 다만 각 일日의 기사는 권환圈圜(동그라미)으로 구분되어 있다.

각 일 기사는 맨 첫 부분을 반드시 날짜와 간지 그리고 날씨로 시작하고 있는 것 이외에 특별한 형식의 제약 없이 자유롭게 그날그날 일어난 일들을 기록하고 있다. 분량 또한 일정하지 않아, 적으면 한두 문장, 많으면 20여 행에 이르기도 한다. 저자의 일상을 세세히 기록했고, 감상과 생각 또한 솔직하게 토로한 부분이 적지 않다. 조선시대 생활일기로서 내용이 자세하고 진솔한 편이어서 자료적 가치가 높다고 평가할 수 있다. 다만 남아 있는 분량이 3개년으로 적은 것이 흠이다.

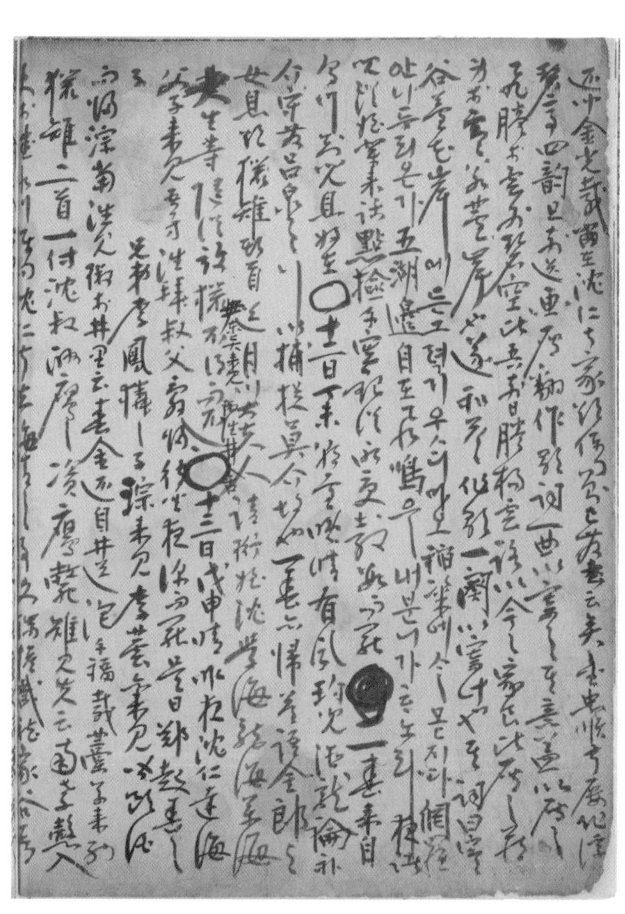

『조성당일기』 1612년 1월 11~13일 일기 부분

김택룡과 그의 가족

김택룡金澤龍은 1547년(명종 2) 2월 12일에 태어나 1627년(인조 5) 6월 26일에 사망했다. 자字는 시보施普이고, 호는 조성당操省堂 혹은 와운자臥雲子다. 1554년(8세)에 월천 조목 문하에서 수학하기 시작하여, 1576년(30세) 사마시에 합격했다. 1586년(40세) 천거로 경릉참봉敬陵參奉에 임명되었고, 1588년(42세)에는 식년문과 병과에 급제, 승문원承文院 저작著作에 임명되었다. 1592년(46세) 임진왜란이 일어나자 의주까지 호가扈駕했다. 이후 사헌부 지평, 성균관 직강, 병조정랑, 공조정랑 등을 거쳐 1608년(62세) 영월군수를 마지막으로 은퇴하여 향리로 돌아왔다. 1606년에는 순무공신宣武功臣 이등二等 정난공신靖難功臣 일등一等에 녹훈되었다.

김택룡의 인적 사항에서는 다음 측면에 주목해야 한다.

우선 그의 본관과 관련하여 약간의 혼선이 있다는 점을 짚어두어야 하겠다. 그의 본관은 문과방목이나 『영남인물고嶺南人物考』,[5] 『월천선생문인록月川先生門人錄』[6] 등 각종 자료에 '예안禮安'으로 되어 있으나, 현재 그는 '예안 김씨'가 아니라 '의성 김씨'(예안 한곡파寒谷派) 족보에 수록되어 있다. 이는 예안 한곡에 세거世居했던 김택룡의 선계先系에 불분명한 점이 존재하여 그의 집안이 '의성 김씨'에 본격적으로 편입되었던 시기가 비교적 늦었던 한편, 예안 지역에 토성으로서 족세族勢가 상당했던 '선성宣城 김씨', 즉 '예안 김씨'가 별개로 존재했던 데에서 야기된 혼란이다. 『조성당일기』에도 주요하게 등장하는 영천榮川(현재의 영주)의 김륵金玏 등의 인물이 속한 예안 김씨(선성 김씨)는 예안의 토성土姓으로서 지역 사회 내에서 지위도 튼튼했다. 이 예안 김씨는 이조판서를 지낸 김담金淡, 형조판서를 역임한 김륵 등 현달한 중앙관이 많았던 명문이다. 그에 반해 김택룡은 집안이 한곡에 세거했던 것은 분명하지만,[7] 그 선계가 불명확하다가 '의성'으로 확정된 것이 상당히 시간이 흐른 뒤였다. 이런 사실은 그의 문집인『조성당선생문집』에도 기재되어 있다.[8] 실록의 사평史評 등 그의 집안을 문제 삼는 시각이 존재했던 것은 이런 점 때문이었을 것이다.[9, 10]

그러나『선조실록』사관의 악의적 시각과는 별개로, 당시 지역 사회에서 김택룡의 입지는 상당했다. 위에서 서술한 바와 같이 그는 문과 급제 후 중앙정계에서 여러 관직을 역임하였고 왜란 때 공을 세운 공신이었을 뿐 아니라, 향리에서도 많은 활약을 한 바 있다. 월천 조목 그리고 퇴계 이황의 문인으로서 도산서원 원장직을 6차례나 역임했던 사실 또한 지역 사회 내 그의 위치를 짐작케 한다. 안동과 영천榮川 지역 사족士族사회에서 김택룡이 명망名望을 갖고 활동할 수 있었던 원동력은, 그가 퇴계의 고제高弟였던 월천月川 조목趙穆의 제자 중에서도 가장 두드러진 활약상을 보인 이였기 때문이다. 현재 전해지는『월천선생문인록』에서도 그보다 연배가 높은 다른 제자들을 제치고 가장 앞자리에 기재되어 있다.[11] 다음 절 1612년 일기 기록에서도 확인할 수 있듯이 그는 1614년 월천 조목이 도산서원에 종향從享되는 데 결정적인 역할을 하였다. 가문의 지위가 높지 않았던 김택룡이 지역 사족사회에서 각종 공의公議를 주도하며 비교적 높은 사회적 지위를 점했던 배경에는, 월천의 제자로서 적극적이고 활발하게 펼쳤던 각종 활약상이 있었다.『조성당일기』에서는 중앙정계의 관력을 지닌 퇴직 관료이자 퇴계 이황의 고제인 월천 조목의 가장 두드러진 제자로서, 관작官爵·학맥·연치年齒(나이) 등 당대 지역 사족에서 존중받을 만한 제반 조건을 갖추고 여러 사람과 활발한 사회적 관계를 가지며 활약한 김택룡의 행적을 여실히 확인할 수 있다.

『조성당일기』는 김택룡의 일상생활을 기록한 일기다. 여기에는 족보 등 공식 기록에 등장하지 않는 첩과 서자들에 대한 기록이 소상하게 기재되어 있다. 따라서 이 일기의 내용을 이해하려면, 우선 그의 가족 관계를 정확히 파악해 둘 필요가 있다. 물론 남아 있는 일기의 양이 적어서 불명확한 점이 적지 않으나, 일기를 통해 확인할 수 있는 김택룡의 가족을 정리해 보면 다음과 같다.

- 본처 : 이사의李思義의 딸 고양 이씨高陽 李氏. 일기 기록 당시 이미 사망했으며, 일기에서는 '망실亡室' 등으로 지칭된다. 기일은 11월 23일이다.
- 후처 : 이의강李義綱의 딸 진성 이씨眞城 李氏. 일기에 주로 등장하는 김택룡의 처다. '실인室人' 등으로 지칭되고 있다.
- 첩 1 : 영천榮川 요산腰山 부근 조촌助村에 거주하는 이李 첨지僉知의 딸. 주로 요산에서 머물고 있다. 1614년 7월 1일에 사망한다. '부실副室' 등으로 지칭된다.
- 첩 2 : 구고九皐 김 의성金義城의 딸. '소가小家' 혹은 '별가別家' 등으로 지칭된다.

김택룡은 5명의 적자嫡子와 2명의 적녀嫡女 그리고 3명의 서자庶子

와 4명의 서녀庶女를 둔 것으로 보인다. 일기 내용을 바탕으로 자녀들의 어머니를 추정해 보면 다음과 같다.

- 본처 고양 이씨 소생 : 숙琡, 적玓[12]
- 후처 진성 이씨 소생 : 각瑴(珏으로도 표기),[13] 영瑛, 박珀[14]

김학金翯에게 시집간 첫째 딸과 김광찬金光纘과 혼인한 둘째 딸은 적녀인 것으로 보이나, 누구 소생인지는 확실하지 않다.

- 첩 1 : 대생大生, 대건大建. 서녀 1(장세언張世彦 처), 서녀 2(권근오權謹吾 처)
- 첩 2 : 대평大平,[15] 서녀 3(김일신金日新 처), 서녀 4(남효각南孝慤 처)

족보에는 적자 5명과 딸 6명만 기재되어 있는데, 딸들은 누구 소생인지 구분 없이 나열되어 있다. 두 명의 첩 및 서자의 존재는 오직 『조성당일기』를 통해서만 확인할 수 있다. 일기 이외에는 자료가 없기 때문에 서자 및 서녀가 누구 소생인지는 다소 불명확한 점이 있다. 그러나 일기에 이들이 무수히 등장하고 있는 데에서 알 수 있듯이, 정식 자료에서 드러나지 않는 이 두 첩의 존재는 김택룡 및 그 가족에게 무척 중요한 의의를 갖고 있는 것이었다. 이는 아래 김택룡의 생활공간의 추론을 통해 더욱 분명히 드러날 것이다.[16]

김택룡의 생활공간

김택룡 집안은 고조부 김효우金孝友 이래로 경상도 예안현 한곡寒谷(현재의 안동시 예안면 태곡리 일대)에 거주했다. 따라서 한곡은 김택룡 집안의 중심지였다. 한곡 집에는 가묘家廟가 있었으며, 가까운 곳에 전답田畓과 집안 산소도 다수 소재했다. 가까이에 와운대臥雲臺와 태동胎洞, 사동砂洞 등이 있었는데, 태동과 사동에는 전답이 있었다. 사동에는 나중에 사망하게 되는 둘째 아들 적玓의 산소를 쓰기도 한다. 사동 뒤쪽 사현砂峴을 넘어가면 가동檟洞(可洞으로도 표기)이 나온다. 여기는 고조부 이래 일가의 선영이 있고 전답 또한 소재했다. 가동에서 조금 더 가면 수륙동水陸洞이 있었는데, 여기에도 일부 선영 및 전답이 있었다.

한곡에서 가까운 정정鼎井, 즉 정리鼎里(井里)에는 큰아들 숙琡의 집이 있었다. 숙은 자주 한곡 본가에 오가며 김택룡의 일을 도왔다.

다음의 생활공간에 따른 김택룡의 일상의 재구축에서 알 수 있듯이, 그는 한곡을 중심으로 한 '예안 권역'과 영천榮川, 즉 현재의 영주시 권역을 정기적으로 오가며 생활했다. 따라서 이 '영천 권역'의 소재지 및 성격이 『조성당일기』를 이해하는 데 핵심적 정보가 된다. 이곳들은 문집이나 족보 등 정식 기록에 정확히 나타나 있지 않고 분재기나 전답 문기 등도 전해지지 않기 때문에, 『조성당일기』의 내용 및 연관 자료를 바탕으로 추론할 수밖에 없다.

'영천 권역' 중 가장 중요한 곳이 '요산腰山'이란 곳이다. 여기에는 일기에서 '산장山庄'으로 지칭하는 별업別業-전장田莊이 소재했다(산장의 '산山'이 '요산'을 가리킨다). 일단 위치를 비정해 보면, 현재의 경북 봉화군 봉화읍 문단2리 일대인 것으로 보인다. 이 문단2리 일대는 현재 봉화군이며 과거에도 봉화현(내성奈城)에 소속되기도 했으나, 일정 시기 동안은 영천군榮川郡(현재의 영주시)에 소속된 적이 있었다. 일기에서도 김택룡은 환곡을 '내성 현창縣倉'에서 타기도 하지만, 영천군수를 '주쉬[主倅]' 혹은 '성주城主'라 부르면서 영천에 소속감을 보이기도 한다. 생활상의 여러 일을 영천군에서 해결하기도 했기 때문에 이곳을 영천 권역으로 보아도 큰 무리는 없을 것이다.

이 요산 산장은 아마도 『조성당일기』가 기록된 시기인 1612~1617년 중간 1614년에 사망하는 첫째 첩의 소유였던 것으로 보인다.[17] 첫째 첩인 대생과 대건의 어머니는 요산에서 가까운 조촌 사람인 이 첨지의 딸이다. 1612년 첫째 첩 생전 시 주로 이곳에 거주했으며, 그 소생인 대건과 대생도 이곳에서 자주 보이고, 또 그 둘째 딸이 권근오와 이곳에서 혼인을 진행하는 등 생활활동 측면에서도 관련이 깊다. 그러나 이는 어디까지나 일기의 내용을 바탕으로 한 추론에 불과하며, 요산 산장이 원래 누구 소유였는지에 대해서는 추후 심화 연구가 필요하다.

김택룡은 요산 산장의 경물에 애착을 갖고 있었던 것으로 보이며, 조촐한 정원을 가꾸어 완상하며 즐기는 모습을 일기에서 자주 보이고 있다. 이 정원에는 계류를 끌어들여 조성한 완심당玩心塘이라 불리는 작은 연못이 있었다. 정원 한쪽에는 은행나무(압각수鴨脚樹)가 있었고, 은행나무 옆으로 돌로 계단식 화단[砌]을 쌓았다.

요산 근처에는 조촌과 도촌陶村이 소재했는데, 조촌은 이 첨지의 집이 있었고, 도촌에는 후에 사돈이 되는 권준신權俊臣 일가가 거주하고 있었다. 그리고 가까운 빈동賓洞·항북項北 등지에는 전답이 있었다.

영천 권역에서 또 중요한 곳으로 구고九皐(구구九丘로도 표기)가 있었다. 이곳은 원래 둘째 첩의 소유지였으며, 1612~1617년 당시에도 대평모大平母와 대평이 계속 거주하고 있었다. 이곳은 현재의 영주시 단산면 구구2리 일대로서, '구장龜庄'이라고도 불렀다. 이곳을 구성龜城 혹은 구미龜尾라고도 불렀기 때문이다. 이 별업에는 작은 누대를 조성해 두었고, 율정栗亭[18]도 있었다. 이곳은 소백산과 가까운 곳이었기 때문에 누대에서는 소백산 봉우리들이 손에 잡힐 듯이 보였고, 또 앞으로는 들판을 흐르는 강(사천)[19]을 두고 있어서 경치가 빼어났다. 일기에서 김택룡은 구고 별업에서 경치를 완상하며 여유를 즐기는 모습을 종종 보인다.

이밖에 문경 부근 산양山陽에는 둘째 아들 적玓이 거주했는데, 산양은 원래 적의 처가가 소재한 곳이었다.[20]

『조성당일기』에 나타난 김택룡의 일상 – 시기 및 생활공간에 따른 재구축

위에서 언급한 바와 같이, 공적인 기록에서 드러나 있지 않은 영천 요산과 구고 별업의 존재는 김택룡의 일상생활에서 큰 비중을 차지하는 공간이었다. 김택룡의 생활에서 도산서원이나 역동서원, 혹은 예안현이나 영천군 관아 등 공적 공간에서 벌어진 '공적인 삶'은 물론 중요한 의의를 지닌 것이었으나, 생활일기인 『조성당일기』의 진정한 가치는 사적인 공간에서 영위된 '사적인 삶'의 기술에 있을 것이다. 따라서 다음에서는 김택룡의 생활공간을, '예안권'인 예안현 한곡 본가를 중심으로 한 지역과 '영천(영주)권'인 유산 산장山庄 및 구고 '구장' 일원으로 대별하여 그의 일상생활에서 벌어진 여러 사건 및 활동을 시기별로 재구축해 살펴볼 것이다.

1612년

1612년(임자년, 광해군 4)은 김택룡이 66세를 맞이한 해였다. 앞서 언급했다시피 이 해의 일기는 온전하지 않아 7월 25일까지만 남아 있다(1월 5일 이전의 일기 또한 결락). 이하는 1612년 김택룡이 일상 속에서 벌인 주요 활동과 그가 마주한 사건 등을 시계열 및 생활공간별로 구분하여 정리한 것이다.

(1) 1612년 1

시기	1612년 (4일 이전 일기 탈락) 1월 5일~3월 5일
공간	예안禮安 한곡寒谷 일원
주요 활동/사건	집안 제사 한 해 농사의 시작 전답 매매 도산서원과 역동서원 정알례正謁禮 월천月川 대부인大夫人의 병환과 사망 월천 선생 도산서원 종향從享을 둘러싼 갈등 중국 서적 입수 김직재金直哉의 옥사獄事

1612년을 시작하는 1월과 2월에 김택룡은 자신의 본가인 예안 한곡의 집에 머무르고 있었다. 정월 초하루의 일기가 탈락하여 있기에 당

일의 활동은 확인할 수 없으나, 여느 해와 마찬가지로 가묘家廟에 배알하고 친지들과 신년 모임을 갖고 인사를 나누며 새해를 맞이했을 것이다(1월 1일의 일상은 1616년 일기에 기록되어 있다).

매년 새해에 거르지 않고 하는 중요한 일로 도산서원과 역동서원에 가서 사당에 참배하고 모임을 갖는 것을 들 수 있다. 1612년도 1월 5일에 두 서원에 가서 참배하고 모임을 가졌다. 이날의 일기 기사는 특히 상세하여, 모인 사람들의 이름을 빠짐없이 기재하였다. 『조성당일기』에서 두 서원의 향사享祀 및 모임 관련 기록은 언제나 상세한 편이며 서원 알묘謁廟가 그만큼 중요한 행사이기도 하지만, 당시가 김택룡의 스승인 월천月川 조목趙穆의 도산서원 종향從享 문제를 둘러싸고 여러 사람들의 의견이 대립하던 민감한 시기였기 때문에 이때 어떤 사람들이 도산서원과 역동서원에 모였는지 기록해 놓은 것은 특히 중요한 의의를 갖는다.

1월 6일에 예안현禮安縣에 들어가 벼슬을 그만두고 돌아가려 하는 예안현감을 잠시 만난 김택룡은, 곧장 월천月川으로 가서 대부인大夫人, 즉 월천 조목의 부인(안동 권씨)에게 문안인사를 했다. 대부인을 만난 후엔 조목의 아들인 조석붕趙錫朋 그리고 수붕 형제의 어머니 등과도 만남을 가졌다.

정월 초에는 친지들과 각종 모임이 많게 마련이다. 그러나 이날 1월 6일 척경滌卿 금결琴潔이 초청하여 이루어진 모임에는 조금 더 특별한 의의가 있었다. 금결의 집에서 열린 이날 연회는 그의 친지 및 동네 사람 등 많은 사람이 모여 성대했는데, 곧 금결이 선전관宣傳官이 된 것을 기념하여 열린 것이었기 때문이다. 김택룡 또한 예전에 문신겸선전관文臣兼宣傳官을 지낸 적이 있었다. 그래서 새 합격자를 놀리는 장난스런 신고식을 하며 즐거운 잔치 모임을 가졌다.[21] 모임이 늦어져 집으로 돌아갈 수 없었던 김택룡은 이날 금결의 큰아들인 금진운琴振雲의 집에 유숙했다. 이외에도 일일이 열거하지 못할 정도로 많은 사람들이 오고가며 김택룡과 만남을 가졌고, 많은 인원이 모인 회합 또한 적지 않았다.

1월 11일 일기에는 주목할 만한 기사가 2가지 등장한다. 한글 가사와 월천 대부인에게 꿩을 보냈다는 기록이 그것이다.

조선시대 사대부의 생활일기에는 자신이 보고 겪고 느낀 정경情景 및 심회心懷를 서술하거나 다른 사람과 수창酬唱한 시가詩歌를 기록하여 둔 경우가 많다. 시문詩文의 독해와 창작이 몸에 배어 있던 문인이기도 했던 그들에게 시작詩作은 일상이었기 때문이다. 이러한 시문은 나중에 문집에 수록되기도 하지만 그렇지 못한 경우도 비일비재하기에, 일기에 기재된 이 작품들은 저자의 평소 생각과 정서를 알 수 있는 소중한 기록이 된다. 이날 일기에는 문집 등에서 보기 힘든 국문國文 가사歌詞가 수록되어 있어서 특히 주목된다.

1월 11일 일기의 이 한글 가사는 충순위忠順衛를 지낸 바 있는 숙부(김 충순金忠順 숙叔)가 기러기 그림에 부쳐 지은 가사에 화답하는 형식으로 지은 것이다. 그림은 아마도 과거 일반적인 화제畫題였던 '노안도蘆雁圖'[22]인 것으로 보이는데, 추운 계절 골짜기의 갈대밭에 내려앉은 기러기 무리를 근경近景으로 하고 멀리 하늘을 나는 다른 기러기 떼를 원경遠景에 배치한 것이었을 것이다.

김택룡의 설명에 따르면, 김 충순은 그림에 부친 가사에서, 지난날

'노안도蘆雁圖'의 예. 양기훈楊基薰 화조도가리개 부분
국립고궁박물관 소장(유물번호 창덕6541)

운로雲路(벼슬길)에 올랐던 김택룡의 모습을 구름 너머 푸른 하늘로 날아오른 기러기에 그리고 현재 은퇴하여 집에서 은거하고 있는 모습을 찬 골짜기 갈대밭[寒谷蘆岸][23]에 몸을 숨기고 있는 기러기에 비유하였다. 이에 김택룡은 다음의 가사로 화답하였다.

> 차가운 계곡[寒谷] 갈대밭의 기러기를 비웃지 마오
> 맛있는 음식에 살찌진 못하지만 그물 두려울 일 없지 않은가?
> 오호五湖 가에서 자유롭게 노래하며 날아다님이 나의 본분인가 하노라[24]

이 시가는 퇴직 관료로 고향에서 유유자적 노년을 보내고 있는 김택룡의 심사를 담담하게 노래하고 있는 것으로서, 한시漢詩에 비해 전해지는 바가 많지 않은 한글 가사이기에 문학적 가치가 작지 않다고 할 수 있다.

이날 조석붕은 김택룡에게 편지를 보내 꿩을 구해 달라는 요청을 한다. '대부인'이 먹고 싶어 했기 때문이다. 당장 가지고 있는 것은 다리 하나밖에 없었지만, 대부인이 맛이라도 보게 하고 싶은 마음에 그것이라도 우선 보냈다. 그리고 다음 날인 1월 12일에는 사람들을 동원하여 사냥을 하여 꿩을 얻고자 노력했으나 실패한다. 이때의 사냥은 매를 이용한 매사냥이었는데, 매는 심인沈仁 숙叔에게 빌린 것이었다. 그런데 매가 죽고 꿩은 놓쳐 버려 소득은 없고 손해만 보게 된다. 다음 날인 13일에 천복千福이 자신이 사냥한 매 2마리를 주어서, 그중 1마리는 당일에 심인 숙에게 위로의 편지와 함께 대가로 보내 주었고, 나머지 1마리를 14일에 마침내 월천 대부인에게 보낼 수 있었다. 17일 일기에서도 매사냥을 했다는 기록을 볼 수 있다.

이렇게 애써 월천에 매를 보내려고 했던 이유는, 조목이 죽고 홀로 남은 늙은 대부인의 병환이 심상치 않았기 때문이다. 1월 19일에 김택룡은 직접 월천으로 가서 대부인을 문병했는데, 안동 권씨의 상태는 이미 매우 심각했다. 1월 21일에 받은 편지에서 조수붕은 "저 하늘의 명만 기다릴 뿐이니, 한없이 눈물만 난다"[只待彼蒼 悶泣罔極]라고 하여, 대부인의 병이 돌이킬 수 없는 지경에 이르렀음을 말하고 있다. 그리고 마침내 1월 23일에 김택룡은 대부인의 부음을 전해 받게 된다. 젊은 시절부터 월천 선생 문하에 드나들면서 부모처럼 의지했던 이의 죽음이었기에 그의 슬픔은 매우 컸다. 24일에 월천으로 가서 조문하였고, 26일까지 머무르며 입관, 성복成服, 초전初奠 등의 절차를 지켜보았다. 김택룡은 장례를 돕기 위해 자신이 할 수 있는 역할을 다하며 노력하였다. 2월 11일에는 안동부사에게 편지를 보내, 신주함神主櫝과 상여꾼을 부탁하기도 했다. 안동부사는 2월 18일에 일꾼 100명과 신주함을 첩급帖給(공문을 발행하여 물건 및 인력을 내어줌)하였다. 월천 대부인 안동 권씨의 장례는 2월 19일에 치러졌으며, 김택룡은 직접 산소에 가서 장례에 참여했다. 이렇게 제자로서 도리를 다하는 한편, 집안 일상 대소사의 처리에도 소홀할 수 없었다.

2월에는 집안의 중요한 제사가 있다. 2월 8일에는 아버지의 기제사를 지냈고, 2월 16일은 장인의 기일이었다. 아버지의 제사 때는 전날부터 좌재坐齋(재계齋戒)하며 제수를 준비했다. 제삿날에는 이른 아침에 아들, 손자, 조카 등과 함께 대청마루에서 제사를 지내고, 제사가 끝나면 숙부나 다른 친지들과 모두 모여 제삿밥을 먹었다.

살림의 근간인 농사의 점검도 무척 중요한 일이다. 2월 22일에 안복安福을 시켜 앞밭을 갈아 26일에 보리를 파종했다. 3월 2일에는 안복이 태동苔洞 밭에 보리를 파종했다.

이렇듯 농사는 가정 경제의 기반이 되므로 김택룡은 기회가 있을 때마다 전토田土를 구매하려 노력하였다. 선영先塋과 농토가 있는 한곡 근처의 가동檟洞(可洞)에 밭을 내놓은 이가 있다고 하여, 1월 17일 그는 아들 대생大生과 함께 살펴보러 갔다가 전주田主인 반유실潘有實이 나타나지 않아 허탕치고 돌아왔다. 20일에 반유실이 와서 거래가 성사되었는데, 가격이 무명 50필인 1석락石落 넓이의 밭을 소 2마리·옷 2벌·무명 20여 필을 주고 샀다. 그런데 거래 후 문제가 발생했다. 2월 11일에 이영선李榮善[25]이 수군水軍의 전지田地이므로 매매할 수 없다고 예안현감에게 소를 제기하여 예안현에서 금석金石을 구금하는 일이 벌어졌다. 그가 예전에 이 밭을 구매하려다 잘 되지 않았기 때문에 그랬을 것이라고 김택룡은 그 이유를 추정하였다. 김택룡은 예안현에 서찰을 보내어 사정을 설명하고 금석을 석방하기 위해 노력한다. 2월 14일, 이경선李景善[26]은 매매를 취소하려 안복을 시켜 멋대로 반유실의 소를 다시 돌려보내기도 했다. 2월 20일, 이경선의 시도가 성공했는지 여부는 그 경과가 확실히 기록되어 있지는 않으나, 아마도 김택룡은 그의 방해에도 불구하고 이 밭을 계속 소유하고 경작했던 것으로 보인다.[27]

학문 및 문예 활동의 측면에서 중요한 기록으로 2월 19일의 중국 서적("中原書籍") 입수를 들 수 있다. 이날 기록에 따르면 김택룡은 영월군수寧越郡守를 지낼 적에[28] 사은사謝恩使로 명나라에 가는 한덕원韓德

遠[29]에게 인삼을 주면서 서적 구입을 부탁한 바 있는데, 그때 구입한 『성리대전性理大全』·『통감通鑑』·『송감宋鑑』 중 이날은 『성리대전』을 그리고 『통감』과 『송감』은 2월 22일에 마침내 입수할 수 있었다. 이 책들은 예안현의 진봉리進封吏인 택수擇守가 현으로 지고 온 것을, 애남愛男과 축생丑生 등 노奴를 현내로 보내 가지고 오게 하였다. 이 기사는 중국 서적이 어떤 경로를 통해 지방에 들어오게 되는지를 구체적으로 보여 주는 실례로서 문화사적 의의가 적지 않다. 이 책들에 대한 기사는 앞으로도 종종 등장하게 된다.

당시 안동 및 예안 권역 사족사회의 중요 현안으로, 월천 조목을 퇴계를 모신 도산서원 상덕사尙德祠에 종향從享하는 문제가 있었다. 모두 퇴계의 고제高弟였던 서애 유성룡이나 학봉 김성일도 종향되지 못한 상덕사에 조목은 퇴계의 제자 중 유일하게 종향되게 된다.[30] 그런데 아직 종향이 성사되기 전이었던 당시에, 모두 퇴계의 문인들이었던 예안 지역 사족 사이에서 이 문제에 대해 상당한 온도차가 존재하였다. 월천 조목의 제자 중에서도 첫손에 꼽혔던 김택룡이 종향에 매우 적극적이었던 반면, 예안 사족이며 퇴계의 문인이기는 했지만 월천의 직계 제자는 아니었던 금응훈琴應壎과 같은 인사는 종향에 신중한 입장이었다.[31] 제천현감堤川縣監을 지낸 바 있기 때문에 흔히 '금琴 제천堤川'으로 지칭되곤 했던 금응훈이 이 문제에 취했던 입장에 대한 김택룡의 반감은 『조성당일기』에 여과 없이 드러나 있다. 1월 26일 금 제천과 김택룡을 비롯한 여러 사람이 도산서원에 모여 월천 선생을 종향할 때의 예식에 대해 논의하고, 「월천종향통문月川從享通文」을 작성하여 여강서원廬江書院과 이산서원伊山書院으로 보냈다. 이때 김택룡은 종향의 예식은 월천이 직접 작성한 「백운동제향도白雲洞祭享圖」에 따라 거행해야 함을 주장했으나, 금응훈은 이에 대해 의문을 표했다. 28일과 29일에 금응훈은 김택룡에게 편지를 보내어, 종향 제의를 예학에 밝은 한강寒岡 정구鄭逑에게 문의한 후 거행해야 하며 또한 도산서원이 사액서원이므로 조정에 보고해야 한다고도 주장했다. 이에 대해 김택룡은 금응훈 등 오천烏川 사람들이 월천 선생에게 갈등을 빚은 바가 있었기 때문에 이런 일들을 빙자해서 한강 등에게 묻는 등 시간을 끄는 것이라고 의심하였다. 30일에는 역시 조목의 제자인 언각彦覺 금경琴憬이 편지를 보내 금응훈의 처사에 대한 불만을 토로했는데, 이에 김택룡은 금응훈에게 답장을 보내 금경의 걱정을 전했다. 2월 2일에는 금응훈의 답장과 도산서원 원장의 편지, 이산서원의 통문이 한꺼번에 왔다. 이산서원 통문은 종향을 독단적으로 추진하는 데 대한 반대의 뜻이었고, 금응훈의 답장은 30일에 보냈던 김택룡의 편지에 대해 극렬한 반감을 드러내는 것이었다. 월천 종향을 둘러싼 이와 같은 금응훈과 김택룡의 갈등 양상은 이후로도 지속된다.

1612년 2월 당시 중앙조정은 김직재金直哉의 옥사로 소란스럽고 살벌한 분위기였다. 황해도 봉산군수 신율申慄이 어보御寶와 관인을 위조해 군역을 피하려고 했던 김경립金景立이란 자를 체포했다가 역모를 꾸몄다는 거짓 진술을 강요하였는데, 당시 대북정권은 이를 기화로 이 사건을 중대 역모사건으로 키웠다. 그런데 진술의 내용 중 김직재의 아들이었던 김백함金百緘[32]이 아버지의 억울함을 풀려고 역모를 꾸몄는데, 김백함이 총대장이고 8도에 각각 대장이 있어 불시에 서울로 진격하려 했다는 내용이 있었다. 이 때문에 경상도에도 사건의 불똥이 튀게 되었다. 2월 27일 일기에 유성룡의 아들인 유진柳袗을 체포하려는 가도사假都事가 왔다는 생질 정득의 전언傳言이 기록되어 있으며, 3월 1일 기사에 기재된 김랑金郞(김 서방. 사위인 김광찬金光纘인 것으로 보인다)이 보낸 편지에는 안동에 거주하는 백일승白日昇이란 사람이 대장이라는 등 역옥에 대한 좀 더 자세한 내용이 나온다. 3월 3일에 받은 김용金涌(자 도원道源)의 편지에는 유진이 잡혀가게 된 까닭이 서술되어 있는데, "김직재가 서애 유성룡이 재상을 맡고 있을 때 사판仕版에서 삭제되어 원한을 품고 무고誣告했을 것이다"라고 했다. 이 김직재의 옥사는 지역 사회를 불안하게 하는 요소로 작용하며 앞으로 일기에 계속 등장하게 된다.

(2) 1612년 2

시기	1612년 3월 5일~5월 17일
공간	영천榮川 요산腰山 및 구고九皐 일원
주요 활동/사건	농사 감독 전답 매매 일대의 친지들과의 만남 및 모임 유천柳川 표석表石 석물 공사 정원의 정비 및 경물 완상 소백산 유산遊山 김직재金直哉의 옥사獄事

김택룡은 3월 5일 새벽, 잠자리에서 일어나자마자 길을 떠나 오담鰲潭-온계溫溪-고매점古梅店을 거쳐 날이 저물 무렵 요산腰山 산장山庄에 도착했다. 근처인 산양山陽에 사는 둘째 아들 적玓이 미리 와 있다가 산

양의 근황에 대해 이야기를 나누었다.

김택룡의 영천榮川 요산 및 구고九皐 행차 및 체류의 주요한 목적 중 하나가 해당 지역에 소재한 전답의 농사 상황을 점검하는 것이었다. 3월 19일 일기에는 노奴 명금命金이 요산 근처인 항북項北의 논을 갈았다는 기록이 있다. 4월 1일에는 파종할 볍씨를 나누어 주었고, 4월 11일에는 명금이 요산 집 앞 논에 못자리를 만들었다. 김택룡은 이번 요산 체류 기간 동안 근처인 사북沙北이란 곳에 밭을 사서 농사를 지었다. 4월 5일 김택룡은 둣손戜孫이라는 노奴를 둔 사람에게서 사북의 복사전覆沙田을 구매하였다.[33] 그리고 이틀 후인 7일에 그 밭을 일굴 인부와 소를 수배하여, 8일에 인부 15명을 모아 일구고 개간한 진전陳田에 기장[黍] 2말을 파종했다. 8일에는 그가 직접 가서 일을 감독하였다. 9일에도 계속하여 노奴들을 시켜 사북 밭을 일구고 기장을 심었다.

1612년 3월 초부터 5월 중순까지 영천 권역에서 체재하는 동안, 김택룡은 주로 요산 산장에 머물면서 대평모大平母가 있는 구고九皐의 산장, 즉 '구장龜庄'을 오갔다. 이 기간 동안 총 3회 왕래했는데, 체류 기간은 대체로 사나흘에서 닷새 정도였다. (두 번째 구고행은 예외적으로 기간이 길었는데, 중간에 소백산 유람을 다녀왔기 때문이다.) 이 사이 이 권역에서 살고 있는 친지들을 만나 모임을 갖는 것 또한 중요한 활동이었다. 한두 명을 만난 것은 부지기수로 많고, 주요한 모임만 추려도 다음과 같다.

3월 11일 김택룡은 구고에서 요산 산장으로 돌아가는 길에 도촌陶村의 동회洞會에 참석하였다. 이李 충순위忠順衛(이복린李福麟) 이하 40여 명이 모인 큰 모임이었다. 이 모임에서 금호여琴皥如(자는 복고復古)와 박선장朴善長(자 여인汝仁)은 요산에서 꽃놀이를 하고 제안한다. 이 모임은 실제 성사되어 3월 21일 산장 근처 계대溪臺(쌍계대雙溪臺)에서 모임을 가졌다. 3월 21일 기사에는 이날 모였던 사람들의 이름이 모두 기록되어 있다.[34] 모두 함께 날이 어두워질 때까지 단란하게 놀며 흠뻑 취한 흥겨운 모임이었다. 3월 26일과 27일에는 영천군榮川郡 군내郡內로 들어가 사람들을 만났다. 26일에는 구학정龜鶴亭에서 백암柏巖 김륵金玏과 만난 후 송宋 좌수座首가 연 모임에 참석하였다. 김륵과 오운吳澐 등 많은 사람이 모였고, 가무歌舞하는 이들(가아무녀歌兒舞女) 10여 명을 동원한 큰 잔치였다. 군내에서 유숙한 후 27일에는 관아로 들어가 영천군수榮川郡守 강연姜綖[35]과 만났다. 강연이 파직되어 떠나게 되었기 때문에 전송 모임을 가진 것이다.[36] 김택룡은 심약沈約의 유명한 전별시인 「별범안성別范安成」을 써서 기념으로 주었고, 다시 송 좌수의 집으로 가서 30여 명이 참여한 큰 모임에 갔다가 피곤을 무릅쓰고 요산 집으로 돌아왔다. 4월 16일에 구고로 간 후, 4월 18일에는 구고 측실("별가別家"), 즉 대평모大平母의 아버지인 김金 의성義城 집에서 별가와 의성이 함께한 가족 모임을 가졌다. 소백산을 다녀온 4월 28일에는 구고 근처의 신래新來 황상겸黃尙謙의 도문연到門宴에 참석했다. 요산 산장으로 돌아온 후인 5월 6일에는 다시 영천 군내로 들어가 권호신權虎臣의 아들 권성오權省吾[37]의 도문연 잔치에 참석했다. 5월 14일에도 군내로 들어가 5월 9일에 편지를 통해 만나기로 약속했던 신임 영천군수 이사손李士遜을 만났다.

집안 행사로는 다음과 같은 일들이 있었다.

4월 15일은 아들 대건大建의 돌이었다. 일기는 활과 화살, 붓과 벼루, 시서詩書 등을 늘어놓고 돌잡이를 했다고 기록하고 있다. 5월 5일의 절사節祀 때에는 부모님과 장인·장모, 죽은 아내 세 위位의 제사를 지냈다.

집안일에 대한 특기할 만한 기사로 유천柳川[38]의 묘소에 표석表石을 세우는 일을 기록한 것을 들 수 있다. 4월 3일에 예천의 석공 임대천林大川이 와서 말하길, 풍기豐基의 고리항古里項이란 곳에 가서 일을 시작하여 나중에 유천의 김 좌수 집에 표석을 세울 것인데 내일 자기 어머니를 데리고 예천으로 간다고 했다. 김택룡은 그가 가는 인편에 사위 김학金翯에게 편지를 보냈다. 4월 10일에는 석공 응남應男이 유천 딸(김학의 아내)의 언간諺簡을 가지고 와서 전해 주었다. 이 석공들은 유천 딸이 시집 간 사돈 집안 묘소의 석물 공사를 하는 이들인데, 돌을 캐러 풍기로 가는 길에 요산 산장에 들러 김택룡을 만나고 갔던 것으로 보인다.

요산 산장에 체류하면서 김택룡은 산장의 정원을 손보기도 했다. 3월 18일에 노奴들을 시켜 돌을 모아 마당의 은행나무 옆에 계단[砌]을 쌓기 시작했는데, 이 공사는 3월 24일에 끝나 완성된 돌계단 위를 소요하며 즐겼다. 3월 23일에는 완심당玩心塘의 막힌 곳을 뚫어 맑은 물을 끌어들였으며, 4월 5일에도 시냇물을 끌어들여 수도를 정비하고 풀을 깨끗이 베어 연못으로 물을 흐르게 했다.

그는 요산과 구고의 별업에 체재하는 동안 바쁜 일상 중에 틈을 내어 경물을 완상하며 여유를 즐겼다.

3월 7일에 구고로 간 그는 다음 날인 8일에 집 뒤 누대에 올라 포단蒲團을 깔고 홀로 앉아 계곡과 산의 경치를 바라보며 즐겼다. 요산 산장에서는 주로 완심당 연못가와 마당의 은행나무 아래를 소요했다. 3월 17일 기사에서 김택룡은 그 정취에 대해 이렇게 말하고 있다.

> 지정池亭과 은행나무 사이에서 느긋이 즐기며 혹은 정신을 도야하고 혹은 꽃과 버들을 읊으며 몇 잔 술을 마시고 편안히 유유자적하니, 자못 '기수沂水에 목욕하고 무우舞雩에서 바람 쐬는' 듯한 기분이 든다. 다만 좋은 때 아름다운 경치에 어울리는 증점曾點의 슬瑟과 안회顔回의 거문고가 없을 뿐이다. 『근사록近思錄』과 『전한서前漢書』·『후한서後漢書』를 읽으며, 심관心官을 점검하고 역사적 득실과 흥망을 살펴 확인했다.[39]

산수 유람은 경치를 즐기며 유산시遊山詩나 유기遊記 등 문학 작품을 짓기도 하는 한편 함께한 친우들과 친목도 도모하는 조선시대 사족의 전형적인 문화 활동이었다. 이번 요산-구고 체재 기간 동안 가장 두드러진 활동으로 4월 23일부터 27일까지 5일 동안 행했던 소백산小白山 유람을 꼽을 수 있겠다. 이 유람에는 김 의성과 아들 각瑴·대평大平을 비롯하여 김득롱金得礱·안응일安應一·곽율郭嵂·김만원金晩遠 등이 동행했다. 백운동서원에서 필요한 물품을 공급해 주었으며, 산속에서는 백운암白雲菴·석륜사石崙寺·운문사雲門寺에 유숙하며 승려들의 시중을 들었다. 산을 유람하면서 시를 여러 편 지었고, 산을 내려온 후 구고에서 요산으로 돌아와서는 5월 3일에 「소백유산잡록小白遊山雜錄」의 초고를 지어 유산의 기록을 갈무리해 두었다.

김직재 옥사의 여파는 여전히 상당했다. 4월 2일 김택룡은 도사와 나장이 '강릉江陵 영공令公', 즉 김륵金玏을 체포하려 구학정에 왔다는 소식을 듣고, 급하게 요산 산장에서 영천 군내로 들어가서 김륵을 만나 위로를 표했다. 이때 온 가도사假都事 남부南部 참봉 이길원李吉元에게서 이번 역옥에 대한 비교적 자세한 정보를 들을 수 있었다. 이길원의 설명에 따르면, 역모를 꾀했다는 조수륜趙守綸이란 사람이 김륵이 대사헌일 때 모종의 인연을 맺게 되어 편지를 주고받은 일이 있는데, 이 때문에김륵을 잡아오라는 명이 떨어진 것이라고 했다. 정경세鄭經世가 추국에 끌려갔다가 풀려나게 된 사연도 들을 수 있었다. 주상의 명에 의해 칼을 쓰지 않고 잡혀가게 된 김륵은 다음 날인 4월 3일에 서울로 출발했다.

(3) 1612년 3

시기	1612년 5월 17일~1612년 일기 끝(7월 25일)
공간	예안禮安 한곡寒谷 일원
주요 활동/사건	일대의 친지들과 만남 및 모임 농사 감독 선비先妣 제사 자제 교육 월천 선생 도산서원 종향從享을 둘러싼 갈등 『구로회첩九老會帖』 제목 서사書寫

김택룡은 5월 16일에 요산 근처의 죽은 첫째 아내의 무덤에 올랐다가, 5월 17일에 길을 떠나 소게정召憩亭-용수사龍壽寺를 거쳐 저녁에 예안 한곡의 집에 도착했다. 1612년 일기는 7월 25일 일기 이후가 탈락되어 있어서 그 이후의 일은 알 수가 없는데, 김택룡은 이때 돌아온 이후 7월 25일까지 줄곧 한곡에 머물렀다. 이 기간은 7월 25일까지 남아 있는 기록의 기간만 해도 70일 이상이 되지만 일기의 분량은 비교적 적다. 분량을 통해 알 수 있는 것처럼 이 기간 동안 김택룡은 별다른

사건 사고 없이 평온한 일상을 보냈다.

농사 감독 및 집안 제사, 자제들의 교육 등 일상적 기록이 적지 않으나 이에 대해서는 기술을 생략한다. 월천 선생 종향을 둘러싼 갈등의 기록은 6월 14일 일기에 간단하게 보이는데, 금경琴憬과 만나 정문呈文을 예조판서에게 보내는 문제에 대해 의논을 하였다. 특기할 만한 기록으로는, 6월 11일에 남효각南孝慤과 남신각南信慤이 『애일록愛日錄』을 가지고 만나러 와서 김택룡에게 보여 주고 아울러 『구로회첩九老會帖』의 제목을 써달라고 부탁한 일을 들 수 있다. 다음 날인 12일에 김택룡은 첩의 제목을 써서 남효각에게 주었다. 『애일록』은 농암聾巖 이현보李賢輔의 시문詩文 및 관련 기록을 모아 엮은 책이고, 『구로회첩』은 이현보가 예안 지역에 거주하는 나이 많은 현사賢士들을 모아 결성한 구로회의 회원들이 수창한 시를 모은 첩이다. 『구로회첩』에는 한강寒岡 정구鄭逑가 그 내력을 기록한 발문跋文을 썼다.[40] 남효각은 김택룡의 사위인데, 예안 지역 사회의 훌륭한 일인 구로회를 기념하는 일에 열심이었던 것으로 보인다. 『애일록』과 『구로회첩』은 현재도 이현보 종가에 남아 전한다.[41] 이현보가 나이 든 아버지를 모시면서 결성한 구로회의 고사는 예안을 대표하는 역사적 사건에 해당한다. 한때의 성사盛事라도 기억을 위한 지속적 노력이 없다면 쉬이 잊히고 말 것이다. 이현보의 효행이 문적文籍으로 남아 현재까지 전하는 지역과 가문을 대표하는 기념비적 고사로 화化한 것은, 한강 정구·남효각·김택룡과 같은 후대 사람들의 추숭 활동이 있었기에 가능한 일이었다. 『조성당일기』에 있는 『구로회첩』 관련 기록에는 이러한 문화사적 가치가 있다고 평가할 수 있겠다.

1616년

1616년은 12월 말의 일부 결락이 있긴 하지만, 한 해의 기록이 거의 온전히 남아 있다. 이 해의 기록을 통해 우리는 조성당 김택룡의 1년의 일상을 거의 완벽하게 복원해 낼 수 있다. 위와 마찬가지로 생활공간 및 시계열별로 주요 사건을 정리하여 서술한다.

(1) 1616년 1

시기	1616년 1월 1일 ~ 1월 6일
공간	예안禮安 한곡寒谷 일원
주요 활동/사건	도산서원 정알례正謁禮 및 모임

예안 지역 사회에서 연초의 가장 중요한 공적 행사로 도산서원 참배 모임을 들 수 있다. 1616년도 예년과 마찬가지로 1월 5일에 정초正初에 선현, 즉 퇴계 선생을 모신 사당인 상덕사尙德祠에 배알하는 정알례正謁禮를 행했다. 김택룡은 작년 1월 5일자 일기와 마찬가지로 이날 모여 예식을 행한 사람들의 명단을 일일이 기록하였다. 모인 사람은 퇴계의 손자인 이영도 등이었는데, 『조성당일기』에 기록된 것은 모두 41명이다(성명을 정확히 알 수 없어 해당인의 이름을 비워둔 것까지 포함). 알묘에 참사당에 참배한 후에는 명교당明教堂에 모여 모임을 가졌다. 여기에서 회원들의 권점으로 신입 유생을 결정 유적儒籍에 이름을 올렸다. 이때 유적에 오른 이들은 이은李誾 등 총 9명이었다. 김택룡은 이들의 이름도 모두 기록하고 있다. 모임은 저녁까지 계속한 후 파했다.

(2) 1616년 2

시기	1616년 1월 6일~2월 9일
공간	영천榮川 요산腰山 및 구고九皐 일원
주요 활동/사건	일대 친지들과 만남 및 모임 딸 혼례 준비 요산 및 구고 별업別業의 경물 완상

김택룡은 1월 6일에 아침에 잠시 사람들을 만나고 식사를 한 후 요산 산장으로 길을 떠났다. 고점古店(고매점古梅店)에서 말을 먹이고 건정巾正을 거쳐 저녁에 산장에 도착했다.

이번 요산-구고 별업 체재 기간 동안 일상적 생활활동 이외에 큰 이슈는 눈에 띄지 않으며, 다만 앞으로 있을 딸의 혼인을 위한 준비가 평소와 다른 이례적인 일이었을 뿐이다(혼례는 3월 27일에 거행). 이 기간 동안 구고에 한 차례 가서 열흘 간 체류했으며, 나머지 기간은 요산 산장에 머물렀다.

1월 6일에 간 후 요산 산장에서는 우선 18일까지 13일간 머물렀다. 이 기간 동안에는 박朴 진사進士[42]나 이천동李擅東 형제 등 일상적으로 만났던 이들이 찾아와 만남을 가졌던 것 이외에 특별한 일은 없었다. 함께 왔던 아들 숙琡은 1월 13일에 예안으로 돌아갔다.

1월 18일에 김택룡은 구고의 집 '구장龜庄'으로 가서 27일까지 열흘 간 체류했다.

구고에 머물면서 정선군수旌善郡守와 편지로 안부를 주고받았다. 정선군수는 김구정金九鼎인데 김 의성의 딸인 대평모大平母와 남매간 혹은 가까운 가족인 것으로 보인다. 아들인 대평이 직접 왕래하며 소식을 주고받고 있었기 때문이다. 대평은 1월 20일에 정선에서 돌아와 평안하다는 소식을 전했다. 1월 22일에는 서울로 회시會試를 보러 가는 김경원金慶遠 편에 정선군수에게 편지를 보냈다.

1월 25일에는 구고 별업에서 보이는 봉우리들이 우뚝 솟은 소백산과 시내가 굽이굽이 흐르는 들판의 경치를 즐겼다. 시를 읊거나 술을 마시거나, 혹은 우두커니 서 있거나 이리저리 소요하기도 하면서 혼자만의 여유로운 시간을 보냈다.

1월 26일에는 박순재朴順才란 점쟁이를 불러 딸 혼례의 길일을 물어보았다.

1월 28일에 요산 산장으로 돌아온 후, 2월 2일에는 권준신權俊臣의 형인 생원 권호신權虎臣을 찾아가 만나 딸의 혼사에 대해 이야기를 나누었다. 권준신의 아들 권근오는 김택룡의 사위 될 사람이다.

이후 예안 한곡으로 돌아가는 2월 9일까지, 2월 8일에 아버지 제사를 지낸 것 이외에, 사람들을 만나고 친지들과 편지를 주고받는 등 요산 산장에서 별일 없이 일상을 보냈다. 2월 8일의 아버지 기제사를, 1612년에는 예안 한곡의 본가에서 지냈는데 이번에는 요산 산장에서 지냈다. 이것으로 볼 때 집안 기제사는 특별히 장소에 구애받지 않고 형편에 따라 지낼 수 있는 곳에서 거행했음을 알 수 있다.

(3) 1616년 3

시기	1616년 2월 9일~3월 8일
공간	예안禮安 한곡寒谷 일원
주요 활동/사건	도산서원과 역동서원 춘계 향사享祀 농사 감독 각穀의 공부 동회洞會 참석

1616년 2월 9일부터 3월 8일까지 대략 2월 한 달간 예안 체재 동안 김택룡은 비교적 바쁜 나날을 보냈다. 명망 있는 사류士類로서 반드시 참석해야 할 서원의 춘계 향사享祀가 있었기 때문이다.

특히 도산서원의 향사가 임박했기 때문에, 2월 9일에 서둘러 길을 떠나 한곡의 집으로 가지 않고 곧바로 도산서원으로 향했다. 도산서원에서 사람들이 와서 길 중간에서 맞이하였는데, 2월 9일에는 용수사龍壽寺에서 유숙하고 다음 날인 2월 10일에 도산서원에 도착했다. 이날 도산서원에서는 향사를 거행할 헌관獻官과 집사執事를 결정하고 이를 알리는 회문回文을 발송했다.[43]

2월 11일에는 한곡 집으로 돌아와 가묘家廟에 절했고, 2월 12일에는 시사時祀를 지냈다. 그리고 14일에 도산서원으로 가서 2월 15일 재계하고, 2월 16일에 향사를 지냈다. 이때 김택룡이 초헌, 이영도가 아헌, 금경이 종헌을 올렸는데, 15일 일기에 헌관 및 각 집사의 역할이 모두 기재되어 있다.

19일에는 한식寒食 제사를 지냈는데, 숙叔의 집 대청에서 조부모 제사를 지냈고, 한곡 김택룡의 집에서는 능운대凌雲臺 산소에 성묘했다.

다음으로 역동서원의 춘계 향사에 대한 기사가 이어진다. 2월 22일 김택룡은 역동서원으로 가서 제반 사항을 점검한 뒤 유숙했고, 23일에는 채인준蔡仁俊 등 이미 와 있던 6명의 집사와 만났고 혹시 집사가 부족할까 염려되어 박유일朴惟一 등 여러 사람에게 편지를 보내 청하고 금경 등 여러 사람에게도 헌관으로 참여해 달라고 부탁하는 한편, 참석을 사양한 이영도 등에게도 편지를 보냈다. 부탁한 사람들 중 금경 등은 24일에 와서 직방재直方齋에서 함께 유숙했다. 2월 25일에는 헌관과 집사의 역할을 분담하여 정했다. 김택룡이 초헌이 되고, 금경이 아헌, 우성적禹成績이 종헌이 되었으며, 김회일金會一이 축관祝官을 맡는 등 각 집사들 또한 정해졌다. 그리고 2월 26일 첫닭이 울 때 향사를 지냈다. 김택룡은 이날 유숙했으며, 다음 날인 2월 27일에는 서원에 계속 머물면서 전장문기傳掌文記를 정리했다. 그리고 2월 28일에 서원 고직庫直을 정한 후 한곡으로 돌아왔다.

3월 5일에는 다시 도산서원으로 가서 6일까지 유숙하며 머무르면서 임원 교체 및 전곡錢穀 인수인계(遞任傳掌) 일을 감독했다.

이 1616년 2월의 도산서원과 역동서원 향사 관련 기록에서 지역 사족士族 내 김택룡의 위상을 확인할 수 있다. 두 서원 춘계 향사에서 김택룡은 모두 초헌을 맡고 있으며, 헌관 및 집사 차정差定 회의 등에서도 주도적 역할을 하고 있을 뿐 아니라 임원 교체 및 인수인계 문제까지 깊숙하게 관여하고 있다.

이 기간 동안 집안 및 향촌 사회 내 활동은 다음과 같다.

2월 22일에는 노奴 세복世卜과 복동福同을 가동檟洞으로 보내 밭을 갈고 보리를 심도록 했다. 3월 2일 일기에서는 아들 각穀이 부석사로 공부하러 들어갔으며, 숙琡이 병으로 고생하고 있는 아우 적玓에게 보내려고 권전룡權戩龍에게서 꿩을 얻어왔다는 사실을 기록하고 있다. 3월 4일에는 동회洞會를 갖고 동네를 능멸하고 김기룡金起龍을 고소하여 곤장을 맞게 한 남산곡南山谷 및 그 아들 남의각南義慤·남신각南信慤을 삭적削籍했다.

김택룡은 원래 3월 7일에 예안현으로 들어가 현감 이덕휴李德休를 만났다가 곧바로 요산 산장으로 갈 계획이었다. 그러나 이덕휴와 가진 모임에서 현감이 대접한 관아의 술을 마시며 크게 취하여 부득이하게 굴현屈峴의 점인店人 집에서 유숙한 후, 다음 날인 3월 8일에 산장에 이르렀다.

(4) 1616년 4

시기	1616년 3월 8일~4월 15일
공간	영천榮川 요산腰山 및 구고九皐 일원
주요 활동/사건	딸의 혼례 농사 감독 환곡을 얻음(내성奈城 현창縣倉) 각穀의 공부(부석사) 요산 및 구고 별업別業의 경물 완상 종계변무宗系辨誣의 기록

3월 8일부터 4월 15일까지 40일가량 되는 요산-구고 체재 기간 동안 김택룡은 주로 요산 산장에 머물면서 구고 '구장龜庄'에 2차례 왕복했다(각각 6일과 7일 체류). 이 기간 동안 가장 중요한 일은 무엇보다 딸[44]의

혼례였다. 『조성당일기』에는 딸의 혼례를 치르는 전후 과정이 소상하게 기록되어 있다.

그는 산장에 도착한 지 나흘째인 3월 11일에 사위가 될 권근오權謹吾의 아버지인 권준신權俊臣과 그의 형인 권호신權虎臣 형제에게 딸의 혼인을 청하는 편지를 보냈다. 다음 날 권호신에게서 혼례에 동의하는 답장이 왔다. 13일에 구고로 간 후, 3월 16일에 소경 점쟁이[瞽師] 손동孫同에게 혼례 길일을 물었다. 손동이 3월 27일이 좋다고 답했는데, 이것이 원래 택일해 두었던 날짜와 맞아떨어져서 김택룡은 기뻐하고 있다.[45] 18일에 다시 산장으로 복귀하고 나서, 3월 19일에는 부석사에서 『주역周易』을 공부하고 있는 아들 각瑴에게 편지를 보내 혼례날에 내려오라고 알리고, 20일에는 혼례에 쓰려고 쌀을 내다 팔고 숙琡·생질甥姪 정득鄭得과 이영도李詠道·이의적李義迪 등에게 편지를 보내 혼사를 알렸다. 박이장朴而章에게는 편지를 보내 혼례에 쓸 물자를 구했다. 22일에는 사돈이 될 권준신에게 혼서를 보내 27일에 혼례를 치르기로 날짜를 결정했다. 혼례에는 많은 비용과 물자가 소요되므로, 이를 마련하는 것은 쉬운 일이 아니다. 그래서 부득이하게 3월 24일에는 영천군수에게 편지를 보내 도움을 청하기도 했다. 26일에는 숙수熟手, 즉 요리를 하는 사람인 이복李福이 와서 이진동李振東과 함께 혼례를 준비했다.

드디어 혼례일인 3월 27일에 되어 혼서婚書가 왔다. 이때 사위의 이름이 '권근오'임을 알게 된다. 신시申時에 요객繞客 권호신과 사돈 권준신, 중방中房(기럭아비) 이지남李智男과 함께 사위가 도착했다. 그 후 합근례合巹禮를 행하고 예작禮酌을 차렸다. 내객內客(안손님)으로는 생원生員

홍이성洪以成의 처 모자母子, 김개일金介一의 처 모자, 남석경南石慶의 처, 이여李璵의 며느리 등이 와서 모였다. 28일에는 현구고례見舅姑禮[46]를 행했다. 이때 첨지[47]의 처와 첩, 김택룡의 둘째 첩인 구고의 대평모大平母, 박朴 진사의 첩 등이 모여 현구고례를 보았다.

신부집에서 혼례를 마친 부부는 원래 3월 29일에 신랑집으로 들어가려고 했으나 비가 내려 떠나지 못한 채, 달이 바뀌어 4월 1일에 떠났다. 이때 술과 과일, 면麵, 고기 등 여러 안주를 차려 단자單子(물품 목록) 및 편지와 함께 노奴들과 숙수 이복과 함께 보냈다. 노들과 숙수는 정오 조금 전에 돌아왔는데, 이들 편에 답장 및 사돈집의 예단禮單이 왔다.

신혼부부는 예안 한곡 본가에도 인사를 다녀와야 했다. 이는 결혼식을 보러왔던 김택룡의 적실嫡室(정실 처)도 함께 돌아가는 길이기 때문에, 일기에서 '내행內行'(부녀자의 행차)으로 지칭되고 있다. 이 내행은 4월 4일에 출발했는데, 말 6필이 소요되었다. 이를 위해 김택룡은 전날인 3일부터 말을 빌리느라 분주했다. 동원된 말은 김택룡과 사돈 집안의 말 각 1필, 전날 빌린 김할金劼의 말, 전날 권근오와 함께 온 진사 박회무朴檜茂(자는 중식仲植)의 말, 그리고 남석경南石慶과 이여李璵의 말 각 1필 등이었다. 동네와 구고의 노奴들도 동원되었으며, 비婢 늦개莻介와 일녀一女 그리고 계낭季娘·전옥全玉·대건大建·각穀 등이 김택룡의 아내를 모시고 갔다.

혼례를 치르느라 요산 살림이 빠듯해졌다. 4월 14일에는 안동부사 박동선朴東善이 환곡을 나누어 주려고 내성奈城(봉화) 현창縣倉에 온다는 소식을 듣고 편지를 보내어 환곡을 요청했다. 노 애남愛男을 시켜 소를 끌고 가서 환곡을 운송하게 하여, 애남이 저녁에 환곡으로 받은 내와 콩을 싣고 왔다.

여느 때처럼 농사일도 챙겨서, 4월 13일에는 항북項北을 거쳐 가서 전답을 가는 일(기경起耕)을 종만從萬을 시켜 가서 살펴보게 했다.

구고와 산장 별업의 정취를 즐기는 일도 빼놓을 수 없었다. 구고에 있던 4월 6일에는 율정栗亭을 청소하여 포단을 깔고 앉아 태백산과 소백산의 경치를 한참 동안 바라보았다. 11일에 산장으로 돌아온 다음 날인 4월 12일에는 방문해 온 남색南澯·황대지黃大智와 함께 완심당의 그윽한 정취를 즐겼다. 남색은 경치를 완상하며 감탄을 금치 못했다.

일기장은 종종 일상생활뿐 아니라 중요한 기록을 적어두는 메모장이 되기도 한다. 1616년 4월 9일 일기에는 김중청金中清이 중국에 사신으로 간다는 소식을 남색의 편지를 통해 알게 되었다는 기사가 등장한다. 조목의 제자였던 김중청은 김택룡과 가까운 사이였는데, 중국 사행을 기록한 『조천록朝天錄』이란 책을 남겼다. 명나라 실록과 『대명회전大明會典』에 태조 이성계가 이인임李仁任의 아들이라고 잘못 기록되어 있어 이를 바로잡는 문제는 조선 초기에서 중기에 이르기까지 오랫동안 조선의 최대 외교 현안이었다. 『조천록』에는 이에 대한 기록이 있는데, 김택룡은 김중청을 통해 종계변무 문제에 대해 비교적 소상한 정보를 얻었을 수 있다. 명 실록과 『대명회전』 이래, 이를 그대로 이어받아 조선 왕실 종계宗系를 잘못 기록한 중국 문헌이 매우 많았다. 김택룡은 4월 9일 기사에서 이 책들의 명단을 적고 있으며,[48] 그 내용은 『조성당일기』 제2권(1616년 일기를 기록한 권) 앞 책날개에 베껴 적어 놓았다.

(5) 1616년 5

시기	1616년 4월 15일~6월 1일
공간	예안禮安 한곡寒谷 일원
주요 활동/사건	일대 친지들과 만남 및 모임(천렵 등) 아내의 생일 집안 제사 자제 교육 도산서원과 역동서원의 인수인계 입수한 중국 서적의 장황

김택룡은 4월 15일 요산에서 한곡으로 돌아온 후 6월 1일까지 한 달 보름가량 머물렀다.

4월 23일은 한곡 근처 와운대臥雲臺로 나가 천렵 잔치를 벌였다. 젊은 이들을 보내 물고기를 잡게 하여 삶아서 먹고 여러 사람들과 함께 막걸리를 마시며 놀았다.

4월 27일은 아내의 생일이었다. 구고에서는 춘금春金이, 요산에서는 늦개莻介가 술·떡·물고기 등을 가지고 왔다. 대평大平 모자·박회무·권근오 등은 편지를 보냈다. 춘금과 늦개는 30일에 돌아갔는데, 이 편에 박회무·권근오 및 구미와 요산 두 집에 답장을 보냈다.

5월 5일 절사節祀 때는 집안의 사묘祠廟에서 제사를 지냈는데, 증조부모·조부모·부모의 제사를 모두 합제合祭하여 한곡 집에서 지냈다. 능운대 묘소 등의 성묘는 정희생鄭喜生의 집에서 맡아 했다. 이날 조목의 아들 조석붕의 문과 합격을 축하하기 위한 잔치를 열고 조수붕과 조석붕에게 편지를 보내 초청을 하여, 참석하겠다는 답장이 왔다. 그러나 이날 밤 정회생의 집에서 화재가 나서 집을 남김없이 태우는 일이 벌어졌다. 조상들의 신주까지 모두 타는 큰 재난이었다. 그래서 다음 날인 6일에 조수붕 형제에게 편지를 보내 잔치를 취소했다.

5월 11일에 조석붕이 서울로 출발한다는 소식을 듣고, 가서 만나보려고 했으나 그만두었다. 5월 12일에는 도산서원으로 가서 유사有司 교체 및 인수인계 예식[傳掌遞禮]에 참석했다. 그리고 5월 13일에는 역동서원의 인수인계 예식에 참석하고서, 점심을 먹고 월천川川의 모임에 가서 조수붕·조석붕 등 여러 사람과 술을 마시며 모임을 가졌다.

산장에 있을 때 부석사에서 공부하던 아들 각瞉은, 이쪽으로 와서는 청량산에 들어가서 공부하고 있었다. 부석사에서도 『주역』을 읽고 있었는데, 청량산에서도 계속하여 『주역』을 공부했다. 김택룡은 4월 21일에 청량산의 각에게 양식을 보냈다. 각은 4월 28일에 청량산에서 한곡 집으로 돌아왔다. 집으로 돌아온 이후에는 김택룡에게 한유韓愈의 시를 배웠다. 5월 20일·22일·23일·29일 일기 등에 각이 한유의 시를 공부하는 기사가 있다.

이 기간 동안 주목되는 기록으로, 1612년 2월에 입수했던 중국 서적을 장황粧績한 일을 들 수 있다. 5월 8일, 『통감通鑑』·『송감宋鑑』·『성리대전性理大全』 등의 책을 장황하려고 분천汾川의 이운李芸에게 보내려다가 도구가 아직 구비되지 않아 보내지 않았다[49] 이때 보내지 못했던 책들은 5월 16일에 장황 도구와 함께 이운에게 보낸다.[50] 중국 서책은 책을 꿰매어 엮는 실을 통과시키기 위해 뚫는 구멍의 개수[51] 등 장정법이 조선과 다르다. 따라서 중국에서 수입한 책을 다시 장정하는 일이 흔히 있었다. 『조성당일기』의 이 기사는 이런 사실을 증거하는 중요한 기록이 된다.

(6) 1616년 6

시기	1616년 6월 1일~7월 4일
공간	영천榮川 요산腰山 및 구고九皐 일원
주요 활동/사건	농사 감독 및 곡식 분배 자제 교육 대건모大建母 제사 요산 및 구고 별업別業 정원 정비 및 경물 완상

김택룡은 6월 1일에 한곡을 출발, 오담鰲潭-용두산 고개-고매점을 거쳐 저녁 무렵 요산 산장에 도착했다. 집에 도착했더니, 보리를 이미 다 거두어 두었다.

이번 요산-구고 체재는 7월 4일까지 약 한 달간 머물렀다. 중간에 6월 7일부터 15일까지 8일간 구고에 다녀왔으며, 이 기간에는 산장에 체류했다. 이 기간 동안은 별다른 큰일 없이 비교적 평안하게 일상을 보냈다.

농사 및 식량 관련 기사는 다음과 같다.

6월 19일에는 보리를 타작했고, 20일·21일·23일에 아들 적玓에게 곡식을 나누어 주었다. 6월 26일에는 문단文壇 사람 순생順生에게 메밀 3말 5되를 주어 항북項北의 밭에 파종하게 했다. 27일에는 밀[眞麥]을, 7월 1일에는 보리를 타작했다. 2일에는 숙琡이 미두米斗를 싣고 예안으로 돌아갔다.

주요한 집안일로는 우선 어머니와 대건모大建母의 제사를 들 수 있다. 6월 26일은 선비先妣, 즉 돌아가신 어머니의 제삿날이었다. 동틀 무렵 지방을 써서 제사를 지냈다. 6월 29일은 부실副室, 즉 김택룡의 첫 번째 첩이었던 대건 어머니의 재기再朞, 즉 대상大祥 날이었다.[52] 이날 제사에는 숙琡·생질 정득 및 김개일·권근오 등 여러 사람이 와서 참석했다. 7월 1일에 부실의 아이들이 상복을 벗고 평상복을 입었는데, 장녀는 재액을 피하느라 오지 않았기 때문에 차녀와 두 아이(즉 권근오의 아내와 대건·대생)가 탈복脫服했다.

이 기간 동안 김진성金振聲이 자주 찾아와 김택룡에게 글을 배웠다. 그는 『시경詩經』「국풍國風」과 『초사楚辭』의 「이소離騷」, 두보杜甫의 시 등을 배웠는데, 이에 대한 기록이 6월 5일·6일·16일·17일·19일 등 일기에 기재되어 있다.

구고에 갔던 6월 8일에, 김택룡은 종일 누樓 위에서 소백산을 바라보며 구름·안개와 비바람 속에 천변만상 변화하는 경치를 즐겼다. 요산에 있던 6월 16일에는 완심당을 청소하기도 했다.

김택룡은 7월 4일, 아침에 대건과 함께 산장을 출발, 임구林丘에 들러 도사都事 박록朴漉을 만났다가 임구 딸의 집에서 아침밥을 먹고 다시 출발하여 고매점-용두산 고개-온계溫溪를 거쳐 저녁에 한곡 집으로 돌아왔다.

(7) 1616년 7

시기	1616년 7월 4일~9월 4일
공간	예안禮安 한곡寒谷 일원
주요 활동/사건	일대 친지들과 만남 및 모임(칠석 모임 등)

주요 활동/사건	농사 감독 자제 교육 적筋의 질병 말 도난 및 범인 춘금春金 사망 사건 정희생鄭喜生 집안의 비극 입수한 중국 서적의 표제表題를 씀

이번 예안 한곡 본가 체재는 1616년 7월 4일부터 9월 4일까지 2달간이었다. 이 기간 동안 비일상적 사고事故가 두 가지 발생했으니, 말을 도난당한 것과 정희생 어머니의 죽음이 그것이다. 우선 이에 대해 살펴보겠다.

한곡으로 돌아온 7월 4일 이후 곧 7월 7일, 즉 칠석 명절이어서 입석천立石川 천변에서 친척 친지와 함께 모임을 가졌다. 그런데 이날 밤 집에 도둑이 들어 마구간의 말을 도둑맞았다. 도둑맞은 것을 다음 날(7월 8일) 새벽에야 알게 되어서, 곧장 숙琡·각瑴·조카 형珩 및 마을 사람들이 말 발자국을 따라 추격했더니 고운암孤雲巖을 지나 안동으로 향하고 있었다. 숙은 정리鼎里의 집으로 돌아가고, 노 막복莫福·일년一年·개석介石을 모아 다시 추격하고, 덕룡德龍·조카 형珩·세복世福·덕현德峴 등이 양식을 가지고 뒤따라갔다. 맹인 점쟁이(고사瞽師) 연수連守가 득실을 점쳐 길하다는 결과를 얻기도 했다. 추격한 끝에 결국 도둑을 잡아 말을 되찾을 수 있었다. 이에 대한 경과는 7월 10일 아침에 조카 형이 돌아와 김택룡에게 보고하여 알 수 있었다. 말과 도둑은 의성과 안동 경계에서 막복·일년·개석 및 뒤따라간 사람들이 붙잡았는데, 잡아서 끌고 오다가 날이 저물어 지곡紙谷 김윤룡金允龍의 집에서 유숙했다. 도둑은 덕룡의 노奴 춘금春金이었는데, 김윤룡의 집에서 유숙하던 밤사이다시 달아나서 새벽에 奚아가 막복이 활을 쏘아 쓰러뜨리고 결박하여 끌고 왔다. 내부에서 공모하여 말을 훔쳐낸 이들은 집안의 노 운학雲鶴과 축생丑生이었다. 이 두 사람이 말을 훔쳐내어 천변川邊에서 춘금에게 넘겼고, 춘금은 이들에게 대가로 무명 2필을 건넨 것이었다. 운학과 축생 그리고 춘금을 잡아올 적에 동네 사람들이 빙 둘러 구경을 했고, 마침내 예안현에 인계했다.[53]

그런데 이후 사건이 예기치 않은 방향으로 진행되어 김택룡에게 또 다른 곤란을 안겨준다. 예안현에 넘겨 옥에 갇혔던 춘금이 10일 밤에 화살을 맞은 것이 화근이 되어 사망한 것이다. 예안현감은 이 사건을 살인사건으로 여겨 심각하게 보고, 관찰사에게 보고하고 막복을 수감했으며 영천군수에게 검시관으로 와달라고 요청했다. 김택룡은 숙琡을 보내 사건 경위를 설명하고 선처를 부탁했으나, 현감의 태도는 강경했다. 그래서 숙을 통해 관찰사에게 의송議送(고을 수령에게 패소한 것을 관찰사에게 항소)하려고 시도했다. 그러는 동안 7월 13일에 운학과 축생은 그들의 상전(심학해沈學海)이 호소하여 태笞 30대만 맞고 석방되었다. 7월 14일에는 박 진사에게 편지를 써서 영천군수에게 검시를 빨리 진행해 달라고 부탁하게 했고, 관찰사에게 막복을 풀어달라고 청하는 편지도 써서 보냈다. 7월 15일에 영천군수가 춘금을 검시하러 왔는데, 奚아가 잡은 사람들과 춘덕春德·학천鶴千 등을 증인으로 불렀다. 영천군수는 시신을 직접 보지는 않았고 시친屍親(죽은 이의 친족)의 진술만 듣는 식으로 검시를 진행했으며, 이날 막복은 석방되어 집으로 돌아오게 되었다.

정희생 집안의 변고는 다음과 같았다.

7월 18일에 정희생鄭喜生이 김택룡 집 바깥에 찾아왔는데 집 안으로는 들어오지 않고 있다가 돌아갔다. 그런데 그날 밤 그의 어머니가 밤나무에 목을 매 죽었다. 다음 날인 7월 19일에 심씨 일가 사람들과 역정櫟亭 아래 모여서 상을 치를 논의를 했다. 정희생이 광란하여 날뛰면 범접할 수 없기 때문에 묶어서 가두고 상을 치르기로 했다. 그래서 7월 20일에 심운해沈雲海 등이 정희생을 결박해 두고, 21일에 그 어머니 시체를 입관하고 염하여 빈소를 차렸다.

이런 사건 사고로 정신이 없는 와중에도 일상은 그대로 영위해야 했다. 이 기간에도 농사 감독 및 자제 교육은 계속되었다.

7월 25일, 가동可洞(檟洞)에서 명금命金과 강아지江阿之를 시켜 밭을 갈게 하고 무(제갈채諸葛菜)[54]를 심었다. 각瑴(珏)이 가서 감독했다.[55] 8월 1일에는 김택룡이 직접 산지山地(山池)로 가서 메밀밭과 콩밭을 살펴보았다. 8월 21일에는 콩을 타작했다.

7월 27일에는 아이들이 제술製述을 했으며, 8월 2일에는 각瑴이 『통감총론通鑑總論』을 읽기 시작했다. 8월 18일에는 변전邊銓과 각에게 『이태백집李太白集』을 가르쳤다.

전에 등장했던 중국 서적 관련 기사도 다시 등장하고 있다.

8월 24일에 분천의 이운李芸이 『성리대전』 20책, 『통감』·『송감』 합 20책 그리고 한유韓愈 문집 12책의 장황을 마쳐 직접 가지고 왔다. 그래서 술을 대접하고 밥을 먹인 후, 장지壯紙 한 묶음[束]을 사례로 주어 보냈다. 김택룡은 8월 27일에 새로 장정한 이 책들의 제목(표제表題)을 손수 썼다.

전부터 앓던 아들 적玓의 병은 쉽사리 낫지 않고 계속 심해지고 있었다. 8월 2일에 김택룡은 성成 무주茂朱(무주의 수령을 지냈던 사람으로 짐작됨)란 사람에게 약 처방을 물어 곤담환滾痰丸을 지으려고 했는데, 약에 들어가는 귀한 약재인 침향沈香과 청몽석靑礞石을 구하기 힘들었다. 그래서 8월 8일에 집을 방문한 박석윤朴善胤 편에 안동부사 박동선朴東善에게 청몽석을 구해 달라고 부탁하는 편지를 써서 보냈다. 안동부사는 결국 청몽석을 구하지 못했으나(8월 12일에 안동부사의 답장을 받음), 곤담환을 지어 복용하게 된다. 8월 10일 일기에는 적이 곤담환을 복용한 후 증세가 조금 나아졌다고 기록되어 있다. 적의 병세에 대한 기록은 이후 일기에도 지속적으로 등장한다.

(8) 1616년 8

시기	1616년 9월 4일~11월 13일
공간	영천榮川 요산腰山 및 구고九皐 일원
주요 활동/사건	농사 감독(가을걷이 등) 자제 교육 일대 친지들과 만남 및 모임 적竹의 질병 대건모大建母 담제禫祭 환곡을 갚음(내성奈城 현창縣倉) 이천동李擅東 형제가 조윤복曺允福의 소를 탈취함

김택룡은 9월 4일에 요산으로 가는 길을 떠나 저물녘에 산장에 도착했다. 이번 요산-구고 체재는 비교적 길어서 11월 13일까지 두 달 넘게 머물게 된다. 이 기간은 수확철이었기 때문에 농사 관련 기록이 특

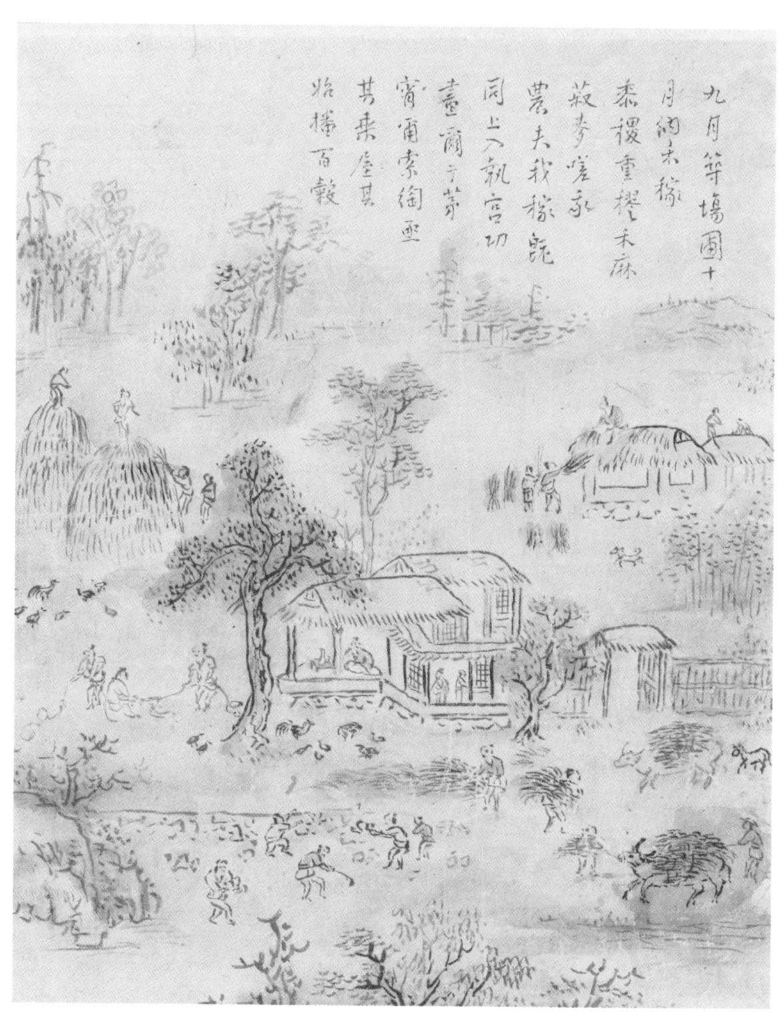

가을걷이. 이방운李昉運 「빈풍칠월도첩豳風七月圖帖」 중 제7면
국립중앙박물관 소장(소장품번호 동원2174)

히 눈에 많이 띈다.

9월에는 거의 매일 작물 수확을 감독하고 확인하느라 무척 바빴다.

9월 6일 앞 논의 벼를 타작했다. 9월 10일에는 애남愛男과 명금命金이 농사지은 콩과 순생順生이 지은 메밀을 타작했다. 11일에는 종개種介가 농사지은 벼를, 12일에는 무·콩·조를 수확했다. 13일에는 명금이 콩과 조를 타작하고, 이공李恭이 콩을 수확했으며, 비婢 운심雲心과 늦개莻介가 전날 거둔 무로 김장을 담그러 임구林丘의 큰딸 집에 다녀왔다. 14일에는 이공이 어제 거둔 콩을 타작했으며, 15일에는 애남이 새 논을 타작할 때 전낭全娘이 가서 검사했다. 16일에는 명금이 농사지은 논을 가서 감독했는데, 항북項北의 이 논은 별가別家(첩)가 소작한 것이다. 17일에는 풍종豊從이 앞밭의 콩을 타작했다. 18일은 풍종이 항북 논을 타작하는 것을 가서 보았다. 19일은 김응희金應希와 운심雲心이 조를 수확했는데, 응희는 적玓 소유의 아래 밭의 콩을 타작하기도 했다. 응희가 타작한 콩은 4말씩 똑같이 나누었다.[56] 24일 김응희는 숙琡의 논의 벼를 타작했다. 25일에는 종만從萬이 적의 소유인 앞 논 벼를 베어 거두어서 들여 쌓아 두었고, 26일에도 종만과 응희가 타작한 벼를 거두어들여 놓는 작업을 계속하여 다 마쳤다. 또 동가東家와 율정栗亭으로 가서 타작한 벼를 거두어들이는 것을 감독하기도 했다.

10월 1일 애남이 건정으로 타작하러 갔으나 날이 너무 추워 벼를 베지 못하고 돌아왔다. 3일에는 대평이 구고에서 와서 이공에게 벼를 받았다. 산양山陽에 살고 있는 적玓이 앓고 있었기 때문에, 그의 곡식을 김택룡이 대신 받아주었다. 그래서 10월 13일에 적의 곡식을 계산하여 곳간에 넣고, 분배해 줄 곡식을 저울로 달았다. 같은 날 풍종은 적의 벼를 또 타작하기도 했다. 14일에도 적의 곡식을 창고에 넣었다. 26일에는 소 일곱 마리에 곡식을 실어서 예안으로 보냈는데, 자신과 숙琡 두 집으로 갈 것이다. 요산에서 보낸 소와 사람들은, 예안으로부터 나온 소와 사람들에게 중간 지점에서 곡식을 인계해 주고 요산으로 다시 돌아왔다.

이 기간에는 자제 혹은 찾아온 사람들에게 글을 가르친 기록도 자주 등장하고 있다.

10월 3일, 김진성金振聲이 찾아와 『한서漢書』「항적전項籍傳」을 배웠다. 13일과 14일에는 김진성과 김회金淮가 와서 『고문진보』 후집後集을 배웠다. 16일에는 각瑴(珏)이 『한서』 본기本紀 무제武帝 편을 읽었다. 28일에는 각은 『통감』을, 권근오는 『서전書傳』을 배웠다. 각은 11월 1일에 김택룡의 명으로 서책을 상자에 잘 갈무리해 봉인해 두기도 했다. 집에 지키는 사람이 없어 잃어버릴까 염려가 되었기 때문이다.

아들 적玓의 병이 계속 낫지 않고 있어, 큰 걱정이었다. 10월 18일 일기에는 요산 산장에서 푸닥거리를 하여 적의 병이 낫기를 기원했다는 기사가 등장하고 있다.

또 하나의 중요한 집안일로 9월 9일에 대건모大建母의 담제禫祭를 지낸 것을 들 수 있다.

집안 경제 관련 중요한 활동으로 환곡을 납부한 것이 있다.

11월 4일 애남을 시켜서 내성奈城 현창縣倉에 환곡(환자미還子米)을 갚았다. 이 환자미는 지난 4월 14일에 받았던 것이다. 4월 14일 일기에는 환자미를 받은 경위에 대해서만 적혀 있고, 왜 그것을 꾸게 되었는지에 대해서는 쓰여 있지 않은데, 이날 일기에 그 이유를 "손님맞이에 썼기 때문"이라고 밝히고 있다.[57] 1616년 3, 4월은 딸과 권근오의 혼례 때문에 손님맞이가 많았던 때다. 전장田莊이 적지 않고 지역 사회에서 지위도 높은 김택룡과 같은 이에게도 혼례는 적지 않은 부담이 되는 일이었음을 알 수 있다. 이날 환자를 갚았지만 자문尺文(영수증)은 받지 못했다. 갚은 곡식의 양이 모자랐기 때문이다. 그래서 11월 7일에 부족분을 다시 보내면서 봉화현 호방戶房에게 패자牌子를 써서 자문을 발행하라고 일러서 자문을 받게 되었다.

사건 사고로는 이천동李擅東과 이진동李振東 형제가 조윤복曺允福의 소를 억지로 가져갔던 일이 있었다. 관련 기사가 11월 9일부터 12일까지 계속 나오고 있다. 조윤복이 예안에서 와서 소를 가지고 가려고 했는데, 이천동이 억지를 부리며 소를 내어 주지 않았다. 그래서 11일에 김택룡은 영천 군내로 들어가 좌수 이수공李壽公을 만나 이 첨지(대건모의 아버지)가 소를 내어 준 별급문기別給文記를 가지고 가서 그 진위를 알아봐 달라고 부탁했다. 12일에는 영천군수에게도 이 사건의 해결을 부탁했다. 이 사건은 김택룡이 한곡으로 돌아간 이후에도 일기에 계속 등장한다.

(9) 1616년 9

시기	1616년 11월 13일~1616년 일기 끝(12월 24일)
공간	예안禮安 한곡寒谷 일원
주요 활동/사건	시사時祀 준비 및 거행 사망한 첫째 아내의 기제사 동네 강신講信 모임 자제 교육 전염병(천연두)의 유행 이천동李擅東 형제가 조윤복曺允福의 소를 탈취함

김택룡은 11월 13일에 예안 한곡 본가로 떠나는 길을 출발했다. 수확하거나 받아놓은 곡식을 정리하여 갈무리해 저장해 놓아야 하기 때문이다. 그런데 수낭秀娘이나 명금命金의 아들이 천연두 증상이 나타나서 걱정스러웠다. 이 지역에 당시 천연두가 유행하고 있어서 큰 걱정거리가 되었다. 이날은 한곡까지 가지 못하고 고매점 아랫마을에서 유숙하고, 그다음 날인 11월 14일에 용두산 고개와 온계를 거쳐 집에 도착했다.

11월 18일, 19일은 시사時祀 준비로 바빴다. 18일은 치재致齋(제사를 위해 재계함)하였고, 19일에는 얼음을 깨어 물고기를 잡고, 해동청을 놓아 꿩을 잡으려 했으나 매가 달아나 꿩을 한 마리만 얻을 수 있었다. 또 축문을 쓰고 사우祠宇를 청소했으며, 모두 모여 제기를 준비했다.

20일 동틀 무렵 시제時祭(時祀)를 지냈는데, 고조부모는 지방紙榜으로, 증조부 이하는 신주로 지냈다. 제사에 참석한 사람은 심沈 봉사·김택룡·숙琡·각瑴·생질 정득鄭得·심학해沈學海·중길重吉·괴塊(중길과 괴는 손자)였다. 외조부모의 제사는 따로 방 안에 차려 지냈다. 제사에 참석한 사람들 이외에, 심신沈信 숙叔과 황유문黃有文도 함께 제삿밥을 먹었다.[58]

조윤복의 소 문제는 여전히 골칫거리였다. 11월 21일 일기에는, (김택룡이 제출한) 별급문기가 확실한데 이천동 등이 거리낌 없이 행패를 부리는 것이 놀랍다고 영천군수가 말했다는 사실이 기재되어 있다. 영천군수는 이 말을 김택룡에게 전하라고 했다고, 상사上舍 김회일金會一이 숙琡에게 보낸 편지에 적혀 있었다. 김회일은 약을 짓기 위해 영천의 의국醫局에 갔다가 좌수座首 장여직張汝嵿을 만나 이 말을 전해 들었다고 한다.

매사냥. 기산箕山 김준근金俊根 「매사냥 가고」
국립민속박물관 소장(소장품번호 099107)

11월 23일은 김택룡의 첫째 처였던 숙의 어머니의 기일이었다. 이날 날이 밝을 무렵, 숙과 각, 중길重吉 등이 제사를 지냈고, 김택룡은 몸이 아파 참석하지 않았다.

11월 24일에는 동네 강신講信 모임이 있었다. 모인 회원이 20여 명이었다. 손흥선孫興善과 심용해沈龍海에 대한 삭적削籍 처리를 해제하고, 내년 봄부터 생신회生辰會를 차리기로 하고 각 회원의 생일을 사계절별로 나누어 장부에 기록했다. 또 모임에 깔 호장석蒿長席(긴 짚방석)과 방석方席을 마련하기로 했다. 심학해와 심성일沈誠一이 빌린 서재書齋의 이곡利穀(서재 운영을 위해 빌려주고 이자로 받는 곡식)을 이번 겨울까지 반드시 갚아야 함을 통보하기도 했다. 모임은 종일 이어졌으며, 주거니 받거니 흡족

영기경靈棋經
고산윤선도박물관 소장

하게 술을 마시고 파했다.[59]

11월 27일에는 집에서 아들과 손자들에게 글을 가르쳤다.

12월 1일에는 『영기경靈棋經』 점을 쳤다. 자신이 죽을 해의 일, 영아榮兒의 마마는 좋은 점괘가 나왔고, 적의 병에 대해서는 좋지 않은 점괘가 나왔다. 4일에 숙琡이 산양山陽의 적玓의 집으로 갔는데, 병세가 매우 위중했다. 심해져만 가는 적의 병 때문에 김택룡의 걱정은 이루 말할 수 없이 컸다.

12월 6일에는 노奴 세복世福이 천연두로 사망하여 온 집안이 애통해 했으며, 7일에는 대평모가 보낸 편지를 통해 아이들과 동복僮僕들이 모두 무사히 마마를 넘겼음을 알게 되었다.

12월 8일은 퇴계 이황의 사망일이었다(1570년 사망). 이날 김택룡은 행소行素(애도의 뜻으로 소식素食함)하고, 간소한 제사상을 차렸다.

12월 12일은 조부의 기제사 날이었는데, 집안에 병고와 우환이 있어 아우 덕룡德龍의 집에서 제사를 지냈다.

12월 24일에는 숙琡이 김기룡金起龍 처의 장례를 호송하러 다녀왔다. 이날 일기를 끝으로 이후 날짜 일기는 탈락하여 없다.

1617년

1617년은 김택룡이 71세를 맞는 해였다. 이 해의 일기는 1월 앞부분과 12월 뒷부분 일부가 탈락하고 없다. 1617년의 가장 큰 사건으로는 뭐니뭐니해도 아들 적玓이 사망한 것을 꼽아야 할 것이다. 김택룡은 이 해 초반을 장례 제반 절차의 준비와 실행으로 애통한 가운데 몹시 분주히 보내야만 했다.

(1) 1617년 1

시기	1617년 일기 시작(1월 27일)~1617년 3월 7일
공간	예안禮安 한곡寒谷 일원
주요 활동/사건	둘째 아들 적玓의 사망 적의 장지葬地 물색 적의 장례 준비 도산서원 모임 농사 점검

아들 적玓은 오랫동안 병을 앓다가 결국 죽음에 이르렀다. 적의 사망 당일에 대한 기사는 『조성당일기』에 기재되어 있지 않다. 1616년 12월 25일부터 1617년 2월 16일 일기가 탈락되어 있는데, 이 사이였던 것으로 보인다.

이 기간 동안 김택룡은 장지葬地를 결정하고 장례를 준비하느라 몹시 바빴다.

장지의 후보는 크게 두 군데였다. 하나는 적이 살던 산양山陽 집 가까운 곳이었고, 다른 하나는 집안의 선영이 있던 한곡 가동檟洞이었다. 좋은 묏자리를 결정하려면 지관地官의 도움이 필요했다. 산양 쪽 묏자리를 보기 위해 초청하려 한 사람은 영천榮川의 주경겸朱景兼이란 지관이다. 2월 3일에 숙璛이 가서 만나 보려 했으나, 장례 일로 바쁘게 돌아다니느라 몸이 상한 숙의 건강이 걱정되어 이날은 보내지 않았다. 숙과 조카 형珩은 2월 13일에 함께 영천으로 가서 산소 자리를 살폈다.

2월 21일, 예안현감과 경상도 관찰사[60]가 도산서원으로 가는데 이때 만나고 싶어한다는 말을 전해 듣고, 김택룡은 도산서원으로 가서 이들을 만났다. 이때 관찰사가 적의 발인에 필요한 일꾼 및 소를 안동·예천·용궁·상주·예안에서 동원하도록 첩급帖給해 주었고, 안동부 재산현才山縣에는 외곽판外槨板 하나를 마련해 주라고 지시해 주었다.

어떤 이의 죽음은 그 가족에게 큰 비극이자 사적인 사건이 된다. 그러나 동시에 장례를 치러내는 데는 여러 사람의 도움이 필요하므로 한 개인과 가족을 넘어 사회적 의미를 갖는 사건이 되기도 한다. 따라서 장례에 대한 기사는, 그것을 치르며 어떤 사회적 기제 안에서 어떤 인적 연결망이 작용하는지를 파악할 수 있는 기록이 되기도 한다. 이하 며칠 동안은 적의 장례에 대한 기사가 이어지고 있다.

2월 25일, 별감 김달가金達可가 편지를 보내어, 적을 안장할 산을 용궁 사람 이우경李禹卿을 통해 산양 북면北面 20여 리에 얻었고 장례는 3월 20일에 치르기로 했는데, 그 산 앞을 채득해蔡得海가 차지하고 있어 적합하지 않아 포기했다는 소식을 전했다. 적의 아내도 가동檟洞에 안장하고 싶어한다고 했다. 지관 이자정李子正이 오기를 기다려 결정하기로 했는데, 이자정은 여러 사정상 3월 1일에 오겠다고 말했다.

2월 26일, 이자정이 오기를 기다려 이쪽 산을 보려 하고, 다음 달 3, 4일경에 숙을 산양으로 보내서 택하여 결정하게 하겠다는 내용의 편지를 적의 아내에게 보냈다. 이날 숙과 함께 사동砂洞과 가동의 산을 살펴보았다.

2월 27일, 관찰사와 안동부사에게 장례에 동원할 일꾼 및 외곽판을 부탁하는 편지를 보냈다. 안동부사는 30일에 답장을 보내주었다. 번회군燔灰軍(상여를 호송하는 일을 돕는 일꾼) 40명을 첩급帖給해 주었고 부조로 재산현의 콩과 조 각 1섬도 첩급해 주었으나, 외곽판은 사정상 주지 못하겠다고 했다.

3월 2일, 숙이 안동부사가 첩급한 번회군 문제로 임하 북면 사찰관司察官에게 갔으며, 이자정이 왔다.

3월 3일, 숙이 돌아와, 사찰관은 만나지 못했으나 사월천沙月川에서 번회군 70여 명을 구했다고 했다. 이자정·숙·각觳·권전룡과 함께 김택룡이 이전에 점찍어 둔 사동 묏자리를 살펴보았는데, 이자정은 그곳이 매우 좋다고 칭찬했다. 김택룡은 각과 함께 보리 파종을 보러 갔고, 이자정·권전룡·숙은 가동 묏자리를 살펴보았다. 이날 살펴본 결과 사동을 선택하였다.

3월 4일, 숙이 장례일을 택해 보았는데 4월 15일과 27일이 적당하다고 하였고, 산양 쪽에도 합당한 자리가 있을지 몰라 이자정에게 요청하여 숙과 함께 6, 7일경에 가보기로 했다. 그런데 3월 6일 당일에 이자정이 병이 있어 가지 못하고, 8, 9일경에 가기로 했다. 3월 7일, 김택룡이 요산 산장으로 갔다.

이 기간 중에도 농사일 등 일상생활의 활동은 당연히 지속되었다. 이에 대해서는 정리를 생략한다.

(2) 1617년 2

시기	1617년 3월 7일~4월 3일
공간	영천榮川 요산腰山 및 구고九皐 일원
주요 활동/사건	적玓의 장지葬地 물색 및 장례 준비 대평大平의 허통許通 추진 농사 감독 집안 정비

적玓의 장례 준비는 이 기간에도 계속되었다.

3월 12일, 적 분량의 곡식을 계산하여 산양山陽으로 실어 보내 장례에 쓰게 했다. 14일에는 종만從萬이 산양의 시장으로 가는 편에 별감 김달가·적의 아내·두 손자에게 편지를 보내 산소를 결정하는 문제에 대해 이야기했다. 17일에 종만이 산양에서 돌아와 숙·김달가·적의 아내의 답장을 받았다. 이자정과 숙이 산양의 산소 자리를 가보았더니 적합하지 않아서, 이자정과 김달가가 한곡 가동 선영 앞을 강력히 주장했다고 했다. 날짜는 다음 달 9일에 발인하여 15일에 장례를 치르기로 결정했다. 적의 아내도 언문 편지를 보내왔는데, 김택룡은 마음이 아파 차마 읽을 수가 없었다. 18일, 산양으로 보내 장례에 쓰도록 할 계획으로 적의 채곡債穀 4섬 6말을 영천 장시로 보내 무명을 사게 했다. 저녁에 시장에 갔던 사람이 돌아와 무명 3필 반을 사서 돌아왔다.

3월 20일, 예안에서 사람이 와서 숙·각·아내의 편지를 받았다. 지난번 사동砂洞에 정한 묏자리의 풀을 베고 땅을 팠으며, 석회를 굽기 위해 나무를 베었다고 했다. 그리고 박朴 진사進士에게 편지를 보내어 발인할 때 운반할 소와 사람을 감독할 도색都色(책임자)을 정해 달라고 안동부사에게 부탁하라는 내용으로 예안에 말을 전했다. 다음 날인 21일에 박 진사가 안동부에 알려 도색을 주선해 달라고 부탁했음을 알리는 내용의 편지를 숙·각으로부터 받았다.

3월 22일에는 산양에 무명 4필을 보냈는데, 산양에 보낸 무명이 그때까지 모두 9필이었다. 24일, 이 충의위가 소와 사람 2명을 보내주어서 거기에 곡식 등을 실어 장례에 쓰기 위해 예안으로 보냈다. 보낸 곡식은 적의 곡식 벼 4곡斛·콩 7말·목木 7말과 나의 곡식 벼 1곡·올콩[早豆] 3말이었다. 갈 때는 종만이 끌고 가서, 올 때는 희남喜男이 끌고 왔다.

4월 1일에는 안동부사에게 또 편지를 써서 도색을 정해 달라고 청했다. 도색이 소와 수레의 공급을 독려할 수 있기 때문이다. 누룩과 종이를 부조한 영천군수에게 감사를 표하는 답장을 쓰기도 했다.

김택룡의 스승인 월천 조목은 정부인 안동 권씨, 즉 『조성당일기』에 1612년 1월, 2월 기사에 등장하는 '대부인大夫人'과 사이에 아들 귀붕

龜朋을 두었으나 이 아들은 일찍 사망한다. 그리고 부실副室인 선성宣城 김씨 사이에 조수붕과 조석붕을 두었다. 그러므로 수붕과 석붕은 원래 서자였지만 나중에 허통許通되어 과거를 볼 수 있게 된 것이다(조석붕의 과거 합격 관련 기사가 『조성당일기』에도 등장한다). 확실하진 않지만, 김택룡도 이와 비슷한 일을 추진한 것 같다. 이를 암시하는 기사가 이 기간의 일기에 등장하고 있다.

3월 7일 일기에는, "대평이 서울에서 돌아왔는데, 그 일이 역시 성사되지 않았다. 수원樹遠의 처가 막았기 때문이다. 말할 수 없이 통탄스럽다"라는 구절이 있다.[61] 이때의 '그 일'이 과연 무슨 일이었는지는 알 수 없다. 그런데 한곡 본가로 돌아간 후인 7월과 8월 일기에 아들의 허통을 추진했다는 기록이 나온다. 확실하지는 않지만, 이 구절의 어조로 볼 때 이때도 이미 대평의 허통을 추진했고 그 결과가 좋지 못했던 것이 아닌가 추정해 볼 수 있다.

뒤의 기간에 해당하는 기록이긴 하지만, 연관된 일이므로 여기에 허통 관련 내용을 서술한다.

7월 30일, 조도사調度使 한덕원韓德遠의 편지가 왔는데, 그 주요 용건은 3가지였다. 첫째, 어제 저녁 예안현에 들어갔다가 지금 영천으로 향하느라 만나서 이야기를 할 겨를이 없었음. 둘째, 공명고신空名告身이 많이 왔으니, 하고 싶은 사람이 있으면 알려주기 바람. 셋째, '서자庶子'를 허통한다고 함.[62] 8월 1일, 김택룡은 한덕원에게 답장을 보냈다. 8월 5일, 한덕원의 답장 2통이 한꺼번에 왔는데 김택룡 부자父子에게 보낸 것이었다. 이 편지에서 '산장山庄 아이들'에 대한 청탁(칭념稱念)인 허통첩許通帖 문제가 잘 이루어지지 못했다고 알려왔다.[63] 여기에서 '산장 아이들'이란 대건과 대생이다. 그러므로 구고 쪽의 아들인 대평에 대해서도 이전에 허통을 시도했을 가능성이 충분히 있다. 한덕원은 예전에 중국에 사신으로 갔을 때 김택룡이 서적을 구입해 달라고 부탁했던 인연이 있다(1612년 2월 19일 기사). 그는 조정의 고관이었기 때문에 허통과 같은 까다로운 사안을 주선할 수 있는 지위와 능력을 갖고 있었다. (허통은 예조의 검토·주청 및 국왕의 재가가 필요한 사항이므로 추진하기 쉬운 일이 아니었다.) 김택룡의 서자들은 족보에도 제대로 기재되어 있지 않으며, 그들의 허통에 대한 기록은 당연히 찾아보기 힘들다. 허통이 성사되었다면 아마도 족보에도 올랐을 것이나 그렇지 못했다. 이런 내밀한 기록은 일기가 아니면 보기 힘들다. 『조성당일기』와 같은 조선시대 사족 생활일기의 자료적 가치가 빛을 발하는 지점이라고 할 수 있을 것이다.

(3) 1617년 3

시기	1617년 4월 3일~9월 4일
공간	예안禮安 한곡寒谷 일원
주요 활동/사건	적杓 산소 공사 적 장례 거행 농사 점검 자제 교육 집안 제사 거행 숙淑과 각慤의 과거 낙방 일대 친지와 회합 지방관과 만남(예안현감 및 경상도 관찰사) 역동서원의 모임 요산 산장 아이들 허통許通의 추진 및 실패

김택룡은 4월 3일에 원암遠嵒-고배점-용두산 고개-오담을 거쳐 한곡으로 돌아왔다. 이번 체재는 9월 4일까지로 약 5개월간 길게 머물렀다.

요산 체재를 비교적 짧게 끝내고 4월 초에 본가로 돌아온 것은 곧 아들 적玓의 장례가 있었기 때문이다. 원래 문경 산양山陽에 살고 있던 적의 산소는, 잠시 산양의 집 근처를 검토하기도 했으나 결국 한곡 근처 사동砂洞으로 결정했다. 이는 묏자리의 풍수와 며느리인 적의 아내의 바람 등을 종합적으로 고려한 결과였다. 이에 따라 김택룡은 4월 초에 한곡 집으로 돌아오지 않을 수 없었다. 가장으로서 장례의 전 과정을 주관하느라 몹시 바쁘기도 했지만, 아버지로서 아들을 잃은 슬픔은 쉽게 감내하기 힘든 것이기도 했다. 몸도 마음도 지친 김택룡은 장례를 마친 이후에도 가을까지 길게 본가에 머물며 조용히 늘그막의 일상을 영위했다.

한곡에서도 적의 장례 준비는 쉴 새 없이 계속되었다.

4월 4일, 아들 숙璹이 장례를 준비하러 산양의 적의 집으로 떠났다. 이 편에 권기權紀 등 여러 사람에게 도장都狀(함께 보는 편지)을 보내 풍산豐山의 운구하는 사람과 소 문제를 부탁했다. 이날 묘소 조성에는 10명이 동원되어 흙을 날랐다.

4월 5일에는 안동부사가 첩급帖給해 준 콩과 조 각 1석을 재산현에서 받기 위해 사람을 보냈다. 도산서원에서 누룩과 쌀을 부조로 보내와 감사 편지를 썼다. 이날 묘소 공사는 7, 8명이 돌을 져서 날랐다.

4월 6일, 각瑴과 생질 정득이 묘소 공사를 가서 지켜보았는데, 저녁에는 비가 와서 각이 가서 석회와 담석甔石을 손보았다. 조윤복이 재산현의 콩과 조를 가져와서, 콩은 장을 담가서 조윤복 집에 두고 조는 집으로 운반해 왔다.

4월 7일, 이날 묘소 공사는 9명이 부역했다.

4월 8일, 권응명權應明이 와서 곽槨을 만들었다.

4월 9일에 산양에서 적의 발인이 진행되었다. 이쪽에서 개석介石·강아지江阿之·권복權福·엇동㞧同·귀복貴福·조복중曺福中·막복莫福·개수介守 등 사람 및 개석의 소·정리 숙琡 집의 소 2마리를 보냈다. 김택룡와 각穀, 심 봉사 부자는 사동砂洞 산소에 올라가 나침반으로 방위를 보아 태좌진향兌坐震向으로 방위를 잡고 흙을 파냈다. 일꾼 3명이 작업을 했다.

4월 10일, 각 등 사람들이 묘소에 가서 흙을 지고 돌을 쌓았다. 숙이 보낸 편지를 보고 적의 상여 행렬이 어제 풍산현豐山縣에서 유숙했음을 알았다. 원래 오늘 한곡에 당도해야 하나, 비가 와서 월천月川 확연정廓然亭에서 머물겠다는 것도 알려왔다.

4월 11일, 생질 정득·각·심성일沈誠一이 나가 마중하여 온 적의 상여가, 집 앞 냇가에 도착하여 임시로 쳐 둔 장막 안으로 들였다. 여기에서 친족들이 모두 모여 간단히 제사를 지냈다. 해질 무렵에는 산소에 이르러 의막依幕을 세우고 안치했다.

4월 12일, 아침에 곽을 완성하여 산소로 보내고 일을 마친 권응명을 떠나보냈다. 산소에 전석磚石을 깔고 좌향坐向을 정리하여 회격灰隔을 만들었다.

4월 13일, 예안현감에게 편지를 보내 일꾼들을 마련해 준 것에 대해 감사를 표했다.

4월 14일, 50여 명의 친족들이 산소에 모여 해질 무렵 조전祖奠을 지냈다.

4월 15일은 곧 장례일이었다. 이날 일기를 인용한다.

> 날이 밝을 무렵 김달가金達可와 동행하여 산소에 올라갔다. 무덤을 정리하고 하관하는 도구들을 준비하고 견전遣奠을 지내고 구덩이 앞에 가니 외곽이 너무 좁아 하는 수 없이 협판狹板을 깎았다. 을시乙時에 하관하고 현훈玄纁(검은 비단과 연홍색 비단)을 넣고 상판을 덮고 석회로 관을 덮고 황토와 가는 모래를 반씩 섞어 덮고 평평하게 다졌다. 마침내 신주에, '선무랑군자감주부부군신주宣務郎軍資監主簿府君神主'라고 썼다. 방제傍題를 갖추었다. 자제들에게 작업 감독을 분담시켰다. 흙을 져 날라 봉분을 만들고 안팎의 계단을 쌓고, 신시申時에 반혼返魂(신주를 모시고 집으로 돌아옴)했다. 나는 먼저 내려와 신좌神座를 진설하고 반혼이 이르자 초우제初虞祭를 지냈다. 중소重沼로 하여금 초헌하게 하고 나와 달가가 아헌과 종헌을 했다. 이로써 장례가 끝났다. 이날 여러 친족이 모두 모였다. 권전룡權戩龍·윤동현尹東賢·박성건朴成楗이 와서 위문하고, 원장 이영도李詠道가 편지와 무명 1단端을 보냈는데 이것은 서원의 부조다. 일꾼들로는 동네 하인과 상리와 하리의 일꾼들이 와서 일했다. 저녁에 산양으로 반혼할 여러도구들을 정리했다.[64]

16일에는 조식제朝食祭를 지냈는데, 김택룡이 친히 주과酒果를 차려 술 한 잔을 올리면서 제문祭文을 지어 영전에 고했다. 17일에는 숙埱이 예안현에 들어가 현감에게 장례를 도와준 것에 대한 고마움을 표했고 숙·각·중렴·중길 등은 묘소에 혼백魂帛을 묻고 왔으며, 18일에는 어제 묘소에 갔던 숙 등이 다시 묘소에 가 술잔을 올리고 돌아왔다.

이로써 연초부터 이어졌던 적의 산소 조성 및 장례 절차가 마무리되었다. 이 기간 동안에도 농사 등 여타 일상은 계속되었으나 이에 대해서는 기술을 생략하겠다. 친지 및 지역 인사들과 회합도 무수히 많았는데, 가장 눈에 띄는 것을 하나만 들자면 5월 17일에 역동서원 앞 풍월담風月潭에서 예안현감 이덕휴李德休 등 여러 사람들과 뱃놀이 모임을 가진 것을 들 수 있겠다. 예안현감과는 기회가 있을 때마다 회합을 가졌는데, 6월 18일에는 예안현 관아에서 관찰사 윤훤尹暄과 함께 모임을 갖기도 했다.

(4) 1617년 4

시기	1617년 9월 4일~11월 11일
공간	영천榮川 요산騕山 및 구고九皐 일원
주요 활동/사건	일대 친지들과 만남 및 모임 자제 교육 농사 감독 집안 전답 모점冒占한 이들을 징치함 영천군수의 파직과 신임 영천군수의 도임

농사를 감독하고 자제들을 교육하며 사람들과 만남을 자주 가지면서 여느 때와 다름없는 일상의 봄과 여름, 초가을을 보낸 김택룡은 9월 4일에 요산 산장으로 갔다. 이번 체재는 11월 11일까지 두 달 조금 넘게 지속되었다. 가을이었으므로 메밀·벼·콩 등의 수확·타작 등 농사 점검을 자주 했고, 글을 배우러 혹은 인사차 찾아오는 사람들도 계속

하여 응대했다.

이 시기 태수太守란 사람이 김택룡 집안 소유의 논을 멋대로 점거하여(모점冒占) 농사를 지은 일이 있었다. 마침 9월 24일 능동陵洞에 콩을 거두어 타작하는 일을 감독하러 갔다가, 논에서 지푸라기를 신고 오고 있던 태수를 만난 김택룡은 그를 잡아 묶어 두고 시비를 가렸다. 또 태전太田 쪽 논을 점거하고 있던 전뢰全磊의 노奴 망금亡金도 함께 잡아와 추궁해서, 이들에게 자백을 받고 앞으로 그러지 않겠다는 다짐을 받았다. 10월 19일과 29일 일기에는 영천군수의 교체에 대한 기사가 쓰여 있다. 영천의 도적이 탈옥한 문제로 영천군수 조찬한趙纘韓이 파직되고, 새로 류비柳斐가 군수로 부임했다.[65] 이에 대한 기사가 『계암일록』[66] 및 실록[67] 등에도 보이는데, 『조성당일기』의 10월 30일 일기는 류비의 도임 당시 상황이 생생하게 기록되어 있어서 이채롭다.[68]

(5) 1617년 5

시기	1617년 11월 11일~1617년 일기 끝(12월 19일)
공간	예안禮安 한곡寒谷 일원
주요 활동/사건	비봉산飛鳳山 제친諸親 묘소 회전會奠 집안 제사 거행

이때의 한곡 행차는 여느 때와 달리 며칠이 걸렸다. 중간에 여러 군데를 들렀기 때문이다.

11월 11일, 김택룡 일행은 요산 산장을 출발했는데, 곡식을 운반하는 명금命金은 한곡으로 직접 가게 하고, 김택룡은 애남愛男 등을 거느리고 녹전綠田 목마령牧馬嶺을 넘어 내동來洞 윤동창尹東昌의 집에서 유숙했다. 12일에는 비봉산飛鳳山 제친諸親 무덤 아래에 이르러 친족들과 함께 제사를 지내고 모임을 가졌다. 모임에서 이제부터 매년 회전會奠을 거행하기로 의결했다. 이날은 류영립柳永立의 집에서 유숙했다. 13일에는 이신도李信道와 제독提督 이여빈李汝馪이 초대한 이씨 집안의 연회에 참석하고 마곡서당磨谷書堂에서 유숙했고, 14일에도 예안현감과 만나 대취하도록 술을 마시고 어두울 무렵에야 한곡에 도착했다.

1617년 끝부분의 일기는 마멸된 부분이 군데군데 있어 판독 및 해석이 쉽지 않으며, 12월 19일 이후 일기는 아예 없다.

『조성당일기』의 가치

조성당 김택룡이 성실하고 진솔하게 기록한 매일의 일상은 『조성당일기』라는 텍스트로 남아 현재의 우리들에게 전해지고 있다. 비록 만 3개년이 채 못 되는 시간의 일기밖에 남아 있지 않으나, 『조성당일기』의 하루하루 기록의 밀도는 다른 조선시대 일기와 비교할 때 꽤 높은 편이다. 이 밀도 높은 일일日日의 나열을 해석 가능한 자료로 재구성하는 것 그리고 다시 그를 바탕으로 종합적 의의를 창출해 내는 것이 바로 후대의 우리들의 과제다.

김택룡이 훌륭한 기록자였음은 『조성당일기』 기록의 시시콜콜함을 통해 여실히 확인할 수 있다. 그는 여기에 매일매일 누구를 만났으며,

무엇을 했으며, 무슨 생각을 하고 무슨 감정을 느꼈는지를 상세히 기록해 놓았다. 조선시대 사대부들이 남긴 글은 무수히 남아 전하지만, 그들의 일상의 세부를 알 수 있는 자료는 생각보다 많지 않다. 간혹 분재기·준호구準戶口·매매문기 등 그 생활 경제적 기반을 구체적으로 실증하는 자료들이 있기는 하다. 그러나 그 자료들은 그 물적 실체를 나열할 뿐 그들 행위의 구체적 양상을 보여 주지 않는다. 그들이 첩과 서자·서녀들과 무슨 행위와 대화를 함께했는지, 농사와 거래 등 그 경제적 행위의 구체적 실제는 어떠했는지 등은 일기를 통해서만 알 수 있다. 노奴와 비婢의 이름과 생활 속의 구체적 행위가 이처럼 많이 등장하는 자료는 만나기 힘들다. 『조성당일기』의 미시사적 가치는 아무리 강조해도 지나치지 않다. 이를 통해 조선 역사의 주역인 사족士族의 행동과 생각의 구체적 양상을 밝히고 나아가 좀 더 거대한 역사의 흐름 속에서 그들 행위와 사고의 넓고 큰 차원의 종합적 해석을 해낸다면, 이 일기의 역사적 가치는 더욱 온전해질 것이다. 향후 『조성당일기』에 대한 다양하고 풍부한 연구가 있기를 기대한다.

참고문헌

『溪巖日錄』, 한국사료총서 제40집, 국사편찬위원회 한국사데이터베이스(db.hitsoty.go.kr).

『先祖操省堂日錄』, 한국국학진흥원 유교넷 '선인의 일상생활, 일기'(diary.ugyo.net).

『嶺南人物考』, 校勘標點 韓國古典叢刊 傳記類 21, 한국고전번역원, 2022.

『月川先生門人錄』, 한국국학진흥원 소장(자료ID: 251034)(수집처 : 光山金氏 禮安派 後彫堂宗宅).

지암일기 데이터베이스(jiamdiary.info).

김령, 김용환 등 역, 『국역 계암일록』 1~5, 일기국역총서 (7), 한국국학진흥원, 2013.

김택룡, 박미경 옮김, 『조성당선생문집』, 안동역사인물문집국역총서 17, 한국국학진흥원, 2021.

김택룡, 하영휘 국역 및 해제, 『조성당일기』, 일기국역총서 1, 한국국학진흥원, 2010.

김형수, 「17세기 初 月川學團과 禮安地域社會의 再建」, 『민족문화연구』 65, 고려대 민족문화연구원, 2014.

류인태, 「17세기 예안-영주-봉화를 잇는 한 양반의 생활 경계」, 『국학연구』 50, 한국국학진흥원, 2023.

백광열, 「예안 사족 김택룡金澤龍과 영남 사족사회」, 『국학연구』 50, 한국국학진흥원, 2023.

주

1 『국역 조성당일기』의 출간 이후에도 지속된 이 독회의 성과는 이 글에 제시된 몇몇 구절의 석문釋文 및 번역에 활용되었다. 하영휘 선생 이하 독회 참가자들은 각자 많은 시간과 노력을 들여 석문과 번역에 기여했다. 그러나 필자 나름의 개변 또한 있으며, 오류에 대한 책임은 온전히 필자에게 있다.

2 『지암일기』 연구를 바탕으로 한 백광열, 류인태의 연구는 각자의 박사학위논문 등 연구 성과에 충분히 반영되었으므로, 그 방법론에 대해서는 그쪽을 참조하기 바란다. 필자는 특히 백광열에게서 조선 사족사회의 인맥 분석방법론에 대해, 류인태에게서 일기 자료의 공간 및 사건 데이터 추출 및 재구성 방법론에 대해 많은 시사를 받았다. 지면을 빌려 특별히 감사를 표한다.

3 '선조조성당일록 일一'과 '선조조성당일록 이二' 는 각각 1612년과 1617년 일기로서 한곡파 소장이었고, '선조조성당일록 삼三'은 1616년 일기로서 평장사공파 삼대종택에 전해 오던 것이다. 이 '일·이·삼'의 명칭은 연도와 맞지 않아 혼란을 주는 면이 있다. 향후 명칭의 정리가 필요해 보인다. 여기에서는 일단 연도에 따라 각각 '1612년 권'·'1616년 권'·'1617년 권'으로 부르기로 한다.

4 장정의 형식으로 보아 조선시대 이후 근현대에 정비된 것으로 보이나 정확한 시기는 알 수 없다.

5 『嶺南人物考 I』, 校勘標點 韓國古典叢刊 傳記類 21, 한국고전번역원, 2022, 201~202쪽. "金澤龍字施普, 號臥雲子, 禮安人."

6 『月川先生門人錄』, 한국국학진흥원 소장(자료ID: 251034)(수집처: 光山金氏 禮安派 後彫堂宗宅).

7 예안현에 입향한 이는 김택룡의 9대조인 춘椿이라고 하며, 예안 중에서도 한곡에 입향한 것은 그의 고조부인 효우孝友 대부터였다.

8 『조성당선생문집』「세계」 "김씨의 뿌리는 의성군義城君 석錫이 시조가 된다. 4대를 지나 또 첨사공僉事公 용비龍庇라는 분이 있어 이어서 의성군에 봉해졌다. 공의 손자 동정공同正公 춘椿은 의성에서 예안으로 이사하여 이곳을 관향으로 삼았다. 자손이 대대로 이어져 왔으나 사실에 대해 근거가 없었기에 무술년 대동보를 만들 때 관향을 문소聞韶(의성)로 돌렸고, 세대가 멀어져 오직 첨사공을 시조로 삼았다."(박미경 역, 『조성당선생문집』, 안동역사인물문집국역총서 17, 한국국학진흥원, 2021, 40쪽) 여기서 말하는 '무술년 대동보'는 순조 무술년(1802)의 의성 김씨 대동보인데, 여기에는 '춘'의 아들 '연衍' 이후의 세계는 아직 등록되어 있지 않다. '연'에서 김택룡에 이르는 계보가 명확히 등재된 것은 고종 신축보(1901) 이후다.

9 『선조실록』 1600년 9월 25일 5번째 기사. "사람됨이 어리석고 비루하며 고약스럽고 용렬하였다. 문지도 매우 천해 향리에서 모두 천시하고 미워했다. 정경세鄭經世에 빌붙어 양사兩司를 드나들자 사람마다 모두 침을 뱉으며 욕하였다"[爲人庸愚麤鄙 險詖昏劣 門係至賤 鄕里皆賤惡之頃附鄭經世 出入兩司 人皆唾罵].

10 김택룡의 문지門地가 지닌 특수성 및 그것이 조선시대사에서 지닌 의의는 다음 연구에 자세히 나타나 있다. 백광열, 「예안 사족 김택룡金澤龍과 영남 사족사회」, 『국학연구』 50, 한국국

하진흥원, 2023. 특히 48~50쪽, 73~77쪽을 참조할 것.

11 김형수, 「17세기 초 月川學團과 禮安地域社會의 再建」, 『민족문화연구』 65, 고려대 민족문화연구원, 2014, 299~305쪽.

12 숙은 첫째 부인 소생이 확실하나 적은 확실하지 않다. 다만 일기의 내용으로 볼 때 숙과 나이 차이가 그다지 나지 않는 것으로 보아 고양 이씨 소생으로 추정했다.

13 각은 형들인 숙·적과 나이 차이가 있는 것으로 보인다. 정황상 후처 소생으로 추정했다.

14 영瑛과 박珀은 일기에 등장하지 않는다. 족보에 박은 출계出系한 것으로 기재되어 있다. 영은 아마도 일찍 죽은 것으로 보인다.

15 일기 중 단 한 군데, 즉 1617년 2월 1일 일기에서 김택룡은 이 아들을 '평아玶兒'로 지칭하고 있다. 이 해에 서자들의 허통許通을 추진한 것으로 보이는데, 이와 관련하여 이 표기는 의미심장하다. 다만 이 부분 이외에는 '평玶'이 보이지 않기 때문에 단순 오기誤記로 볼 수도 있다.

16 이 글에서 시도한 김택룡의 생활공간에 따른 그의 활동의 재구성은 다음 연구 성과를 기반으로 한 것이다. 류인태, 「17세기 예안-영주-봉화를 잇는 한 양반의 생활 경계」, 『국학연구』 50, 한국국학진흥원, 2023.

17 류인태는 『조성당일기』의 생활 경계를 분석한 논문에서 요산 산장이 원래 사망한 첫째 부인이 소유했던 곳이라고 보았다. 요산 부근에 집안의 묘소가 있는 등 첫째 부인과 관련성도 많기 때문에 충분히 가능한 추론이다. 류인태, 위의 논문, 102~105쪽.

18 『조성당일기』에는 나무 이름 뒤에 '정亭'이 붙은 경우가 자주 보인다. 예를 들어, 율정, 역정櫟亭, 송정松亭 등. 이것이 건축물인 정자인지 혹은 '정자나무'인 큰 나무를 가리키는 것인지는 확실하지 않다.

19 현재의 영주 시내를 관통하는 서천의 상류. 서천은 무섬마을 부근에서 내성천과 합류하고, 다시 내성천은 예천 용궁 부근 삼강에서 낙동강과 합류한다.

20 『조성당선생문집』 「연보」에서 적이 '산양빙가山陽聘家'에서 사망했다고 했다(1617년 조條).

21 『操省堂日記』 제1권(1612년) (一月 六日 辛丑) "척경 금결의 연회에 이르니, 날이 저물어 사람들은 대부분 돌아가고 (…) 이날의 연회는 선전관 금결을 위해서 자리를 만들었기 때문이다. 나는 예전에 문신겸선전관을 지낸 적이 있었다. 그래서 새로 합격한 사람을 부르며 장난치면서 마을 사람들을 즐겁게 했다. 구경하던 사람들은 크게 웃고 마침내 질탕하게 마셨다"[至滌卿宴 日暮 諸員已散 惟洞內諸□□□□琴滌卿 蓋是宴爲宣傳官設行故也 余曾爲文臣兼宣傳官□三 以是呼新設戲 以耀鄉閭 觀者齒冷 遂至爛飮]. 문신겸선전관은 줄여서 '문겸文兼'이라고도 부르는데, 김택룡이 문겸을 역임했다는 기록은 정사正史 및 연보에서 찾을 수 없다.

22 갈대밭 기러기를 그린 '노안도'는 '노안蘆雁'이 '노안老安'과 음이 같아서 '늘그막의 편안함'을 우의寓意하여 흔히 그려졌던 그림이다.

23 여기서 '한곡寒谷'은 추운 계절의 골짜기란 뜻과 김택룡의 거주지인 '한곡'을 동시에 가리킨다.

24 원문은 다음과 같다. "寒谷蘆花岸에든그력기웃디마오 / 稻粱에 몯지다網羅안니두리온가 / 五湖邊自在飛鳴울내분니 가노라."

25 이 인물은 2월 11일 일기에만 등장한다. '이경선李景善'의 오기誤記일 가능성이 없지 않다.

26 이 인물은 1612년 2월 28일 일기에 '현임 향임[時鄉任]'으로 나오며, 도산서원 모임 등에서도 그 이름이 보인다(1616년 1월 5일 일기 등). 이경원李景元과 형제라는 기록도 보인다(1617년 4월 13일).

27 이후 일기에 반유실의 밭에 대한 기록이 종종 등장한다(1616년 5월 29일, 8월 6일·7일·18일, 1617년 3월 3일).

28 문집의 연보에 따르면, 그는 1608년 12월에 영월군수에 제수되었다.

29 한덕원은 1610년에 부사副使로 명나라에 다녀왔다. 관련 기록이 실록 해당 년 12월 24일 기사 등에 보인다.

30 종향은 1614년에 이루어진다.

31 김령金坽의 『계암일록溪巖日錄』에는 조목의 종향을 강력히 추진하는 김택룡을 비롯한 월천 조목의 제자들에 대한 반대 측의 입장이 잘 드러나 있다. 김령의 의견은 금응훈과도 약간 차이가 있어서, 김택룡 등의 의견을 강하게 배척하지 못하고 중간에서 조정하려는 금응훈을 비판하고 있다. 『계암일록』에서 김령은 김택룡 등을 매우 강하게 비난하고 있는데, 이들이 독단적이고 급박하게 조목의 종향을 추진하는 것은 사실은 스승을 높임으로써 자신들의 이익을 취하기 위해서라면서 김택룡 등을 소인배라고까지 지칭하고 있다(『계암일록』 1612년 2월 14일 기사 참조). 『계암일록』 1612년 1~2월에 이 문제에 대한 기사가 곳곳에 등장한다. 예를 들어 2월 1일의 일기를 들 수 있다. "김택룡과 금경琴憬은 심지어 위판位版에 월천月川 선생先生이라고 쓰고 변두籩豆와 작수爵數를 되게 선생과 같게 하려고 하였으나 평보平甫(김평金坪) 형이 옳지 않다고 하였다고 한다. 김택룡·금경·윤의찬이 돌아간 뒤에 평보 형이 제천 표숙(금응훈)에게 '이것은 큰일이니 모름지기 여러 사람들에게 물어보아야 합니다'라고 말했더니, 제천 표숙이 임任 형에게 편지로 물어보았는데, 임 형이 단자單子를 올려 자신이 감히 논할 일이 아니라며 사양했다고 한다. 또 막중하고도 막대한 일이라 한두 사람이 처리할 일이 아니니, 한강寒岡에게 물어보는 것도 좋겠다고 말했다고 한다. 이李 청송靑松(이영도李詠道) 형이 마침 서원에 도착하여 제천 표숙을 만나 '이 의견이 매우 옳으니, 우리들이 발언을 하기는 비록 어렵다고 하더라도 외숙外叔(금응훈을 지칭)께서 이것을 상고해 주십시오'라고 말했다. (…) 금경이 제천 표숙에게 편지를 보내어 말하기를 '이 일은 이번에 반드시 이루어져야 합니다. 어찌 한강 존장께 여쭈어 보아야만 합니까? 우리들의 식견이 어찌 그보다 못하겠습니까?'라고 했다. 이렇게 말을 많이 늘어놓은 것은 실패하지 않기 위해서인데, 이때에 김택룡도 이와 같이 하였다고 한다. 평보 형이 제천 표숙에게 권하여 한강에게 급히 심부름꾼을 보내라고 하니 제천 표숙이 따랐다. 평보 형이 심부름꾼을 보내도록 권한 것은 또한 저 무리들의 재앙을 두려워해서였겠지만, 꼭 사람을 보낼 필요가 있었겠는가? 만약 한강이 옳다고 하면 앞으로 그것을 어찌할 것인가? 한강이 어찌 우리 고을의 사정을 다 알 수 있겠는가? 김택룡이 또편지로 제천 표숙을 몹시 욕했는데, 일을 지연시켰기 때문이다"[澤龍憬至欲位版 書月川先生 籩豆及爵數 一如先生 平甫兄言其不是 澤龍憬義贊歸後 平甫兄言于堤叔曰 此大事 須詢于諸人 堤叔簡喩于任兄 任兄呈單子辭以不敢論 又云莫重莫大之事 非一二人所可爲 幸聞于寒岡 李靑松兄適到院見之曰 此議甚是 吾等出言雖難 幸叔詳之 堤叔曰 (…) 琴憬致書於堤曰 此事今番必當爲之 何必問于寒岡尊丈 見識何下於彼哉 多費辭說必欲無失 此時金澤龍亦如之 平甫兄勸堤叔急伻寒岡 堤叔從之 平甫兄勸伻 亦畏黨之禍也 何必送人哉 若寒岡爲可 則將如之何 寒岡豈盡知吾鄕事哉 金澤龍又爲書極辱堤叔 以遲延也]. 김용환 등 역, 『국역 계암일록』 2권, 한국국학진흥원, 2013, 17~18쪽/원문 국사편찬위원회 한국사데이터베이스-한국사료총서 제40집 계암일록(번역은 필자가 약간 변형을 가함).

32 1612년 3월 1일 기사에는 김직재의 아들 이름이 '덕함德諴'이라고 한다고 기재되어 있다. 3월 3일 기사에는 김용에게 받은 편지에 김덕함이 '백함伯諴'으로 쓰여 있는데 '덕'인지 '백'인지 모르겠다는 구절이 있다. 여러 사람을 통해 말이 전해지는 과정에서 오류가 있었던 것

으로 보인다.

33 (1612년 4월 5일) "돗손㲃孫이 사북沙北 복사전覆沙田을 파는 일로 와서 알현했다. 김응희金應希를 시켜 매매賣買 명문明文의 초草를 잡게 했고, (돗손이) 상전이 명문을 베껴 서서 와서 바치도록 하겠다고 했다"[㲃孫以沙北覆沙田相換事來謁 令應希草作明文 令其上典寫來呈納云].

34 (1612년 3월 21일) "여러 친구들이 계대溪臺에 모였다. 걸어 나가 수도守道 김개일金介一과 함께 올라갔다. 부장部將 권굉權宏, 예안禮安 여인汝仁 박선장朴善長, 참봉 호여皥如 금복고琴復古, 좌수 견숙甄叔 김도金陶, 훈도訓導 경정景淨 전렴田濂, 훈노 천서天瑞 남덕란南德鸞, 참봉 선원善遠 김경건金慶建, 이회而晦 김개백金介百, 남연南衍, 수도 김개일, 김시성金始聲, 김할金劼 등이 모두 술을 차고 찬합[榼]을 가져왔다. 종일토록 단란하게 마시고 마침내 질탕하게 취했다"[諸友會溪臺 步出與金守道同登 權部將宏 朴禮安善長汝仁 琴參奉復古皥如 金座首陶甄叔 田訓導濂景淨 南訓導德鸞天瑞 金參奉慶建善遠 金介百而晦 南衍 金介一守道 金始聲 金劼 皆佩酒挈榼而來 終日團欒 遂至泥醉].

35 『조성당일기』 해당일 기사에는 '주쉬主倅 영공令公'이라고만 되어 있고 이름이 기재되어 있지 않다. 『영주군읍지榮州郡邑誌』[서울대학교 규장각한국학연구원 소장(도서번호: 奎17465)]의 「선생안先生案」을 통해 강연姜綖임을 확인할 수 있다. "姜綖 文科 萬曆庚戌 到任治三年." 만력 경술년은 1610년이다.

36 강연의 파직 및 체직 관련 기사는 정사正史나 읍지에서는 찾을 수 없다. 『조성당일기』 1612년 3월 26일에서 편지를 보내어 파직된 주쉬를 위로했다[伻問主倅令公致慰見罷]고 했고, 『계암일록』 1612년 4월 4일 기사에 "영천榮川 영공令公이 거토居土(포폄에서 중中 고과를 받음)로 체직되어 떠났다"[聞榮川令公, 以居土遞去]라는 기록이 있다.

37 권호신의 아우 권준신權俊臣의 아들인 권근오權謹吾가 나중에 김택룡의 딸과 혼인하게 된다.

38 현재의 예천군 유천면 일대.

39 (1612년 3월 17일) "夷猶偃仰於池亭鴨樹之間 或怡養精神 諷詠花柳 數杯澆腸 怡然自適 頗有浴沂風雩底意思只欠點瑟回琴以對佳辰美景耳 時讀近思錄前後漢書 點檢心官 考驗得失興亡矣."

40 『한강집寒岡集』 제10권 「선성구로회첩宣城九老會帖 발跋」. 이 발문에 남효각의 이름이 등장한다. 정구가 남효각을 만나 선성 이씨 모임에서 모인 제현들의 작품이 남아 있지 않은 것을 한탄했더니, 남효각이 「육일회첩六一會帖」을 보내주었다고 한다.

41 보물 제1202호 '이현보 종가 문적'에 '애일당구경별록愛日堂具慶別錄' 및 '계사구로회첩癸巳九老會帖' 등이 포함되어 있다.

42 일기에서 '박 진사'는 여러 명 등장한다. 누구인지 확정하기 힘드나, 가장 많이 만났던 박회무朴檜茂일 가능성이 크다. 박회무는 자가 중식仲植으로서 박녹朴漉의 아들이며 김해金垓의 딸과 혼인했다.

43 (1616년 2월 10일) "날이 밝을 무렵 출발하여 도산서원에 이르렀다. 유사有司가 와서 기다리고 있었고, 유사 윤동창尹東昌이 왔다. 헌관獻官과 집사執事를 정했다. 영천榮川 이영도李詠道·봉사 금경琴憬·진사 김계종金繼宗·손우孫祐 등을 헌관으로 삼고, 오여강吳汝櫃·이경적李敬迪·오여방吳汝枋·이혜적李惠迪·이홍정李弘挺·윤동창尹東昌·채인준蔡仁俊·허용許蓉·채인준蔡仁俊(원문에 따름/필자)·이홍익李弘翊·금시정琴是正·이장형李長亨 등을 집사로 삼았다. 회문回文을 냈다"[詰明發行至陶山 有司來待 尹有司東昌來 差祭獻官執事 李榮川

詠道琴奉事憬金進士繼宗孫祏等爲獻官 吳汝欐李敬迪吳汝枋李惠迪李弘挺尹東昌蔡仁俊許蓉蔡仁俊李弘翊琴是正李長亨等爲執事 出回文].

44 이 딸은 일기에서는 '요산腰山 차녀'次女로 지칭되고 있다. 의성 김씨 대동보에 따르면 김택룡에게는 6명의 딸이 있었는데, 권근오에게 시집간 딸은 4번째 딸이다.

45 (1616년 3월 16일) "瞽師孫同歷見 推問吾與一家□□ 且推腰山次女成婚吉月與日 以三月卄七日爲吉云 與吾擇日相□□可喜也."

46 보통 신부가 혼례 후 시댁에 처음 들어가 시부모를 뵙고 인사드리는 예식을 말한다. 여기에서는 사위가 된 권근오가 장인 장모에게 첫인사를 올리는 것을 가리킨다.

47 김택룡의 첫째 첩인 대건大建·대생大生 모母의 아버지인 조촌助村의 이李 첨지를 가리키는 것으로 보인다. 이를 통해 볼 때, 이때 결혼한 딸은 이 첩의 둘째 딸인 것으로 보인다. 이 첩의 아이들에 대한 기사는 뒤의 1616년 7월 1일 일기에도 보인다.

48 (1616년 4월 9일) "아침에 남여윤(남색)이 편지를 보냈는데, 김이화金而和(김중청)가 중국에 들어간다고 했다. 우리나라의 종계변무宗系辨誣 사건은, 『황명경세실용편皇明經世實用編』·『엄산별집弇山別集』의 「사승고오史乘考誤」·『여씨오학편黎氏吾學編』(정효鄭曉의 『오학편』)·『속문헌통고續文獻通考』, 각사各司 소장 『작애집灼艾集』·『대정기大政紀』(황명대정기皇明大政紀)에 실려 있는 우리나라의 종계와 혁명 때의 일인데, 모두 당초의 오류를 그대로 쓰고 있으며, 임진왜란의 일을 기록한 것도 근거가 없는 말이 많다고 한다. 듣고서 분하고 억울한 마음 이길 수 없다. 변무하는 일은 하지 않으면 안 된다. 따로 써서 훗날 참고할 때에 대비한다"[朝南汝潤書送 金而和入中朝 我國宗系被誣事件 乃皇明經世實用編弇山別集史乘考誤黎氏吾學編續文獻通考各司所藏灼艾集大政紀載我𡇢(國)宗系及革命時事 一依當初謬誤而直書 且記壬辰事 語涉誕妄云 聞來不勝憤惋 辨誣之擧 不得不爾 別書以備後考云].

49 (1616년 5월 8일) "欲送唐本通宋性理大全於李芸處 欲裝潢而諸具未備 故不送焉."

50 (1616년 5월 16일) "送唐本性理大全卄冊通宋幷卄冊粧具於汾川李芸處."

51 조선 선장본線裝本은 실을 꿰는 구멍 5개인 오침안정법五針安定法으로 제본하는 데 비해, 중국은 4침 등 구멍의 개수가 다르다.

52 이 기록을 통해 대건모가 (일기가 없는) 1614년 6월 29일에 사망했음을 알 수 있다.

53 (1616년 7월 10일) "朝珩姪來言 失馬追捕於義城安平地 莫福一年介石輩先往捉得 後至者亦同會捕得領來 日暮宿於紙谷金允龍家 背綁盜者春金 是德龍從季之奴也 夜宿還逸 乘曉始覺之尋蹤 莫福射而踣 乃結縛而歸云 問其盜出跟因 則雲鶴丑生兩者 牽出於川邊津 遣之 春金者給兩人前所偸木二疋分用云 時兩者以耕田上可洞 令得甥琡兒先往拿致 俄而諸人挐春金至 洞內諸人觀者如堵 與兩人憑詰 遂入縣付諸主倅 琡親領去 以國忌不爲供招杖問 皆枷械堅囚而還."

54 제갈채는 무의 별칭이다. 촉한蜀漢의 승상 제갈량諸葛亮이 군사들에게 항상 무를 심어 먹게 한 고사가 있다.

55 (1616년 7월 25일) "種諸葛菜於可洞田 令命金往耕 珏亦往檢 而聞江阿之亦已往耕云矣."

56 (1616년 9월 19일) "應希打玓下田豆種 並分四斗." 소작한 소출을 주인과 반씩 나누는 병작반수를 했음을 알 수 있다.

57 (1616년 11월 4일) "애남을 시켜 내성奈城 현창縣倉에 환자[還上]를 바쳤다. 봄에 환자를 타서 손님을 맞이할 때 썼기 때문이다. 창고의 감관에게 편지를 써서 자문尺文을 발행하여 보내라고 했다. 저녁에 돌아왔는데, 곡식이 모자라서 자문을 주지 않았다고 한다"[令愛男納還上于奈城縣倉 春出用迎客時故也 修書倉監官 出尺文送來云 夕還 穀縮 不出尺云].

58 (1616년 11월 20일) "頡明行祀事 高祖考府君兩位 以紙枋行之 曾祖考以下 皆於神主前 行之 參祭 沈奉事與吾琡子得甥沈學海穀兒重吉塊兩孫行之 又祭外祖考妣兩位 別設於房內 餉餕餘 沈信叔黃有文參祭諸員皆參之."

59 (1616년 11월 24일) "講信設酌會生員家 洞員會客二十餘人 自沈信以下皆會 解孫興善沈龍 海削迹 □□極罰 且明春設生辰會 置簿各員生日分四時 五員定爲□□ 且新備蒿長席方席 以爲 洞會之布陳焉 且沈學海□誠一所受書齋利穀 期於今冬畢捧 不然則當施重罰云 酬酢竟□ 款恰 而罷."

60 문집의 연보에 따르면, 이때의 관찰사는 성진선成晉善이다.

61 (1617년 3월 7일) "(平母留在) 平亦自京還 其事亦不成 以樹遠之妻阻當故也 痛不可言."

62 (1617년 7월 30일) "調度使韓德遠簡隨至 昨暮入縣 今刻向榮川 未暇邀話云 且空名告身多來 如有欲爲者 聞見通之云 且云許通吾庶子云矣."

63 (1617년 8월 5일) "里正來傳調度使答狀二度 吾父子柬也 許通帖事 未諧施稱念於山庄兒輩 云."

64 (1617년 4월 15일) "頡明與達可同行 上山所 整理壙穴 預備下棺諸具 行遣奠 臨壙前槨甚狹 不獲已削其挾板 乙時下棺 贈玄纁盖上板 乃窆以石灰 黃土細沙匀半 築之平土 遂題神主云 宣 務郎軍資監主簿府君神主 具傍題 分遣子弟監役 負土作墳冢 築內外階砌 申時返魂 俺先下設 神座 旣至行初虞祭 令重沼行初獻 吾與達可行亞終獻襄事畢矣 是日諸族皆會 權應祥尹東賢 朴成樣來慰 院長李聖與有書 送木一端以院賻助焉 軍夫則 洞內下人及上下里軍人來役焉 夕 整理返魂山陽諸具."

65 『영천군읍지』「선생안」에 따르면, 도적 이경기의 변고를 겪은 조정에서 무관을 수령으로 파견한 것이다. 류비는 조방장助防將도 겸임했다.

66 『계암일록』 1617년 10월 일기에 관련 기사가 다수 기재되어 있다. 도적은 이경기李景期(『영천군읍지』「선생안」에는 '李景起'로 기록)라는 자인데, 영천 관아 창고의 세포稅布를 500~600필이나 훔친 큰 도적이었다. 도적이 탈옥한 정황은 특히 10월 21일 일기에 자세하게 나와 있다.

67 1617년 10월 12일 2번째 기사.

68 (1617년 10월 30일) "新倅姓名柳斐 兼助防將云 不通郡內 中夜突入 爲盜直獄卒所礙 入郡則 門者 閑不納 僅僅得入 前倅衙屬夜驚騷亂 室內抱幼兒 奔遑罔知攸處 久而後定 尋理行具 今君 皇出私家 翌日發行云 新倅擧動 殊駭聽聞."

2장

조성당 김택룡의 관직 활동과 교유 관계

장준호

머리말

김택룡金澤龍(1547~1627)은 선조 대와 광해군 대에 활동했던 문신이자 학자다. 그는 어린 시절부터 조목의 가르침을 받았고, 퇴계 이황의 문인으로 활동했던 인물이다. 그는 선조 재위 중반인 1588년(선조 21) 출사하여 병조좌랑과 사헌부헌납 등을 역임했고, 임진왜란 때는 선조를 호종하였다. 한편 그는 전라도 광양·운봉에서 일본군을 격퇴하는 데 공을 세우기도 했다. 광해군조에 들어와서는 영월군수를 역임하기도 했다. 그는 월천·퇴계의 문인으로 활동하면서 『퇴계선생문집』과 『월천집』 간행에 역할을 하였고, 월천이 도선서원에 종향되는 데 있어 중요한 역할을 했던 인물이다.

김택룡은 선조 재위 중반에 출사하여 여러 관직을 역임하고, 월천과 퇴계의 문인으로서 중요한 역할을 했음에도 불구하고, 그의 관직 활동과 역할은 학계에서 별다른 주목을 받지 못했다. 지난 2010년 한국국학진흥원에서는 국역 『조성당일기操省堂日記』[1]를 간행하였고, 2021년에는 국역 『조성당선생문집操省堂先生文集』[2]을 출간하였다. 두 자료는 김택룡에 관한 연구에 있어 많은 기여를 할 수 있을 것으로 기대된다. 김택룡에 대한 연구는 1~2편밖에 되지 않아 향후 본격적인 연구가 진행될 필요가 있다. 기왕의 연구에서는 김택룡의 예천 이주와 정착 과정에 대한 것이 발표되었고[3] 김택룡가의 혼인에 대해 구명한 것이 보고되었다.[4] 이 글에서는 『조성당선생문집』·『월천집』 등의 문집 자료와 『선조실록』·『선조수정실록』 등을 참고하여, 김택룡의 관직 활동을 살펴보고, 그의 교유 관계를 고찰하고자 한다.

김택룡의 가계와 출사 전 행적

의성 김씨는 고려조 문과에 급제하고 추밀원부사를 지낸 김춘金春의 후예다. 그는 의성에서 예안으로 이사하여 이곳을 관향으로 삼았다. 이후 김연金衍과 김회보金懷寶가 연이어 문과에 급제하였다. 김효우金孝友는 김택룡의 고조로 예안 한곡寒谷에 자리를 잡았다. 이후 의성 김씨는 누대에 걸쳐 이곳에 세거해 왔다. 증조인 김숭조金崇祖는 어모장군 충무위 부사과를 역임했다.[5] 부사과는 오위에 속하는 종6품 무관직이지만, 김숭조는 군직을 수행하기보다 체아직을 역임했을 것으로 생각된다. 조부인 김몽석金夢石은 호군護軍을 역임했다. 호군은 서반 정4품의 무반직이었다. 호군은 군의 지휘관으로 입직入直과 행순行巡의 임무를 수행하였다. 김택룡의 아버지는 김양진金楊震으로 정릉참봉定陵參奉[6]을 역임했다. 김양진은 두 아들을 두었는데, 장남이 와운자 김택룡이고, 차남이 김현룡金見龍이다.[7]

김택룡은 1547년(명종 2) 예안현 한곡리寒谷里 사제私第에서 태어났다. 1554년(명종 9) 8세인 김택룡은 월천 조목의 문하에 들어갔다.[8] 이때 조목은 서울을 떠나 고향에 내려와 있었다.[9] 이 무렵 조목은 1558년(명종 13) 안동 월란사月瀾寺에서 독서를 하고, 문인들과 함께 학문 수양을 할 정사 건립을 논의하였다. 1560년(명종 15) 조목은 퇴계 선생을 모시고 부용산芙蓉山에 올라 정사精舍의 터를 정하기도 했다. 1563년(명종 18) 8월 그는 도산에 머물면서 경학을 논하였다.

1563년 김택룡은 17세에 경릉참봉敬陵參奉을 지낸 이사의李思義의 딸인 고양 이씨와 혼인하였다. 1564년(명종 19) 18세인 김택룡은 조목을 따라 퇴계를 문안하였다.[10] 이를 계기로 그는 퇴계의 문인들과도 지속적인 교유 관계를 이어갔고, 퇴계에게 편지를 올려 상례喪禮에 대해 묻기도 했다. 1570년(선조 3) 퇴계가 서거했다. 『조성당선생문집』 「연보」에는 그가 퇴계를 마음으로 따르며 섬겼다고 기록되어 있다. 퇴계 사후에도 김택룡은 기제사마다 참석하였다고 한다. 그가 22세 때인 1568년(선조 1) 장남 김숙金琡이 태어났다. 그는 송계松溪 금인琴軔과도 교유하였고, 남치리南致利와는 회암사에서 함께 독서를 하기도 했다.[11] 남치리는 김택룡보다 4살 연상으로 고종형인 금난수琴蘭秀를 통해 이황의 문인이 된 인물이다. 1564년 남치리는 퇴계 문인들이 이황을 모시고 청량산을 유람할 때 동행하기도 했다. 김택룡은 퇴계의 문인 중 남치리와의 교분이 매우 두터웠던 것으로 생각된다. 1576년(선조 9) 30세인 김택룡은 생원시에 입격하였으나[12] 함께 공부했던 남치리는 입격하지 못하였다. 그가 사미시에 합격한 후 고향으로 내려올 때 함께 한강을 건넌 인물이 바로 남치리다.

사마시에 입격한 김택룡은 다음해인 1577년(선조 10) 3월 조목을 문안했다. 사마시에 입격하고 찾아온 제자를 위해 조목은 "그대 만나 감개하여 명리는 논하며 끝없는 시름 중에 한 번 웃어보네"라는 시를 주었다.[13] 12월에 김택룡은 봉화현감으로 있는 스승을 다시 문안했다.[14] 이때 그는 이황의 문인인 권우權宇에게 편지를 보내기도 했다.[15]

1578년(선조 11) 김택룡은 금응훈琴應壎 · 김기金圻 · 류온중柳溫仲 · 김이선金而善과 도산에서 회합을 가졌는데, 이 모임은 상덕사尙德祠 건립을 논의하기 위한 자리였다.[16] 1580년(선조 13) 김택룡은 스승 월천 조목의 편지를 통해 지우인 남치리가 세상을 떠났다는 소식을 뒤늦게 알게 되었다. 김택룡이 서울에 와 있었을 때 집안사람들이 전염병에 걸린 모친을 모시고 이리저리 옮겨 다녀야 했고, 이로 인해 남치리의 사망 소식을 듣고도 조문하지 못하였다. 그는 지우의 사망 소식을 듣고 조문하지 못하는 애달픈 심정을 담아 「제분지남의중祭賁趾南義仲 치리문致利文」을 지었다. 그는 제문에서 지우 남치리에 대해 다음과 같이 평가했다.

> 천품을 말하자면 깨끗하고 밝으며 굳세고 과감하고, 기개를 말하자면 바르고 곧고 청렴하고 결백하였습니다. 학문을 게을리 하지 않아 지향하는 바가 높고 멀었으며, 가난을 편안히 여기며 지조를 지키면서 도의道義를 즐거워하였습니다. 효도와 우애를 집안에서 행하며 믿음과 온화함이 널리 벗들에게 미쳤고, 상을 치를 때는 예를 다하고 슬퍼하는 마음은 평소에 극진하였으니, 그의 기질은 굳세고 용감하면서 정성스러움에 힘을 쓴

것은 우리 중에 찾아보아도 참으로 많이 얻기 어려운 사람입니다.

이 제문에 따르면, 남치리는 1579년 병세가 위중했는데, 김택룡은 지우를 찾아가 문안하고 위로를 건냈다. 남치리는 김택룡에게 머물러 줄 것을 부탁했고, 둘은 희미한 등불을 켠 오두막에서 주자의 글을 읽고, 가묘에 관한 절목에 대해 논하기도 했다.[17] 지난 해 병문안을 하면서도 지우의 정을 나누었던 남치리의 죽음은 김택룡에게 커다란 충격이었다.

1581년(선조 14) 6월 어머니 숙부인 김씨가 세상을 떠났다. 1583년(선조 16)과 1584년(선조 17) 김택룡에게 연이어 부고가 전해졌다. 퇴계의 장남인 이준李寯이 1583년 세상을 떠났고, 이듬해 퇴계의 장손인 몽재 이안도李安道가 별세했다. 김택룡은 이준의 죽음을 애도하는 시를 지었고, 이안도의 죽음을 애도하기 위해 동문들과 연명하여 제문을 짓기도 했다.[18]

선조조~광해군조의 관직 활동

김택룡이 관직 생활을 시작한 1586~1587년 무렵은 조선의 대내외적 위기가 고조되던 시기였다. 정치적으로 당파간의 갈등이 증폭되었고, 이는 결국 정여립 역모사건으로 이어졌다. 또한 일본군의 침입에 대한 우려로 조정에서 논의가 분분하던 시기였다.

1586년(선조 19) 김택룡은 천거로 종9품 장사랑將仕郎 경릉참봉에 임명되었다.[19] 경릉은 본래 세조의 아들인 의경세자의 묘다. 인수대비가 친히 경릉에 나가 제사를 지내기도 했다.[20] 연산군은 경릉과 창릉(예종의 능)에 행행하여 제사를 올리기도 했고,[21] 명종도 경릉과 창릉에 행행하여 제사를 올렸다.[22] 선조 이전의 실록에서는 경릉참봉에 어떤 인물이 임명되었는지는 알 수 없는 데 비해, 『선조실록』에는 1571년(선조 4) 유몽정柳夢井이 경릉참봉에 제수되었다는 기사가 수록되어 있다.[23] 유몽정이 경릉참봉에 제수된 시기를 보면 향시를 합격하고 문과에 급제하기 이전이었다. 이를 통해 능 참봉은 사마시에 입격한 자 중에서 음직 혹은 추천을 통해 임명되는 자리였음을 알 수 있다.

김택룡이 출사할 무렵인 1586년(선조 19)에는 강상죄가 연이어 일어난 해이기도 했다. 양천에 거주하는 김언이金彦伊가 아비와 계비를 살해[24]하는 사건이 있었고, 전라도 담양에 거주하던 정병正兵 박언朴彦이 어머니를 칼로 시해한 사건이 발생하기도 했다.[25] 또한 마포에 거주하는 수부水夫 장효손張孝孫도 어머니를 시해하여 삼성교좌로 추국을 당한 후 능지처사를 당하였다.[26] 연이은 강상의 변고가 발생하여 승정원은 선조에게 여씨 향약을 시행할 것을 건의하기도 했다.[27]

1587년(선조 20) 김택룡은 정9품계인 종사랑從仕郎을 받았다. 이 시기는 일본에서 조선에 사신을 파견하여 통신을 요구하고, 왜선이 전라도를 침입하여 위기가 고조되었던 시점이다. 특히 전라도 관찰사는 1587년 2월 왜적 18척이 흥양 지경을 침범하여 녹도권관 이대원이 전사했다고 보고했다.[28] 1589년(선조 22) 어전회의 때 변협邊協은 왜선은 그다지 크지 않아 한 척에 1백 명밖에 실을 수 없다고 했다.[29] 변협의 말로 단순히 계산해도 1587년 전라도 흥양에 왜군 1,800명 정도가 침입을 했고, 왜군과 교전 중 이대원이 전사한 것을 알 수 있다.

이듬해인 1588년(선조 21) 그는 식년문과에 급제하였다. 합격 당시 그의 나이는 42세였다. 의성 김씨는 예안으로 이주하여 세거를 했으나 김택룡 이전까지 문과 급제자는 배출하지 못했다. 김택룡의 문과 급제는 의성 김씨 가문의 영광이었다. 『조성당선생문집』「연보」에는 그가 문과에 급제한 후 승문원 저작에 임명되었다고 나와 있다. 승문원은 이조의 정3품아문 중 하나로 사대문서와 교린문서를 관장하는 기구다. 승문원은 이문吏文의 예습豫習과 사대문서의 제술 등을 역임하는 관청이다. 태종조에 들어와 승문원 참외관을 증치했는데, 이때 정8품 부정자를 저작랑으로 고쳤다.[30] 저작은 승문원 정8품직으로 2원을 두었다. 승문원은 1405년 이전 설치된 문서응봉사文書應奉司에서 비롯되었는데, 1411년(태종 11) 문서응봉사는 승정원으로 개칭되고 정3품아문으로 정립되었다.[31] 승문원은 태종과 세종조를 거쳐 관직명과 인원의 변경이 있었고, 1466년 관직 개편을 거쳐 『경국대전』에 명문화되었다. 1466년에 승문원 관직명에 대대적 개칭이 이루어졌다. 즉 판사, 지사, 부지첨지, 부교리, 저작랑을 각각 판교判校, 참교參校, 교감校勘, 교검校檢, 저작著作으로 개칭하였다. 승문원은 정7품 박사 2인, 정8품 저작 2인, 정9품 정자, 종9품 부정자 2인을 두었는데, 박사 이하는 봉상시의 직장 이하 1원一員이 겸임하였다.[32]

김택룡이 출사 후 역임한 것으로 처음 확인되는 관직은 승문원 저작이었다. 『선조실록』에 승문원 저작을 역임한 사람은 조정립趙正立, 현덕승玄德升, 이여해李如海, 민여임閔汝任, 신률申慄 이상 5명만 확인된다. 이들이 저작을 역임한 시기는 임진왜란기였다. 이들이 임진왜란기에 승문원 저작을 역임했다면, 김택룡은 전란 이전인 1588년 승문원 저작을 역임하면서 외교문서 작성에 역할을 했을 것으로 생각된다.

1589년(선조 22) 김택룡은 승의부위承義副尉 호분위虎賁衛 부사맹副司猛에 제수되었다. 승의부의는 서반 정8품계다. 호분위는 조선 전기 중앙군사 제도의 근간인 5위의 하나로 우위右衛였다. 호분위에는 족친위·친군위·팽배·서울의 서부·평안도의 군사가 소속되어 있었다. 김택룡에게 제수된 호분위 부사맹은 종8품직으로 인원수는 총 16인이었다. 세종조 때부터 부사정副司正에 대한 섭직攝職으로 섭부사정攝副司正이 널리 통용되었고, 이것이 1466년 세조의 관직제도 개편 때에 부사맹으로 개칭되었다.[33] 호분위 부사맹으로 있던 김택룡은 같은 7월 합천군수로 있는 스승에게 편지를 올려 지리산 유람에 대한 일을 논의하였다.[34] 조목은 1587년(선조 20) 11월 합천군수에 제수되었고, 1588년 1월 부임하였다.

1589년 10월 조목은 지리산을 유람[35]하였는데, 김택룡도 이 유람길에 동행하였을 것으로 생각된다. 1589년 10월 2일은 황해감사 한준이 비밀 서장을 선조에게 올려 정여립이 역모를 꾸미고 있다는 고변을 한 때였다. 이로부터 정국은 정여립 역모사건에 대한 진상 조사와 관련자들의 처벌 등으로 혼란스러운 상황으로 전개되었다. 이때 김택룡은 호분위 부사맹으로 있어서 역모사건과는 일정 정도 거리를 유지할 수 있었다. 이러한 상황이 그에게 월천 조목과 지리산을 유람할 수 있는 여유를 마련해 주었다. 정여립 역모사건의 처벌과 연루에 있어 남인들은 북인들에 비해 자유롭기도 했지만, 늦게 출사했던 김택룡은 정여립과는 별다른 인연이 없었다. 다시 말해 정여립 역모사건이 김택룡 자신에게 미친 영향은 지극히 적었다.

1590년(선조 23) 김택룡은 적순부위迪順副尉 행 용양위 사맹司猛에 제수되었다. 적순부위는 서반 정7품계이고, 용양위 사맹은 정8품 무반직이다. 용양위는 5위 중 하나로 별시위別侍衛와 대졸隊卒이 소속되어 있었다. 김택룡은 1588년 문과에 급제한 이후 승문원 저작을 잠시 역임하였으나, 이후 2년간은 무반직인 호분위 부사맹과 용양위 사맹으로 있었다. 그가 역임한 부사맹의 총원수는 483원이나 순수한 군직은 83원으로 나머지 400인은 체아직으로 배당되었다. 이 체아직에는 갑사·내금위·공신적장·별시위·제원諸員 등이 속해 있었다. 한편 그가 역임한 용양위 사맹은 16원이 모두 정8품직으로 체아직으로 배정되지 않은 온전한 군직軍職이었다.[36] 이 시기 김택룡은 문반직으로 전직轉職되기 전 무반직인 호분위 부사맹과 용양위 사맹을 역임하였는데, 그는 문신임에도 불구하고 문반직의 부족으로 인해 순수 군직을 수행하였을 것으로 생각된다. 그의 이러한 군직의 경험은 임진왜란 시 권율의 종사관으로 활약하는 데 큰 자산이 되었을 것이라 여겨진다.

1589년에서 1592년 4월 이전까지 조선 정국은 매우 혼란스러운 상황이었다. 정여립 역모사건으로 동인과 서인의 당쟁이 격렬하게 전개되었고, 이 사건에 연루된 많은 인사들이 죽임을 당하거나 귀향에 처해졌다. 진신搢紳 역모사건으로 규정된 정여립 역모사건은 정국 구도에 커다란 파장을 불러왔다.[37] 또한 일본의 통신사 파견 요구에 대해 조선 조정은 어떻게 대응할 것인가를 두고 논쟁이 이어졌다. 이러한 시기에 김택룡은 하급 관리였을 뿐만 아니라 무반직은 호분위 부사맹과 용양위 사맹을 역임하고 있었다. 이 시기 그에게 별다른 역할이 주어지지 않은 것도 있지만, 늦은 출사가 혼란한 정국의 소용돌이에 휘말리지 않았던 요인이 되기도 했다.

『조성당선생문집』「연보」에 따르면, 김택룡은 1592년(선조 25) 4월 임진왜란이 일어나자, 의주까지 선조를 호종한 것으로 나와 있다. 또한 이때까지 관직 제수와 관련된 기록이 없는 것으로 보아 임진왜란 이전까지 문반직에 제수되지는 않았던 것으로 여겨진다. 1594년(선조 27) 48세인 그는 동반 정6품계 승훈랑承訓郎에 가자되었고 승문원 박사에 임명되었다. 박사는 승문원을 비롯하여 성균관·교서관의 정7품직이었다. 박사의 임무는 중국의 경서를 위주로 한 경서를 섭렵하여 제찬制撰·교육教育·교감校勘 등의 일을 보좌하는 것이었다. 같은 해 8월 그는 종5품 봉직랑으로 승품되었고, 봉상시 직장에 제수되었다. 봉상시는 고려 말의 그것을 조선 왕조가 계승한 것이었다. 1409년(태종 9) 봉상시는 전농시로 개칭되었다가 1420년(세종 2) 다시 봉상시로 환원되었다. 봉상시는 1466년 세조조의 관직 개편 때 조직의 정비가 이루어졌고, 『경국대전』의 편찬과 조직의 구성과 인원이 명문화되었다.[38] 봉상시는 제사 및 시호의 의정에 관한 일을 주관하는 이조 정3품아문이다.[39] 직장은 태조 이성계가 조선을 건국하면서 일부 관아에 종7품직인 직장을 두면서 비롯되었는데, 1466년 세조가 관제 개편을 단행하면서 종래의 교감校勘·승丞·부승副丞의 체계가 주부主簿·직장直長·봉사奉事의 체계로 정비된 것이었다.[40] 그는 봉상시 직장으로 승문원 박사를 겸하였는데, 이것은 승문원 박사 이하는 봉상시 직장 이하 1원이 겸임하도록 한 규정에 따른 것이었다.[41] 그는 얼마 뒤 호조좌랑에 임명되었다. 호조좌랑은 정6품 문반직으로 정랑을 보좌하는 역할을 했다.

1595년(선조 28) 49세인 김택룡은 1월 봉직랑奉直郎 행 병조좌랑에 임명되었다.[42] 봉직랑은 종5품 문반 품계다. 이 해에 그는 호조좌랑에서 병조좌랑으로 전직되었다. 그가 병조좌랑에 제수된 내용을 『선조실록』에서도 확인할 수 있다.[43] 4월 그는 정5품 통선랑에 승품되었고 8월 사헌부 지평으로 전직되었는데, 7개월간의 병조좌랑으로 정랑을 보좌했다. 『선조실록』에 따르면, 1594년(선조27) 전 현감 정기원鄭期遠이 병조정랑에 제수된 것이 확인된다.[44] 이러한 점에서 김택룡은 정랑 정기원과 함월 간의 병조좌랑을 역임하면서 정랑을 보좌했다.

그는 종묘서宗廟署 령令에 임명되었고, 이후 병조정랑으로 승진했다.[45] 종묘서는 고려의 침원서寢園署를 계승한 것이다. 『경국대전』에서 종묘서는 종5품아문으로 침묘寢廟를 수위하는 일을 맡는다고 명시되어 있다.[46] 선왕의 영靈을 제향祭享하는 종실의 가묘다.[47] 종묘서는 종5품 령 1원, 종7품 직장 1원, 봉사 1원, 부봉사 1원으로 구성되어 있다. 김택룡은 종묘서의 최고 책임자였다. 그는 환도한 선조에게 태묘에 친제할 것과 능에 참배할 것을 건의하기도 했다.[48] 『조성당선생문집』 「연보」에 따르면, 종묘서 령에 임명된 것으로 인해 병조좌랑에 승진되었다고 나와 있다. 이것은 앞서 『선조실록』에서 확인할 수 있듯이, 그가 종묘서 령의 역할을 잘 수행한 것을 선조로부터 인정받았음을 의미하는 것이라 생각된다.

『선조실록』을 보면 1595년 9월 18일 사간원 헌납 김택룡 등이 선조에게 차자를 올렸음을 알 수 있다.[49] 『조성당선생문집』과 『선조실록』의 기사를 볼 때, 종묘서 령이었던 김택룡은 잠시 병조정랑으로 전직되었다가, 다시 사간원 헌납에 제수되었음을 알 수 있다.[50] 『선조실록』과 『조성당선생문집』의 기록을 살펴보면, 그는 같은 해 9월 헌납에 제수되어 12월 성균관 직강直講에 임명되기까지 약 4개월 동안 사간원 헌납을 역임했다. 그는 대사간 이정형, 정언 오백령 등과 함께 선조에게 차자를 올려 빈번하게 일어나는 천변의 뜻을 유념하고, 노복들의 폐해를 규찰할 것을 건의했다.[51] 또한 추국청의 일원으로 충청감사 박홍로의 장계에 따라 충청감사에게 정인길鄭仁吉를 체포하여 구금한 후 계문하게 했음을 선조에게 아뢰기도 했다.[52] 12월 김택룡은 성균관 직강에 임명되었다.[53] 성균관 직강은 정5품직으로 박사와 함께 강수講授의 임무를 맡았다.[54]

1596년(선조 29) 1월 50세의 김택룡은 사헌부 지평에 제수되었다.[55] 동년 2월 그는 세자시강원 겸사서世子侍講院兼司書에 임명되었고[56], 같은 해 5월 시강원 겸문학侍講院兼文學에 임명되었다.[57] 7월에는 종4품 조산대부 행 병조정랑에 제수되었는데, 세자시강원 사서를 겸직했다.[58] 11월 김택룡은 도원수 권율의 종사관으로 전장에 파견되었다. 그는 권율의 말에 의거하여 "전라도 광양·운봉이 한꺼번에 적의 침입을 받으면 병사 한 사람이 대응하기 어렵기 때문에 병사를 한명 더 추가로 배치할 것"을 요청하기도 했다.[59]

1597년(선조 30) 51세가 된 김택룡은 관직 진출 이후 가장 큰 시련을 맞았다. 사헌부 지평 남이신南以信은 사도 도체찰사 이원익의 장계의 내용에 따라 도원수 권율의 종사관인 김택룡이 역마의 규정을 위반하였다고 하여 파직을 요청했다. 출사 이후 별다른 논란 없이 맡은 바 직무를 수행했던 그는 역마의 규정을 위반한 죄로 도원수의 종사관에서 파직되고 말았다.[60] 그는 1596년 11월부터 1597년 6월까지 약 7개월 동안 도원수 권율의 종사관으로 전라도에서 작미검독作米檢督의 임무를 수행하였다.

「연보」에는 1598년(선조 31)과 1599년(선조 32)에 김택룡의 관력이 수록되어 있지 않다. 다만, 1599년 정월에 관찰사 한준겸과 소수서원에서 유생들과 약속하여 모였다는 기사가 있다. 『조선당선생문집』 권 2에는 「연보」에 수록된 내용과 관련이 있는 시가 수록되어 있다. 그 시에는 1599년 1월 16일 관찰사 익지 한준겸과 만나기로 약속하고, 유생들과 소수서원에서 제술하였다고 되어 있다. 또 이날 아침 김택룡은 구고의 작은 집에서 새벽밥을 먹고 소수서원으로 출발하였다. 구고에는 김택룡의 산장이 있었다. 그는 칠언절구의 시를 읊어 한준겸에게 바치고, 풍기군수 이육과 찰방 하수일, 소수서원 원장 민흥업에게 보여 주면서 화운할 것을 부탁했다.[61]

이때 김택룡은 병을 얻었던 것으로 보인다. 한준겸과 만났다는 내용의 시 뒤에는 기해년 2월 한식에 병으로 신음하며 날을 보내고 있다고 하면서 다음과 같은 시를 지었다.

몸을 감싼 질병에 괴롭게 시달리는데	纏身疾病苦沈綿
차가운 눈 쓸쓸한 바람 부는 한식이네	冷雪凄風寒食天
이번 해는 산소에 술을 붓지 못하니	此歲不墳上土澆
가동 동쪽에서 흰 구름에 상심하네	白雲心折檟東邊

이 시는 병으로 산소에 가지 못하는 것을 안타까워하며 지은 것이다. 또 다른 시는 아들이 돌아오지 않아 노심초사하는 아비의 심정이

구구절절 담겨 있다. 아들이 돌아오지 않은 것을 걱정하며 밤잠을 이루지 못하고 홀로 술잔을 기울이고 있는 모습이 시에 담겨 있다.[62]

1600년(선조 33) 54세인 김택룡은 봄 진주 제독관으로 나갔고, 가을에 접반사로 임명되어 명군 가賈 유격의 군영에 배속되었다. 이때 그는 소암 임학령과 교동의 북진에 있었다. 겨울에 명나라 군대 반료도감으로 교동에 머물렀다.[63] 1601년 9월 성균관 전적으로 임명되어 조정으로 돌아왔다.[64] 1604년(선조 37) 10월 김택룡은 통훈대부 강원도도사 겸 춘추관 기주관에 임명되었다.[65] 1605년 선조는 선무원종공신 9천 60명을 계하하는 전지를 내렸다.[66] 그해 10월 스승 월천이 별세하자, 상사喪事를 처음부터 끝까지 돌보기도 했다. 1607년(선조 40) 61세가 된 김택룡은 전라도도사를 역임하였다. 그 해 사간원에서는 그가 나이가 많고 호령이 엄하지 못하다는 이유를 들어 체차할 것을 선조에게 건의하기도 했다.[67]

1608년(선조 41) 선조가 승하하고 광해군이 즉위한 후, 10월에 그는 군기시 부정에 제수되었고 12월 영월군수로 나갔다. 영월군수인 김택룡은 전란 이후 방치되었던 노산군의 묘를 수직하기 위한 노력을 경주했다. 1610년(광해군 2) 광해군은 동부승지 이지완李志完에게 명하여 영월의 노산군 묘소에 제사를 올리도록 했다. 그는 왕명을 받들어 제사를 지낸 후 노산군 묘소의 관리 실태를 광해군에게 보고했다.[68] 그의 보고 내용 중에는 자신이 약간의 승려를 모집하여 몇 칸짜리의 암자를 지은 후 이들에게 노산군의 묘소를 수직하려고 한다는 내용이 담겨 있다. 김택룡은 승려들에게 노산군의 묘소를 수직하는 것이 잠시는 가능할 수 있으나, 지속적인 관리가 될 것인지에 대해서는 많은 우려를 갖고 있었다.[69] 영월을 방문했던 동부승지 이지완은 김택룡이 노산군 묘소의 수직과 관련하여 갖고 있는 우려를 광해군에게 전달했다. 이에 광해군은 강원도 관찰사에게 명하여 노산군의 묘소를 각별히 수호하도록 했다.[70] 64세인 김택룡은 영월군수를 끝으로 관직 생활을 마무리하고 고향으로 돌아왔다.

김택룡의 사승 관계와 교유 관계

월천 조목과의 사승 관계와 추숭 작업

사람은 각자 다른 사람에게 영향을 주면서 살아가고, 또 많은 사람들에게 영향을 받으며 살아간다. 베버는 어떤 사람이 다른 사람에게 직·간접적으로 영향을 미치거나 사회적 의미를 내포하는 동작을 사회적 행위라고 불렀다. 한편, 둘 이상의 사람들이 서로에게 영향을 미치는 행위를 주고받는 것을 사회적 상호작용이라고 한다.[71] 사람들은 일상생활 속에서 다양한 사회적 상호작용을 하며 살아가는데,[72] 사람들이 어떠한 사회적 상호작용을 하며 그것이 가진 의미가 무엇인지를 파악하는 것은 매우 중요한 작업이라 생각된다.

이처럼 사회학에서 말하는 사회적 상호작용이라는 측면에서 조성당 김택룡이 그의 생애 동안 주변 사람들과 어떻게 살아갔는지 파악해 보고자 한다. 이 장에서는 사회학의 개념을 차용해서 예안을 중심으로 활동했던 김택룡의 사회적 상호작용의 내용을 교유 관계라는 측면에서 살펴보고자 한다.

조성당 김택룡은 8세 때인 1554년(명종 9) 월천 조목의 문하에 들어갔다. 스승 조목과의 만남은 그의 학문과 인생의 방향을 결정짓는 일대 사건이었다. 월천 조목의 사승 관계는 김택룡이 퇴도退道로 들어가는 문이 되었고, 예안을 비롯한 향촌 사회에서의 사회적 지위를 결정짓는 계기가 되었다고 해도 과언이 아니다. 이해 4월 조목은 사직하고 고향에 내려와 있었는데, 이때 김택룡은 인생의 스승인 조목을 만났다. 그는 월천으로부터 오랜 세월 경서를 배우며 학문을 익혔다. 문하생으로 어린 나이부터 조목의 가르침을 받았던 김택룡은 퇴계의 문인이었던 스승의 영향과 지도로 자연스럽게 퇴계의 문인 집단으로 편입되었다.

김택룡이 지은 「제월천선생문祭月川先生文」에는 어린 김택룡에게 월천이 어떤 스승이었는지를 알 수 있는 대목이 있다. 김택룡은 8세에 31세 조목을 스승으로 섬겼다. 그는 어린 시절부터 가르침을 받았고, 인도하고 부축하며 자상히 일깨워 자신의 어리석음을 깨우쳐 주셨다고 했다. 김택룡에게 있어서 월천은 자상한 선생님이었다. 그는 월천이 어두운 길에 나침반이 되어서 헤맬 때 방향을 알게 하셨고, 그 은혜가 낳아 준 부모와 같아서 자식처럼 보살펴 주셨다고 했다.[73] 1559년(명종 14)에 조목의 아들 구붕龜朋이 태어났는데,[74] 조목에게 있어서도 김택룡은 자식과 같은 존재였다. 김택룡은 월천에 대해 "오지 않으면 근심하시고 보고 나면 기뻐 하셨다"[75]라고 회상했는데, 두 사람의 관계는 사승 관계를 뛰어넘는 부자 관계라고 해도 과언이 아닐 정도였다.

김택룡은 시에서 자신의 학문적 연원과 교유 관계를 어디에 두고 있는지를 명확하게 밝혔다. 즉 「한곡십륙영寒谷十六詠」과 「한거차회암의고閒居次晦菴擬古」에서 김택룡은 자신의 학문적 연원의 시원을 밝히고 있다. 「한거차회암의고」 8수 중 4째 수에서 김택룡은 "종유성성재從遊惺惺齋 낙수지중앙洛水之中央 체사월천옹逮事月川翁"이라고 했다.[76] 이를 보면 김택룡은 처음 성성재, 즉 금난수에게 배웠고, 뒤에 월천 조목을 스승으로 모셨다고 밝히고 있다. 그는 "구의경십상摳衣經十霜"이라 하여 옷섶 걷고 스승을 가까이 모신 지 십 년이 되었다고 했다. 또한 「한곡십육영」에서는 "사우연원시월천師友淵源是月川"이라 하여, 김택룡은 자신의 학문과 교유 관계의 연원이 월천에 있다고 명확히 밝히고 있다.[77]

김택룡이 스승에 대한 숭모는 대단한 것이어서, 『조성당선생문집』의 서書와 시詩의 매개가 월천이었다. 문집에는 월천에게 올린 6건과 금난수에게 올린 2건의 간찰이 수록되어 있다. 월천과 금난수는 김택룡이 직접적으로 학문을 배운 스승들이었다.

스승의 안부를 묻는 편지에서 김택룡은 자신이 여름부터 가을까지 내내 병을 앓고 있다고 하면서 집안의 우환이 잘 풀리지 않는 답답함을 토로하기도 했다. 또한 그는 스승에게 권두문과 함께 서쪽으로 유람하기로 한 계획을 알리고, 아직 결정짓지 못하고 있다고 하면서 스승에게 조언을 구하고 있다.[78] 김택룡은 눈이 몹시 내린 겨울날 지척에 있는 스승의 서재를 방문하지 못한 아쉬움을 담은 편지를 보내기도 했다. 1600년(선조 33) 김택룡은 진주 제독관 시절에 쓴 편지[79]에는 전란을 겪고 난 후 진주의 상황이 묘사되어 있다. 즉 거친 풀과 빈터만 지키고 있고, 모든 것은 씻어낸 듯 무너져 버려 형체조차 없다[80]는 것이었다. 그는 이 편지에서 스승 월천에게 지리산 유람 계획에 대해서도 밝히고 있다. 그는 쌍계에 들어가고 청학동을 찾아갈 예정인데, 스승을 모시고 함께 멋진 경치를 감상하지 못한 것을 유감스러워했다.

문집에 수록되어 있는 간찰 「상월천선생上月川先生」은 김택룡이 보낸 그것이 시기 순으로 수록되어 있지 않지만, 작성 시기를 특정할 수 있는 부분들이 있어 주목된다. 그는 스승에게 안부 편지를 보냈는데, 이 편지에는 하양현감을 지낸 금응협琴應夾의 모친상과 근시재 김해의 외할머니와 이이부李貽復 모자의 부고 소식도 담겨 있다. 『조성당선생문집』 239쪽 각주 6번을 보면, 이 편지는 1589년 11월에서 1590년 1월 사이에 보낸 편지임을 확인할 수 있다. 이 편지에서 김택룡은 월천 조목이 『자치통감강목』을 인쇄할 것을 부탁하셨는데, 바로 인출하여 보내드리지 못하는 점을 못해 아쉬워했다.[81]

1590년(선조 23) 용양위 사맹으로 있던 김택룡은 월천에게 편지를 보내 안부를 물었다. 자신은 두메산골의 후미진 성을 우두커니 지키면서 빈터를 끼고 앉아 휘파람이나 불고 있는 것 외에는 말할 것이 없다고 했다. 문집에 수록된 마지막 편지는 스승이 부탁한 『자치통감강목』을 인쇄하는 데에 좌찬성 정탁이 도움을 주었다는 내용이 수록되어 있다.[82]

한편 그는 금난수에게도 학문을 배웠고, 편지를 보내 안부를 묻기도 했다. 문집에는 2건의 간찰만 수록되어 있다. 금난수에게 보낸 편지 속에는 섬 안에 묶여 있어 돌아갈 기약이 머니, 안부를 여쭙는다고 되어 있다. 이 편지는 김택룡이 명군의 반료도감으로 임명되었던 시기에 작성된 것으로 특정되고 있다. 그는 자신의 아들 김숙과 아들의 친구 다섯 명이 생원시에 입격한 소식을 전하였다. 이 편지를 통해 김숙이 생원시에 입격한 후, 아버지 김택룡을 문안했음을 알 수 있다. 김택룡은 아들의 문안을 받고, 아들 편에 금난수에게 편지를 보냈던 것이다. 또 김택룡은 봉화현감으로 있던 금난수에게 안부를 묻기도 했다.

이처럼 김택룡은 자신의 학문적 연원이라 할 수 있는 월천 조목과 성재 금난수에게 편지를 보내 안부를 물었다. 그가 월천에게 보낸 편지에는 스승에 대한 숭모의 정과 스승을 찾아뵙지 못하는 아쉬움이 고스란히 담겨 있음을 알 수 있다. 편지마다 담겨 있는 김택룡의 스승에 대한 숭모의 마음은 그가 지은 모든 작품에 녹아들어 있다. 그의 스승을 사모하는 마음은 스승의 서거를 애도하는 제문에서 극치를 보여 준다. 그는 스승 월천을 다음과 같이 칭송했다.

> 확고하고 참된 자질과 엄격하고 굳센 도량을 지니셨네. 독실히 믿고 배우기를 좋아하여 행할 때면 꼭 자신을 돌아보셨네. 단아하고 장중하며 침착하고 심원하여 우뚝이 자립하였도다. (…) 명망은 태산과 북두성처럼 높고 덕은 시초와 거북처럼 나란하니 사문의 영수이며 많은 선비의 덕망 있는 어른이셨네.[83]

한편 1611년(광해군 3) 고향으로 돌아온 김택룡은 아버지 김양진의 묘 아래에 가동재사檟洞齋舍를 지었다.[84] 그는 고장 사람들과 향교에 모여 오현五賢의 제향 절차를 논의하기도 했다. 3월 그는 백운동서원을 유람하였고, 4월에는 제천현감 금응훈과 구전 김중청과 편지를 주고받았다. 이때 정인홍이 차자를 올려 회재 이언적李彦迪과 퇴계 이황을 비판하였다. 금응훈·김중청과 편지를 받은 김택룡은 퇴계 문인들과 도산서원에 모여 정인홍의 「회퇴변척소」에 대한 대응을 논의하기도 했다.[85] 또한 그는 스승 월천의 연보와 초기草記를 수정하였다. 이때 조목의 아들 조수붕趙壽朋은 류근柳根에게 아버지의 묘지문을 써줄 것을 부탁하려고 하였고, 그 원고의 초고를 김택룡에게 보낸 것이었다.

고향으로 돌아온 김택룡은 스승 월천의 종향에 관해서 문인들과 논의를 주고받았다. 그는 도산에서 월천을 종향하는 일과 관련한 통문을 여강서원과 이산서원에 보내기도 했다. 그 과정에서 그는 한강 정구鄭逑에게 글을 보내 종향하는 규칙과 법식을 묻기도 했다. 또한 그는 이개립李介立과 이광윤李光胤에게 편지를 보내 정산서원鼎山書院의 창건을 논의하기도 했다.[86] 이때 김택룡은 사은사를 통해 명의 서적 등을 입수하기도 했다. 「연보」에 따르면 김택룡은 사은사를 통해 『성리대전』을 비롯하여 거질巨帙의 여러 책을 구입했다고 한다.

1614년(광해군 6) 11월 김택룡의 노력으로 11월 월천 조목의 위패가 도산서원에 모셔졌다. 그는 도산서원에 가서 조목을 종향하는 예에 참석하였다. 그는 어린 나이인 8세부터 조목에게 학문을 배웠고, 스승의 사후에도 문집 간행과 도산서원의 종향에 있어 중요한 역할을 하였다.

1616년(광해군 8)부터 1620년(광해군 12)까지 김택룡은 후학을 양성하고, 창해서원 창건을 논의하기도 했다. 창해서원은 김중청이 주도하여 봉화에 건립한 서원인데, 여기에는 이황과 조목이 모셔져 있다. 1618년(광해군 10) 그가 영천榮川의 산장에 있을 때 김시경金是諲이 와서 학문을 배우기도 했다. 이때 문인들은 스승 김택룡을 모시고 모임을 갖기도 했는데, 이 자리에 이흥문李興門·박록朴漉·성안의成安義·금부고琴復古·권호신權虎臣·박회무朴檜茂·성이성成以性이 참여했다.[87]

1619년(광해군 11) 김택룡은 아들 김구金穀를 데리고 도산서원에 머물면서 이황의 증손인 이기李岐와 김연金然과 교유하기도 했다. 그는 문인들에게 성리서와 역사를 가르쳤는데, 문인들이 번갈아 와서 배웠다고 한다.

관직에서 물러났던 김택룡은 노년 시기 스승 조목의 문집과 연보 작성 그리고 서원 설립 등을 주도하였고, 후진 양성에도 노력하였다. 특히 고향으로 돌아온 해인 1611년부터 1620년까지의 10년은 김택룡이 스승의 선양과 후진 양성을 위해 가장 정력적으로 활동했던 시기이기도 했다. 이러한 그의 노력으로 스승 월천은 도산서원에 종향될 수 있었다.

김택룡의 교유 관계 : 문인과 동방을 중심으로

김택룡은 사우師友의 연원이 월천부터라고 밝히고 있는 것처럼, 그는 월천 문하에 들어가면서 여러 사람과 교유 관계를 맺었다. 김택룡의 시에는 월천 문하에서의 추억을 회상하는 구절이 많다. 「우용운곡잡시운又用雲谷雜詩韻」 12수 중 7수에도 스승에 대한 그리움을 담아 "억아월천하憶我月川下 기다차종유幾多此從遊"라고 쓰면서 뒤에 "송소여분지松巢與賁趾 야대공유유夜臺空悠悠"라고 덧붙였다. 남치리는 김택룡과 1572년 회암사에서 함께 독서를 하며 사마시를 함께 준비할 정도로 가까운 지우였다. 승소 권우는 어린 시절부터 김택룡과 함께 학문을 연마하던 사이였다. 그는 두 사람의 제문을 손수 지었을 정도로, 두 사람은 김택룡에게 매우 각별한 친구였다.

「제분지남의중 치리문」에는 김택룡과 남치리의 교유 관계가 상세하게 기술되어 있다. 그는 남치리의 천품은 깨끗하고 밝으며 굳세고 과감하고, 기개는 바르고 곧고 청렴하고 결백하였다고 했다. 또한 남치리는 학문을 게을리 하지 않아 지향하는 바가 높고 멀었으며, 가난을 편안히 여기며 지조를 지키면서 도의를 지킨 인물이었다 했다.[88] 김택룡은 남치리와 함께 절차탁마하였고, 자신을 깨우쳐 주던 친구라고 하면서 그의 죽음을 애도했다. 두 사람은 월천 문하에서 학문을 강론하였고, 역동의 문회에서 여러 차례에 걸쳐 강론을 하였고, 1572년 겨울 석 달간은 양주의 회암사에서 독서를 하기도 했다. 1576년 늦봄에 둘은 한강의 경치를 유람하기도 했다. 김택룡은 남치리와 서로 따른 지 오래되어 도가 같고 뜻이 합하였으니, 누누이 깨우쳐 준 말은 모두가 어리석음을 깨우쳐 준 약석이었다고 했다. 김택룡은 남치리가 병상에 누워 있다는 소식을 듣고 찾아가 위로를 건네기도 했다. 둘은 희미하게 등불을 켠 오두막에서 깊은 대화를 나누었고, 주자의 글을 찾아 읽기도 했다. 김택룡에게 둘도 없던 지우 남치리는 병으로 세상을 떠났고, 월천으로부터 부음 소식을 듣게 되었다. 김택룡은 지우 남치리의 죽음을 애도하면서 「제분지남의중 치리문」을 지었던 것이다. 그가 남치리의 죽음에 대해 매우 안타까워했던 것은 부고를 듣고도 조문을 하지 못했던 사정 때문이었다. 김택룡은 스승 월천을 통해 남치리가 세상을 떠났다는 소식을 듣게 되었다. 그러나 그때 전염병에 걸린 어머니를 모시고 있던 관계로 남치리를 바로 조문하지 못했다. 뒤늦게 빈소를 찾은 김택룡은 함께 강론하고 절차탁마를 함께하던 남치리의 죽음을 애도했다.

한편, 김택룡에게 남치리만큼이나 각별했던 지우 중 하나는 송소 권우였다. 권우도 일찍 세상을 떠났는데, 김택룡은 「제권정보우문祭權定甫宇文」을 지어 권우의 죽음을 애도하였다. 제문 속에는 김택룡과 권우가 처음 어떻게 만났는지를 알 수 있는 대목이 있다. 제문에는 "염석구의念昔摳衣 월천문하月川門下"라고 되어 있다. 둘은 월천의 문하에서 만났다. 김택룡은 권우와 정이 깊고 의리가 친밀하였고 백발이 될 때까지 함께할 것을 약속하였다고 했다. 그는 권우가 자신을 허물없는 벗으로 인정해 주었다고 했다. 김택룡은 권우에 대해 뛰어난 재주를 지니고 있고, 세상에 뛰어난 식견을 가졌다고 평가했다. 그의 도는 밝고 덕은 성취되었으며 학문은 높고 행실은 순수하였다고 했다. 그런 권우가 황망히 세상을 등진 것에 김택룡은 통탄해했다. 김택룡은 권우에 대해 쇠도 자를 만했고, 난초처럼 향기로운 사람이라 추억했다. 그는 자신은 아교요 권우는 칠과 같아서 뗄 수 없었고, 서로 절차탁마하니 권우는 옥이요 자신은 돌이라 했다.

문집에는 김택룡이 권우에게 보낸 간찰이 하나 수록되어 있다. 더운 어느 여름날 김택룡은 권우의 소식을 전해 듣고 안부의 편지를 보냈다. 자신을 낮추어 글을 적었지만, 권우에게 보낸 그 편지 속에는 학문을 하는 자신의 나태한 모습을 경계하고, 독실한 공부를 해야 한다는 결의가 담겨 있기도 했다. 그는 권우에게 아이들을 가르치기 위해 남산 아래 초가를 지었는데 아직 꾸미지 못하여 가을을 기다린다는 소식도 전했다.[89]

두 사람의 친교는 봄에는 도산서원에서 가을에는 역동서원에서 지속되었다. 김택룡은 책 상자를 지고 가서 권우와 책상을 나란히 하고 명리에 대해 강론하였음을 회상했다. 제문에서 김택룡은 권우와 함께 경릉에서 벼슬살이를 하였다고 했는데, 이는 두 사람이 경릉참봉을 함께 역임했음을 알려주는 대목이다. 제문에는 "공환서릉共宦西陵"이라고 되어 있는데, 「연보」에 따르면, 김택룡은 1586년 천거로 경릉참봉에 임명되었다고 나와 있다. 연보와 위 제문에 의거하면, 같은 해 두 사람은 함께 경릉참봉을 역임했음을 알 수 있다.

이후 김택룡은 한강에 남았고, 권우는 경주로 내려갔다. 김택룡은 천리 먼 곳에 있는 권우를 그리워했다. 1588년 권우가 친상을 당하자, 김택룡은 조문을 갔다. 다시 만난 두 사람은 등불이 가물거리는 오두막에서 함께 하룻밤을 보내고 헤어졌다. 김택룡은 권우와 술을 얻으면 서로 기뻐하고 생각이 있으면 터놓고 이야기 나누던 때를 회상했다. 벼슬살이로 겪는 슬픔과 기쁨도 함께 나누었다.

그런데 권우가 병으로 세상을 떠났다는 소식을 전해 들었다. 김택룡은 자신의 어리석음을 깨우쳐 주고 헤매면 경계하여 깨우쳐 주던 권우의 부재를 받아들일 수 없었다. 김택룡은 권우의 죽음 앞에서 이제 누구를 의지해야만 하는가라며 망연자실해했다. 그는 지우가 병들었을 때 부축해 주지 못하고 세상을 떠난 뒤 직접 염도 하지 못했다고 하면서 권우의 죽음을 안타까워했다. 게다가 부고를 듣고도 뒤늦게 조문한 것을 유감스럽게 생각했다.

「제권정보우문」에는 권우의 상여가 고향으로 돌아가던 날의 모습이 다음과 같이 묘사되어 있다.

> 강가의 돌아가는 배에 그대 관 하나를 실었구나. 고향으로 갈 상여 줄 준비하였으니 해로가를 부르며 슬퍼하도다. 변변찮은 제물로 괴로워하며

멀리서 한 잔 술을 갖추었네. 아 정보여 이 마음을 어찌 말하랴. 구름과 소나무도 슬퍼하고, 저 시냇물도 오열하도다. 풍물은 여전한데 주인은 어디로 갔나? 생각이 이에 미치니 긴 통곡에 숨이 끊어질 것만 같네. 그대의 영령이 어둡지 않다면 이 슬퍼하는 정성을 살피소서.[90]

한편, 김택룡은 일찍부터 월천의 문하생이 되면서 스승의 자제와도 친교를 쌓았고, 스승에 의해 자연스럽게 퇴계의 문인으로 활동하였다. 이 과정에서 퇴계의 아들인 이준과 손자 몽재 이안도와도 교유 관계를 유지했다. 1577년 김택룡은 봉화에서 스승을 뵙고, 지우인 송소 권우와 이안도에게 편지를 보냈다. 그는 이안도의 편지를 받고 "지난번의 시는 많은 보물을 얻은 것만 같았다"[91]라고 답하기도 했다. 김택룡이 몽재에게 편지를 보낸 내용은 연보에 간략하게만 수록되어 있을 뿐 상세한 내용을 알 수 없다. 다만 이안도가 김택룡에게 보낸 편지에 시를 지어 보냈고, 그의 시에서 많은 감응을 받았을 것이라 생각된다.

그런데 1583년 김택룡은 퇴계의 아들 이준의 사망 소식을 전해 들었다. 이준은 이황의 맏아들로 1555년 제용감 참봉과 집경전 참봉을 역임했다. 이후 1569년 연로한 어버이를 위해 봉화현감을 지냈다. 1578년 군기시 첨정을 역임했다.[92] 김택룡은 이준을 애도하는 만사 2수를 짓기도 했다. 그는 이준에 대해 "충직하고 순후하며 무첨하고 간고한 몸"이라고 하면서 음덕이 후세를 번창하게 한다고 믿었는데[93] 황망히 세상을 등졌다고 애도했다. 그는 2번째 만사에 "경아심리망극흉頃我深罹罔極匈"[94]이라고 하면서 이준이 장례에 부의를 보낸 것에 대한 감사함을 드러냈다.

1584년 김택룡은 퇴계의 손자이며, 이준의 아들인 몽재 이안도의 부고를 접하였다. 이준과 이안도 부자가 연이어 세상을 떠난 것이다. 김택룡은 퇴계 문인과 연명하여 이안도를 애도하는 다음과 같은 제문을 지었다.

> 아 공의 일이 이 지경에 이르렀으니 운수인가 천명인가 어찌하여 이토록 몹시도 모진 재앙을 만났는가? 공의 일이 이 지경에 이르렀으니 귀신이 한 짓인가 하늘이 한 일인가 호소하고 싶어도 소용이 없네. 옛날에 우리 선생께서 초야에서 보배를 품고 도학을 앞장서 밝히시니 온 세상에 해와 달처럼 환히 드러나 대동의 긴 밤을 활짝 열었네. 내달리는 물결 속에 지주처럼 우뚝 서서 백세의 명예와 절조를 가다듬으셨네. 선생께서 갑자기 돌아가시니 이미 선비들은 의지하고 우러르던 분을 잃었고 세상을 경영하고 백성을 구제하는 데 이룸이 없어 자손이 번성할 것만을 바랐더니. 천도가 무심하여 그 아드님이 돌아가셨네. 1년도 되지 않아 손자가 서로 이어 세상을 떠나니. 아 운수요 천명이며 하늘은 높고 귀신은 사납구나!
> 공은 오래도록 가정에서 직접 가르침을 받아 시와 예로 자신을 다스렸고 일찍부터 옛 가르침에 무젖어 물려받은 학업으로 문헌을 빛내었도다. 엄하고 굳세면서 평탄하고 넓어서 확고하여 흔들리지 않는 큰 뜻을 지녔고 너그럽고 후덕하며 크고 넓어 더러움을 받아들이고 허물을 감추어 주는 큰 식견이 있었도다. 그러므로 함께 노닌 사람들이 모두 일세의 명사이면서도 모두 접견을 허락받기를 바랐는데, 이것이 어찌 가정에서 힘을 얻고 동배에게 믿음을 얻어 사람들이 다투어 공경하고 사모하며, 사랑하고 기뻐해서가 아니었으랴.

> 아! 마음 아프구나. 선생께서 이미 돌아가시고 원고가 아직 정리되지 않았기에, 지난번에 뜻을 같이하는 두세 사람들과 함께 상자를 찾아내어 도산서원에 보관하여 장차 간행할 것을 도모하였도다. 편질編帙이 광대하여 정돈하기가 쉽지 않고, 편차를 고증하여 정하는데 논의하고 검토할 길이 없으니 이것은 하늘의 뜻인지는 미처 모르겠으나 거듭 유학과 사림의 큰 아픔이 되지 않으랴. 이제 한 잔 술로 영연에 모여 곡하니 동문의 비통함과 벗들의 슬픔이 어찌 끝이 있겠는가? 아 계산이 고요하니 온 눈에 보이는 경치는 처량하고 집안일을 맡아서 할 사람이 없으니 그대, 가문의 가업은 누구에게 맡길 것인가 생각이 이에 이르니 눈물이 정이 담긴 잔을 적시도다. 공의 영령이 어둡지 않다면 이 마음을 비추어 주소서.

문인들이 연명하여 지은 위 제문에는 퇴계 선생 사후 아들과 손자가 연이어 떠난 것에 대한 황망함이 그대로 담겨 있다. 김택룡은 퇴계를 마음으로 따르고 섬겼는데, 1570년 퇴계 선생이 세상을 떠난 후, 기일이 되면 반드시 가서 제사에 참석하여 정성을 다했다. 퇴계의 문인들은 스승의 자손이 번성하기를 기원했는데, 퇴계 자손들의 연이은 부고를 접하고 망연자실할 수밖에 없었다. 특히 퇴계 선생의 문집 간행을 도모하던 문인들의 입장에서 이준과 이안도의 부재는 큰 문제가 아닐 수 없었다.

이후 1584년 김택룡은 천거로 경릉참봉에 임명되었고, 1588년 문과에 급제했다. 김택룡의 동방은 다음과 같다. 김시헌金時獻, 정문부鄭文孚, 조홍립曺弘立, 장언침張彦忱, 김원록金元祿, 윤청尹晸, 정협鄭協, 유팽로柳彭老, 유경원柳敬元, 이세온李世溫, 유대정兪大禎, 문홍도文弘道, 윤방尹昉, 조희보趙希輔, 김택룡金澤龍, 곽지선郭止善, 최광필崔光弼, 조욱趙稶, 양사

형楊士衡, 허수겸許守謙, 윤선尹銑, 최황崔諟, 이여기李汝機, 이정신李廷臣, 한진윤韓震胤, 오응운吳應運, 유경상劉景祥, 김태좌金台佐, 이갱李鏗, 이파李坡, 김여련金汝鍊, 손기양孫起陽, 이진李軫, 노개방盧蓋邦이다.[95]

동방 중에는 유대정과의 친분이 가장 두터웠던 것으로 보인다. 문집 「연보」에 1596년 세사시강원 사서를 역임할 때 "유대정이 안주를 보내와 보덕 김홍미와 즐겁게 마시며 시를 읊었다"라는 내용이 담겨 있다.[96] 유대정은 『조성당선생문집』에 등장하는 김택룡의 유일한 동방이다. 그와 동방 중 윤방은 김택룡이 낙향하였던 1611년 3월에서 11월까지 경상도 관찰사로 있었다. 한편, 『조성당일기』에는 그와 동방이었던 조희보의 이름이 등장한다. 조희보는 문과 급제 후 예문관 검열이 되었다가 대교·봉교를 역임했다. 1597년 충청도 도사가 되어 관찰사 유근을 도와 전란 중 활약하였다. 1599년 예천군수를 역임했고, 1600년 시강원 필선을 역임하기도 했다. 1611년(광해군 3) 성주목사 시절 관내 정인홍 세력을 믿고 횡포를 자행하는 토호를 처벌하였다가 탄핵을 받아 파직되기도 했다.[97] 『조성당일기』 1616년 4월 11일 기사에는 조희보와 관련하여 다음과 같은 내용이 수록되어 있다.

> 오늘은 봉화 시험장의 종장終場이다. 명금이 앞 논에서 모내기를 했다. 원비院婢가 와서, 김행득金幸得이 시험장으로부터 돌아와서 만나 뵙고 시험에 대해 물어보기를 청한다고 말했다. 시관試官은 송광조宋光祚·성주목사 조희보趙希輔·선산부사 한회韓懷이며, 녹명관錄名官은 예안현감이라고 한다. 시제詩題는 「불인편영결不忍便永訣」이며, 부제賦題는 「심시환향尋屍還鄕」이다. 또 아들 대생을 과장科場에서 보았다고 한다.[98]

김택룡과 동방이었던 성주목사 조희보가 시관으로 향시에 참여했다. 1616년 4월 14일 일기를 통해 조희보가 다시 성주목사에 제수된 것을 확인할 수 있다. 다음 날인 4월 15일 편지에는 다음과 같은 내용이 수록되어 있다.

> 저녁에 명금이 돌아와서 성주목사·선산부사·봉화현감의 편지를 받았다. 보내온 낙폭落幅 예닐곱 폭과 방목榜目도 함께 왔다. 생질 정득이 떨어졌다. 선상에서 붙은 사람은 일고여덟 명이다. 김경건의 사위 채무·도촌의 이광계李光啓·이광전李光前 등은 붙었다. 방목을 김경건에게 보냈다. 곧 돌아왔다.[99]

이 일기를 보면 시관이었던 성주목사 조희보를 비롯한 선산부사와 봉화현감이 김택룡에게 편지를 보냈다. 그 편지에는 향시에서 낙방한 사람들의 답안지인 낙폭도 포함되어 있었다. 14일 일기에 명금이 세 편지를 받아 갔다는 것으로 보아, 김택룡은 14일 성주목사 조희보와 선산부사 한회 그리고 봉화현감에게 편지를 보냈음을 알 수 있다. 그는 이들로부터 향시의 결과를 전해 들었고 예안에서 합격한 사람이 7~8명이라는 것을 확인했다. 그리고 김경건의 사위의 합격 소식을 알고 방목을 보내주기도 했다.

앞서 살펴본 것처럼, 김택룡의 교우 관계는 월천과의 만남으로부터 시작되었다. 월천을 만나 자연스럽게 조수붕과도 형제처럼 지냈고, 퇴계의 문인들과도 교유하며 학문을 연마했다. 특히 비지 남치우와 송소 권우는 그에게는 둘도 없는 친구들이었다. 남치우와는 사마시 공부를 위해 회암사에서 독서를 했고, 권우와는 경릉참봉을 함께 역임하기도 했다. 또한 퇴계의 아들은 이준과 손자 이안도와도 각별한 인연을 이어갔다. 그러나 김택룡에게 매우 소중한 지우였던 남치우와 권우, 이준과 이안도는 먼저 세상을 등졌다. 김택룡은 그들의 만사를 지어 그들을 애도했다. 김택룡은 42세 문과에 급제하면서 관직에 나섰다. 관직 생활을 하면서 여러 사람과 교유했을 것으로 생각되나, 그의 기록에서는 유대정과 조희보와의 교유 기사만이 수록되어 있다. 『조성당일기』에는 김택룡이 잦은 술자리 기사가 있어, 그가 술을 매우 좋아했음을 알 수 있다. 앞서, 시강원에 입시했을 때, 유대정이 보내준 술을 김홍미와 즐겁게 마셨다는 기사를 살펴보았다. 이처럼 그는 유대정과는 동방으로 매우 친밀한 교분을 유지했다. 또한 동방 중 조희보와는 관직 중 어떻게 교유했는지는 알 수 없으나, 성주목사로 온 그에게 편지를 보낸 것이 확인되고 있다. 『조성당일기』에는 김택룡이 교유한 많은 인사들이 나오지만, 남치우와 권우, 유대정 등과의 교유는 매우 각별한 것이었다고 생각된다.

한편, 김택룡은 임진왜란 때 이조좌랑에 있으면서 선조를 호종했던 이호민과도 각별한 사이였던 것으로 생각된다. 「연보」에는 1601년 장원에서 영남도동회에 참석했다는 기록이 있고, 상국 오봉 이호민[100]이 그 일을 서술하였다고 되어 있다.[101] 「연보」에 1602년 6월 김택룡은 영천군수 이각이 구대龜臺 아래 배를 띄우고 백암栢巖 김륵金玏 · 죽유竹牖 오운吳澐 · 찰방察訪 박록朴漉과 선암仙巖 위에서 모였다는 기록이 있다. 김륵과 오운은 퇴계 문인이다. 이처럼 김택룡은 퇴계의 문인들과 교유하였다. 백암 김륵과는 이전에 선암에서 유람을 함께하고 오계서당에서 강학을 함께할 정도로 친밀하였다.

김택룡의 『조성당일기』에는 선조조에서 함께 벼슬살이를 했던 인물들과 편지를 주고받은 내용이 다수 수록되어 있다. 1612년 2월 6일 기사의 내용은 다음과 같다.

> 영천에 답통答通하는 일로 생질 정득을 보내어 역동서원에서 금경(자는 언각)을 만나게 했다. 아울러 서울로 갈 편지도 써서 청송 이영도(자는 성여)가 가는 편에 전달하도록 했다. 연릉군延陵君 이호민李好閔·진원군晉原君 유근柳根·이조판서 정창연鄭昌衍·참판參判 송순宋淳에게도 모두 편지를 보냈다. 저녁에 생질 정득이 돌아와 원장 금경의 답장을 전하고 아울러 여러 사람의 기별도 전했다. 저녁이 되자 큰 비가 내려 밤새 계속되었다. 낮에 권중형權重衡이 와서 말하기를, 부모를 위해 술자리를 마련하고자 하니 참석하시길 원한다고 하였다. 남의각南義慤도 와서 인사하고 돌아갔다.

위 기사에는 연릉군 이호민과 진원군 유근 그리고 이조판서 정창연과 참판 송순에게 각각 편지를 보냈다는 내용이 나와 있다. 김택룡은 월천의 문하생으로 퇴계의 문인들과 지속적인 교유 관계를 유지했고, 출사 이후에는 유대정과 이호민 등과 친밀하게 지냈다. 출사 후에도 퇴계 문인들과의 교유 관계는 친밀했고, 이는 낙향 후에도 지속되었다.

명군 장수들과의 교유

『조성당선생문집』에는 김택룡이 명나라 사람들과도 많은 교류를 했음을 보여 주는 자료가 다수 수록되어 있다. 즉 임진왜란 중 김택룡은 명나라 인사들과 잦은 교류가 있었고, 그들과 시와 서를 교환하였다. 『조성당선생문집』에는 명군 천총 심도소沈道昭와 파총 왕일룡王一龍, 요순경姚舜卿에게 준 시들이 수록되어 있다. 대체로 이 시들은 김택룡이 교동에서 명군 접반 업무를 하고 있을 때 이들과 함께 지내면서 지어 준 것들이다.

김택룡은 명 천총 심도소에게 다음과 같은 시를 주었다. 그것이 「증당인심도소贈唐人沈道昭」다. 김택룡은 시 2수를 지어 심도소에게 주었는데 그 내용은 다음과 같다.

심 천총이 북문으로부터 와서	沈千摠自北門來
차디찬 청사에 앉아 기대어 객지 회포를 펴네	坐倚寒廳旅抱開
좋은 술 석 잔에 문득 사양하고 떠나며	善酒三鍾忽辭去
다른 날 약속하여 다시 만나자 기약하네	更期他日約重陪

돼지 삶고 밤 깎아 술과 반찬 드리니	烹猪剝栗進杯盤
눈 가득 내린 외로운 성 바다 기운 싸늘하네	雪滿孤城海氣寒
가는 곳마다 쇠잔한 몸 술기운으로 부지하며	到處殘軀扶酒力
고향 그리움이나 기쁜 일을 취중에 달래네	鄕愁兼喜醉中寬

문집에는 이 시에 대해 접반사로 교동에 머무르면서 세 번의 겨울과 세 번의 봄을 지내고, 4월에 평안도로 갈 때 지은 것이라고 되어 있다. 이 시는 명 천총 심도소[102]가 명으로 돌아가자, 이를 아쉬워하면서 술

자리를 갖고 다시 만날 것을 약속했다는 것이 기록되어 있다. 또한 이 시에는 김택룡과 심도소가 삶은 돼지고기와 깎은 밤을 안주로 눈 가득 내린 교동에서 술로 고향에 대한 그리움을 달래는 모습이 담겨 있다.

문집에는 「증당인요순경贈唐人姚舜卿」, 즉 명나라 요순경에게 준 3수의 시가 수록되어 있다.

부산포釜山浦에서 만나 처음 알았고	釜浦相逢初識面
고림에서 다시 만나 자세히 마음 논했네	高林重見細論心
날씨 추워 석 잔의 술을 가득 따르노니	天寒滿酌三盃酒
훗날 만 겹 산에 막혀 서로 그리워하리	他日相思隔萬岑

김택룡은 요순경을 부산포에서 처음 만나 알았다고 했다. 그러다 고림, 즉 교동에서 다시 만나서 많은 대화를 했다고 기술하고 있다. 「연보」에 따르면, 김택룡은 1600년 가을에 명 접반사로 임명되어 명군 가賈유격의 군영에 배속되었다고 한다.[103] 요순경은 가 유격의 군중에 있던 명인으로 생각된다. 김택룡과 요순경은 교동에서 추운 날씨를 술로 견디며, 훗날 서로를 그리워할 것이라는 시를 지었다. 김택룡도 예안을 떠나 교동에 머물고 있었고, 요순경도 명나라를 떠나와 조선 교동에서 머물렀다. 타향에 있는 두 사람의 처지는 같았고, 두 사람은 서로 친교를 다지고 고향을 그리워하면서 술로 회포를 풀었던 것이다. 김택룡이 교동에 있으면서 추위를 많이 탔던 것으로 보이는데, 교동의 추위로 이와 뺨이 얼 것만 같다[104]고 했고, 날씨가 추워 석 잔의 술을 가득 따랐다[105]고 했다.

김택룡이 교유한 명군 가운데 파총把摠 왕일룡王一龍이 있는데, 『조성당선생문집』에는 왕일룡에 대한 다수의 시가 수록되어 있다. 김택룡은 왕일룡에 대해 풍채 우뚝하여 옥으로 만든 봉우리 같고 명성은 문단을 독차지하여 거장이 된다고 하였다. 또 그가 큰 공로를 사막 북쪽에서 이루려 하였는데 잠시 낚싯바늘 거두고 요동으로 오셨다고 했다. 요동은 이 시에서 조선을 이르는 것으로 생각된다. 이 시에는 왕일룡이 부산에서 3년간 머문 것을 피리를 분 것으로 묘사했다. 김택룡이 지은 이 시에 따르면 왕일룡은 뒤에 명으로 돌아가 요동에서 전공을 세운 것으로 나와 있다. 김택룡은 사관이 붓을 잡으면 왕일룡의 요동에서의 공을 기록할 것이라 찬사를 보내고 있다.[106]

김택룡에 따르면, 명인 왕일룡은 평소 독서를 매우 좋아하는 인물로 묘사되어 있다. 그의 시에는 왕일룡이 책 보기를 좋아하고, 김택룡에게 천 상자의 책을 보낸다고 약속했다고 기술되어 있다. 김택룡은 그가 실제로 많은 책을 보내오니 빈말은 아니었다고 했다. 그는 왕일룡이 보낸 책을 읽으면서 "회춘현묘수回春玄妙手"를 얻었다고 했다. 김택룡과 왕일룡의 교분은 매우 두터웠던 것으로 보인다. 왕일룡은 김택룡에게 차를 보내주기도 했다. 「사왕일룡송다謝王一龍送茶」에 따르면, 김택룡이 사람이 없는 관사에 홀로 있는데 밤이 깊었다. 푸른 등불을 켜고 밤을 지새우는데, 기온이 내려가 싸늘한데, 김택룡은 홀로 앉아 왕일룡이 보내준 차를 끓이고 있었다. 그는 끓인 차를 찻잔 가득 따라 마셨는데, 그 맑은 차를 마시니 폐와 간을 씻어 주는 듯한 느낌이 들었다.

『조성당선생문집』에는 「사왕일룡謝王一龍」 2수도 수록되어 있다. 그 시의 내용은 다음과 같다.

평생을 흰 구름 있는 집에 한가히 누웠다가　一生高臥白雲窩
오늘날 서쪽에서 지내니 병 더욱 많아지네　此日西遊病轉多
선생의 은근하고 정중한 뜻 깊이 감사하노니　深謝先生勤重意
대나무 지팡이에 짚신 신고 늘 들러주시네　竹筇芒屐每相過

온갖 병을 앓는 여생에 머리카락 허예지고　百病餘生髮鬢皤
흐르는 세월 나는 북처럼 빨라 한스러운데　流年徒恨似飛梭
조화를 잘 되돌려서 봄 기색이 생겨나시니　能回造化生春色
신묘한 공에 절하고픈 것을 그대가 어찌하리　欲拜神功奈子何

김택룡은 교동에 머무는 동안 고향과 스승에 대한 그리움으로 하루하루를 보냈던 듯하다. 특히 교동에서는 매서운 추위와 향수병으로 고생을 많이 한 것으로 생각된다. 교동에서 지은 시들을 보면 추운 날씨에 대한 기술이 많고, 고향에 대한 그리움을 절절이 드러내고 있다. 위의 시에서도 교동에 오기 전까지 흰 구름 있는 집에 한가히 누웠다가 오늘날 서쪽에서 지내니 병이 많아졌다고 했다. 추위와 향수병으로 병석에 있던 김택룡에게 왕일룡은 대나무 지팡이에 짚신을 신고 문안을 왔다. 병석에 누워 있던 김택룡에게 왕일룡의 방문은 말 그대로 "능회조화생춘색能回造化生春色" 한 일이었다. 김택룡은 왕일룡의 방문에 앓고 있었던 병이 나을 것 같은 기분이 들었고, 절하고 싶을 정도로 감사한 마음을 느꼈던 것이다. 그렇게 지은 시가 바로 「사왕일룡」이다.

『조성당선생문집』에는 「사림상공謝林相公」과 「별소암림상공別少菴林相公」이라는 시도 수록되어 있다. 「연보」에 따르면 1600년 김택룡은 소암少菴 임학령林鶴齡과 함께 교동의 북진에서 노닐었다는 기록이 있다. 이에 따르면 소암은 임학령의 호로 생각된다. 임학령은 김택룡이 교유했던 명나라 사람 중 하나다. 「연보」에는 임학령이 김택룡이 지은 「한곡십륙영」에 화답하여 시를 보낸 것으로 되어 있다.[107] 「사림상공」의 내용은 다음과 같다.

봄 깊은 바닷가에 만 가지 꽃 피었는데	春深海岸萬花開
정겨운 사람이 권하는 백 잔 술 다 마셨네	吸盡情人勸百盃
의주의 귀로에서 다시 만날 약속을 하고	更約龍灣歸去路
천리에 채찍【원문 누락】하여 나란히 회군하네	□鞭千里竝騎迴

「연보」에 따르면, 1601년 김택룡은 4월에 명나라 군대를 따라 평안도에 갔다고 되어 있다. 다음 시 「별소암림상공」은 1601년 무렵에 쓰인 것으로 생각된다.

소암은 일찍이 자장의 유람 사모하니	少菴曾慕子長遊
문채와 풍도는 속된 무리를 벗어났네	文彩風稜拔俗流
들풀과 물가 꽃에 나그네【원문 누락】아득해	野草汀花迷客□
【원문 누락】	□□□□□□□
오늘 아침 객사에서 시 지었는데	今朝旅榻詩成處
훗날 성긴 들보에 달이 비치겠지	他日疎樑月照秋
꿈속에서는 그리워도 길을 모르니	夢裏相思不識路
하늘가에서 길이 막혀 시름겨울 듯	天涯阻絶若爲愁

바닷가 훈훈한 바람 얼굴을 스치는데 海上薰風拂面和
명랑 나루 북쪽을 경계하러 다시 지나네 鳴瑯津北誡重過
햇살 일렁이는 잔잔한 호수 밝은 거울 열리고 平湖日明開鏡漾
연기 피는 수많은 산 점점이 푸른 소라 같네 衆嶽生煙翠點螺
말은 한가롭게 울면서 먼 길을 따라가고 匹馬閒嘶隨遠路
천 척 배 돛 날리며 겹겹 파도 건너가네 千帆搖 踏層波颶
내일 아침이면 모여서 양【원문 누락】을 건너리니 明朝相會□陽渡
가복 장군 기쁨이 어떠하시리 賈復將軍喜若何

위의 「별소암림상공」은 김택룡이 소암 임학령과의 헤어짐을 아쉬워하며 지은 2편의 시다. 이 시에서 김택룡은 임학룡에 인물됨에 대해 소개하고 있는데, 그가 사마천을 사모하였다고 하였다. 임학룡은 문채와 풍도가 속된 무리를 벗어났다고 했다. 임학령은 김택룡에게 『동정유초東征遊草』 2책冊을 보내주기도 했다. 김택룡은 『동정유초』를 보내준 임학령에게 감사하는 마음을 담아 다음과 같은 시를 짓기도 했다.

「임상공학령송동정유초이책林相公鶴齡送東征遊草二冊 사증謝贈」

찬란한 겨울 해 작은 창으로 떠오르니 暉暉冬日小昇窻
호상에 낮잠 자고 홀로 기대어 앉았네 攤飯胡床坐獨凭
두 권 맑은 시는 밝게 걸상을 비추는데 兩卷淸詩光照榻
읊조리자니 이와 뺨이 얼 것만 같네 詠來齒頰欲生氷

임학령이 보내준 책은 "양권칭시兩卷淸詩"로 김택룡의 교동에서의 무료함을 달래주었던 것이기도 했다. 김택룡이 왕일룡에 대해서 평소 책을 많이 읽는다는 점을 묘사하기는 했지만, 한 인물의 문재를 사마천의 유람에 비유하면서 문채와 풍도도 속된 무리를 벗어났다는 평가 한 인물은 임학령이 유일하다. 뛰어난 시로 김택룡에게 많은 감응을 주던 소암 임학령과의 이별을 앞두고 있었다. 그는 아침 객사에서 이별 시를 지은 듯하다. 「별소암림상공」에는 명군이 회군하여 돌아가는 모습이 묘사되어 있다.

이밖에도 『조성당선생문집』 속에는 「증심일희贈沈一熙」 2수도 수록되어 있다. 그 내용은 다음과 같다.

그대 보내며 어찌 견디랴 이별시를 지으니	送子那堪賦別離
꽃 지고 풀 향그러운 초여름 무렵이네	落花芳草夏初時
아득히 배는 삼화도에서 멀어지고	招招舟子三和渡
날쌘 군사는 네 필 말을 타고 달리네	薄薄征夫四牡馳
기쁘게도 동해록은 백질을 이루었고	百帙喜成東海錄
함께 북관에서 읊은 시가 천 편이나 되네	千篇同賦北關詩
마음을 논할 때면 이별의 괴로움 말했으니	譚心每說分襟苦
부디 잉어와 기러기에 먼 그리움 부치시기를	幸托鱗鴻寄遠思
설날 아침 반갑게도 귀한 손님 오시니	新正欣逢貴客臨
석 잔의 좋은 술을 마음껏 따르노라	三盃綠酒任情斟
이제부터 교분 맺어 형제가 되었으니	從今託契爲兄弟
그대는 오늘의 마음을 잊지 마시게	願子無忘此日心

심일희도 명군 가 유격의 군영에 소속된 인물로 생각된다. 앞서 살펴본 심도소와 심일희가 어떠한 관계인지는 알 수 없으나, 김택룡은 심일희와도 교류를 했던 것으로 보인다. 심일희에게 준 1수 중간에 함께 "북관에서 읊은 시가 천 편이나 되네"라는 구절이 있다. 심일희도 김택룡과 교동에서 만나 교류했을 것으로 생각되는 인물이다. "천 편이나 된다"는 표현을 있는 그대로 받아들일 수는 없지만, 김택룡은 심일희와 많은 시를 서로 읊거나 주고받았던 듯하다. 김택룡은 2째 수에서 "이제부터 교분 맺어 형제가 되었으니"라고 했는데, 앞서 살펴봤던 인물들에게 보낸 시에서는 나타나지 않은 표현이라 생각된다. 심일희와 연배 차이가 별로 나지 않은 데서 썼던 친근함의 표현이 아닐까 생각된다.

맺음말

김택룡은 어린 시절 월천 조목의 문하생으로 학문을 연마하면서, 스승의 가르침에 이끌려 자연스럽게 퇴계 문인으로 활동하였다. 그는 1588년(선조 21) 문과 급제 후 승문원 저작을 시작으로 관직 생활을 시작하여 1608년(광해군 즉위년) 12월 영월군수를 마지막으로 낙향했다. 그는 42세라는 비교적 늦은 나이에 출사하여 20년간 관직 생활을 역임했다. 그는 내외관직을 두루 역임하기는 했지만 당상관에 오르지는 못했다. 그의 최고 품계와 관직은 봉렬대부와 성균관 사예였다. 그는 조정에서 중요한 직임을 맡지는 않았지만, 당파 싸움에 휘말리지 않아 대체로 순탄한 관직 생활을 했다고 여겨진다.

그의 관직 생활은 대부분 선조 집권 후반기에 해당된다. 임진왜란이 발발하자, 선조를 의주까지 호종했고 명군을 접반하는 역할을 수행하기도 했다. 그는 정책을 입안하거나 정국을 주도하는 위치에 있지는 않았지만 내외 관직을 두루 역임하면서 비교적 순탄한 관직 생활을 영위했다. 그는 공신에도 책봉되었다. 선조를 호종한 공로를 인정받아 선무원종공신 2등에 녹훈되었고, 청난원종공신 1등에 오르기도 했다. 광해군조에 들어와 그는 1608년 10월 군기시 부정을 역임했고, 12월 영월군수를 역임한 후 낙향했다.

그는 영월군수를 역임한 후 향촌으로 돌아와 후진 양성과 월천의 추숭 사업을 주도했다. 그는 퇴계 문인과 여러 서원의 창건에 기여하였고, 『월천집』 간행에도 중요한 역할을 했다. 그의 노력으로 월천 조목은 퇴계의 문인으로 유일하게 도산서원에 종향되었던 것이다. 이 글에서는 그의 관직 활동과 함께 교유 관계의 면면을 살펴보았다. 그가 사우의 연원이 월천이라고 밝힌 것처럼, 그는 스승에 의해 퇴계 문인과도 친교·교유 관계를 맺었다. 특히 비지 남치우와 송소 권우는 월천 문하에서 절차탁마하며 학문을 했던 지우였다. 이들과의 관계는 도산서원과 역동서원에서 명리를 강론하는 것으로 지속되었다. 그러자 백발까지 함께하자고 약속했던 두 사람이 세상을 먼저 떠나자, 김택룡은 두 사람을 애도하는 제문을 손수 지었다. 제문 속에는 김택룡과 남치우·권우의 교유 관계가 잘 드러나 있다. 또한 그는 퇴계의 아들인 이준과 손자 이안도와도 교유 관계를 유지했고, 두 사람이 연이어 세상을 떠나자 문인들과 연명하여 제문을 지어 애도를 표하기도 했다.

김택룡은 명군 접반사를 역임하던 시절, 교동에서 명군들과도 활발하게 교유 관계를 맺었다. 그는 명나라 사람인 심도소와 왕일룡, 임학령 등과 시를 주고받기도 했다. 『조성당선생문집』에는 김택룡이 명나라 사람들에게 보낸 시가 다수 수록되어 있는데, 이들은 『선조실록』에서도 그 인명이 나와 있지 않은 사람들이다. 이러한 점에서 『조성당선생문집』에 수록된 김택룡의 시는 조선인과 명나라 사람들과의 교류 혹은 김택룡과 명군의 교유 관계를 알 수 있는 자료라는 점에서도 가치가 높다.

이 글에서 이용한 김택룡의 『조성당일기』는 향촌 사회에서 양반의 일상생활을 소상히 알 수 있는 다양한 내용이 수록되어 있다. 즉 김택룡의 경제 생활, 여가 활동 및 산수의 유람, 중앙정계에서 일어난 역모 사건까지도 『조성당일기』에는 자세하게 기술되어 있다. 향후 이 자료를 토대로 김택룡에 대한 다양한 연구가 진척되기를 희망한다.

참고문헌

『겸암집』.

『경국대전』.

『광해군일기』.

『국조문과방목國朝文科榜目』 卷之八(규장각한국학연구원[奎106]).

『萬曆四年丙子二月十六日司馬榜目』(국립중앙도서관[한貴古朝26-29-4]).

『선조수정실록』.

『선조실록』.

『월천집』.

『월천선생연보』.

『조성당선생문집』.

『조성당일기』.

김택룡, 박미경 옮김, 『조성당선생문집』, 한국국학진흥원, 2021.

김택룡, 하영휘 역, 『국역 조성당일기』, 한국국학진흥원, 2010.

비판사회학회 엮음, 『사회학』, 한울, 2012.

한국학중앙연구원 편, 『역주 경국대전』 주석편, 한국학중앙연구원, 2006.

김정운, 「17세기 경상도 사족의 혼인과 가족-김택룡金澤龍(1547~1627) 가족의 이야기-」, 『복현사림』 35, 2017.

장준호, 「宣祖代 搢紳 逆謀 事件-정여립 모반사건의 性格과 政局 구도를 중심으로-」, 『동양고전연구』 79, 2020.

조지형, 「조성당 김택룡의 예안 생활과 시조 창작」, 『국학연구』 35, 2018.

한충희, 『조선 초기의 정치제도와 정치』, 계명대학교출판부, 2006.

주

1 김택룡, 하영휘 역, 『국역 조성당일기』, 한국국학진흥원, 2010.
2 김택룡, 박미경 옮김, 『조성당선생문집』, 한국국학연구원, 2021.
3 조지형, 「조성당 김택룡의 예안 생활과 시조 창작」, 『국학연구』 35, 2018.
4 김정운, 「17세기 경상도 사족의 혼인과 가족-김택룡金澤龍(1547~1627) 가족의 이야기-」, 『복현사림』 35, 2017.
5 김택룡, 박미경 옮김, 위의 책, 40쪽.
6 『조성당선생문집』 「세계도」에는 김택룡의 아버지 김양진이 승지에 추증된 것으로 나와 있다. 그러나 『萬曆四年丙子二月十六日司馬榜目』을 보면 생원시에 입격한 김택룡의 아버지인 김양진의 승사랑 전 정릉참봉이라고 기록되어 있다. 이를 통해 김양진이 태조 이성계의 아버지인 환조桓祖 이자춘의 능인 정릉참봉을 지냈음을 알 수 있다. 다만 정릉의 소재가 함경도에 있어서 실제 김양진이 정릉에서 수직했는지에 대해서는 면밀한 검토가 필요하다.
7 『萬曆四年丙子二月十六日司馬榜目』(국립중앙도서관[한貴古朝26 – 29 – 4]).
8 김택룡, 박미경 옮김, 위의 책, 42~43쪽. 8세에 월천 조목을 만나 수학을 했다는 내용 이하에는 김택룡이 지은 시가 수록되어 있다. 이 시는 18세인 김택룡이 월천 조목을 따라 퇴계 선생을 만난 후에 지은 것으로 생각된다. 이 시는 스승 조목에게 10여 년간 배웠으나 아직 배움이 미치지 못함을 반성하고 학문 연마에 매진하기 위해 퇴계 문하에 이르렀으나 어떻게 학문을 해야 하는지 방향을 몰라 헤맨다는 것이다. 이 시에는 18세의 김택룡이 퇴계 문하에 들어와서 느꼈던 심정이 고스란히 담겨 있다.
9 『월천선생연보』.
10 김택룡, 박미경 옮김, 위의 책, 44쪽.
11 김택룡, 박미경 옮김, 위의 책, 46쪽. 「祭賁趾南義仲致利文」에 따르면 김택룡과 남치리는 1572년 겨울 3개월 동안 회암사에 머물면서 함께 공부를 했고, 1576년 늦봄 배를 타고 한강의 경치를 구경하기도 했다.
12 『萬曆四年丙子二月十六日司馬榜目』(국립중앙도서관[한貴古朝26 – 29 – 4]).
13 김택룡, 박미경 옮김, 위의 책, 46쪽
14 김택룡, 박미경 옮김, 위의 책, 47쪽.
15 김택룡, 박미경 옮김, 위의 책, 47쪽.
16 『겸암선생연보』 卷1.
17 김택룡, 박미경 옮김, 위의 책, 268~269쪽.
18 김택룡, 박미경 옮김, 위의 책, 48쪽. 『조성당선생문집』에는 이안도를 애도하는 제문 「祭蒙齋李公安道文」이 수록되어 있다.
19 경릉은 덕종으로 추존된 의경세자와 소혜왕후 한씨의 능이다.
20 『성종실록』 권16, 성종 3년 3월 3일 기해.
21 『연산군일기』 권35, 연산 5년 9월 15일 임신.
22 『명종실록』 권23, 명종 12년 9월 3일 계축.

23 『선조실록』 권5, 선조 4년 11월 2일 경신.
24 『선조실록』 권20, 선조 19년 8월 9일 신미.
25 『선조실록』 권20, 선조 19년 11월 12일 임인.
26 『선조실록』 권20, 선조 19년 12월 17일 정축.
27 『선조실록』 권21, 선조 20년 1월 1일 경인.
28 『선조실록』 권21, 선조 20년 2월 26일 을유.
29 『선조실록』 권23, 선조 22년 8월 1일 병자.
30 『태종실록』 권33, 태종 17년 6월 11일 을미.
31 한충희, 『조선 초기의 정치제도와 정치』, 계명대학교출판부, 2006, 277쪽.
32 한충희, 위의 책, 278쪽.
33 한국학중앙연구원 편, 『역주 경국대전 주석편』, 한국학중앙연구원, 2006, 550쪽.
34 『조성당선생문집』「연보」.
35 『월천선생연보』.
36 한국학중앙연구원 편, 위의 책, 550쪽.
37 장준호, 「宣祖代 搢紳 逆謀 事件 – 정여립 모반사건의 性格과 政局 구도를 중심으로 –」, 『동양고전연구』 79, 2020.
38 한충위, 위의 책, 281쪽.
39 『경국대전』「이전」 '봉상시'.
40 한국학중앙연구원 편, 위의 책, 37쪽.
41 한충희, 위의 책, 278쪽.
42 『조성당선생문집』「연보」.
43 『선조실록』에는 김택룡과 관련한 기사가 13건 수록되어 있다. 1595년 1월 김택룡이 병조좌랑에 임명된 기사는 『선조실록』에서 확인할 수 있는 그의 관직 제수와 관련한 첫 기사다.
44 『선조실록』 권58, 선조 27년 12월 4일 정미.
45 『조성당선생문집』「연보」.
46 『경국대전』「이전」, '종묘서'.
47 한국학중앙연구원, 위의 책, 114쪽.
48 『선조실록』 권67, 선조 28년 9월 15일 갑신.
49 『선조실록』 권67, 선조 28년 9월 18일 정해.
50 『조성당선생문집」「연보」에서는 1595년 9월 세사시강원 문학과 사간원 헌납에 제수되었다고 나와 있으나, 『선조실록』에서는 사간원 헌납을 역임하고 있는 것만 확인된다. 세자시강원 문학은 정5품직으로, 원래는 좌·우 문학 1원씩으로 되어 있던 것이 문학 1원으로 확정되었다(한국학중앙연구원, 위의 책, 108쪽).
51 『선조실록』 권67, 선조 28년 9월 18일 정해.
52 『선조실록』 권69, 선조 28년 11월 9일 정축.
53 『선조실록』 권70, 선조 28년 12월 11일 기유.
54 한국학중앙연구원 편, 위의 책, 82쪽.
55 『선조실록』 권71, 선조 29년 1월 3일 경오. 『조성당선생문집』「연보」에는 이 해 정월에 충의교위 충좌위 사어司禦에 임명된 것으로 나와 있다. 사어는 세자익위사의 종5품 관직이라는 점에서 볼 때 충좌위는 세자익위사의 오기가 아닌가 생각된다.
56 『선조실록』 권72, 선조 29년 2월 2일 기해.

57 『선조실록』 권75, 선조 29년 5월 21일 정해.
58 『조성당선생문집』「연보」.
59 『선조실록』 권29, 선조 29년 11월 26일 무오.
60 『선조실록』 권29, 선조 30년 6월 19일 무인. 『선조실록』에 따르면 김택룡은 도원수 권율의 종사관에서 파직된 뒤, 1600년(선조 33) 9월 성균관 전적으로 조정에 복귀하였다.
61 『조성당선생문집』 권2, 시. 170~171쪽.
62 김택룡, 박미경 옮김, 앞의 책, 171~172쪽.
63 김택룡, 박미경 옮김, 위의 책, 51쪽.
64 『선조실록』 권129, 선조 33년 9월 25일 을축; 「연보」에는 1601년 9월에 성균관 전적에 임명된 것으로 나와 있다.
65 『선조실록』 권180, 선조 37년 10월 21일 정묘. 『선조실록』에 따르면 김택룡은 1600년 성균관 전적을 역임한 후 1604년(선조 37) 외관직은 강원도도사로 나갈 때까지 별다른 관직을 역임한 것을 확인할 수 없다. 그러나 그의 문집 「연보」에는 1600년부터 1604년 10월까지 접반사로서 명군 군영에 머물렀던 것을 비롯하여, 공조정랑, 울산도후부 판관, 안동부 교수 등을 역임했다고 기록되어 있다. 「연보」에 따르면 1602년 김택룡은 안동 제독관을 사직한 후 향촌에서 강학과 학문 연마에 매진했다. 그러던 중 1604년 10월 조정의 부름을 받고 강원도 도사로 나갔다. 「연보」에만 수록되어 있는 1600년부터 1604년 사이의 행적은 다른 기록을 통해 정확하게 파악해 볼 필요가 있다.
66 『조성당선생문집』「연보」에는 김택룡은 선무공신 2등과 정난공신 1등에 녹훈되었다고 나와 있다. 선무공신은 18명인데 1등은 이순신 · 권율 · 원균이고, 2등은 신점·권응수·김시민·이정암·이억기다. 3등은 정기원·권협·유사원·고언백·이광악·조경·권준·이순신李純信·기효근·이운룡이다(『선조실록』 권175, 선조 37년 6월 25일 갑진). 이를 통해 볼 때 「연보」의 기록은 김택룡이 선조를 호종한 공로가 인정되어 선무원종공신 2등 책봉된 것에 대한 오기로 보인다. 정난공신靖難功臣 1등에 책봉되었다는 것도 청난공신(淸難功臣)의 오기라고 생각된다. 선조조에는 호성·선무·청난 3공신을 책록하였고, 정난공신은 계유정난 때 공을 세운 사람들에게 내린 훈호다.
67 『선조실록』 권214, 선조 40년 7월 5일 을미.
68 『광해군일기』(중초본) 권33, 광해 2년 9월 23일 을축.
69 『조성당선생문집』「연보」에는 "1610년(광해군 2) 김택룡이 승려를 모집하여 소실된 금몽암禁夢庵을 새로 짓고 노릉암魯陵庵이라고 고쳤다"고 나와 있다. 이 노릉암이 바로 김택룡이 노산군의 묘를 수직하게 할 승려들의 거처였다.
70 『광해군일기』(중초본) 권33, 광해 2년 9월 23일 을축.
71 비판사회학회 엮음, 『사회학』, 한울, 2012, 183쪽.
72 김택룡, 박미경 옮김, 위의 책, 184쪽.
73 김택룡, 박미경 옮김, 위의 책, 264쪽.
74 『월천선생문집』「연보」.
75 김택룡, 박미경 옮김, 위의 책, 264쪽.
76 김택룡, 박미경 옮김, 위의 책, 83쪽.
77 김택룡, 박미경 옮김, 위의 책,75쪽.
78 김택룡, 박미경 옮김, 위의 책, 237쪽.
79 김택룡, 박미경 옮김, 위의 책, 238~239쪽.

80 김택룡, 박미경 옮김, 위의 책, 238~239쪽.
81 김택룡, 박미경 옮김, 앞의 책, 240쪽.
82 김택룡, 박미경 옮김, 위의 책, 240~241쪽.
83 김택룡, 박미경 옮김, 위의 책, 261~262쪽.
84 『조성당선생문집』「연보」.
85 『조성당선생문집』「연보」.
86 『조성당선생문집』「연보」.
87 『조성당선생문집』「연보」.
88 김택룡, 박미경 옮김, 위의 책, 267쪽.
89 김택룡, 박미경 옮김, 위의 책, 244~246쪽.
90 김택룡, 박미경 옮김, 위의 책, 270~273쪽.
91 『조성당선생문집』「연보」.
92 김택룡, 박미경 옮김, 위의 책, 224쪽. 각주 153번 참조.
93 김택룡, 박미경 옮김, 위의 책, 224쪽.
94 김택룡은 1566년에 아버지 김양진을 여의고, 1581년에 어머니 숙부인 김씨 상을 당하였다. 이 내용은 1566년에 있었던 일화를 기술한 것으로 생각된다. 『조성당선생문집』「연보」.
95 『國朝文科榜目』 권8(규장각한국학연구원[奎106]).
96 『조성당선생문집」「연보」.
97 한국역대인물종합정보시스템 사이트 참조.
98 김택룡, 하영휘 역, 위의 책, 98쪽.
99 김택룡, 하영휘 역, 위의 책, 99쪽.
100 이호민(1553~1634)은 자는 효언, 호는 오봉이다. 본관은 연안이고 아버지는 이천현감을 지낸 이국주李國柱다. 그는 1579년 생원시에 입격했고, 1584년 별시 을과로 급제했다.
101 『조성당선생문집』「연보」 51쪽. 김택룡은 1606년에 선무원종공신 2등과 청난공신 1등에 녹훈되었다. 이호민은 훈록 2책을 김택룡에게 보내주기도 했다.
102 『선조실록』에도 심 천총沈千摠이 나오는 몇몇 기사가 있는데, 그는 심무시沈懋時다. 『선조실록』 권78, 선조 29년 8월 3일 무술.
103 『조성당선생문집』「연보」.
104 김택룡, 박미경 옮김, 위의 책, 188쪽.
105 김택룡, 박미경 옮김, 위의 책, 187쪽.
106 김택룡, 박미경 옮김, 위의 책, 186쪽.
107 『조선당선생문집」「연보」.

3장

17세기 서원 인식의 변곡점, 조목의 도산서원 종향

– 예안의 도산서원[鄕賢祠]과 국가의 도산서원[國學], 양자의 충돌

신동훈

머리말

조선의 서원은 16세기 중반 풍기군수 주세붕이 세운 백운동서원에서부터 시작되었다. 서원은 사립 교육기관이자 사류士類들의 공동체community를 유지하는 구심점이었으며, 등장 시점부터 조선 사회의 모든 분야에 걸쳐 영향을 끼치기 시작했다.

서원은 조선 후기 사회를 이해하는 핵심으로서 일찍부터 주목받았다. 서원 연구는 선현을 봉사하는 '사祀'와 자제子弟를 교육하는 '재齋'가 합쳐져 서원이 되었다는 연구로부터 시작되어,[1] 1970년대에 17~18세기 양반사회의 변동에 따른 서원·사우 남설 경향이 밝혀지면서 본격적인 궤도에 올랐고,[2] 1980년대에 16세기 향촌 사림에 의해 설립되어 사림과 정계 진출의 근거지로서 파악되기에 이르렀다.[3] 이후 서원 연구는 문집이나 『서원지書院志』를 바탕으로 한 개별 서원 연구가 행해졌으며,[4] 최근에는 개별 서원 연구를 토대로 한 지역 서원의 특

징이나 특정 시기 서원의 특징을 밝히는 데에 주력하고 있다.[5]

이러한 연구 성과로 인하여 '16세기 서원의 탄생, 17세기 서원의 성장, 18세기 서원의 폐단, 19세기 서원의 위기 심화'라는 서원의 역사상歷史像이 구축되었다. 그러나 이러한 역사상에는 두 가지 문제점을 내포하고 있다. 첫째, 시간의 흐름에 따른 서원의 변화상을 일목요연하게 보여 주지만, 다른 한편으로는 당시 서원의 다양한 모습을 가리는 가림막으로 작용할 수 있다. 특히 16~17세기를 서원의 탄생·성장으로 인식함으로써, 서원의 설립부터 내포하고 있던 문제들이 서원의 확대와 함께 사회 문제로 드러나고 있던 상황을 흐리게 했다.

둘째, 도식적인 서원 이해의 틀로 인하여 후속 연구 경향이 미시사적인 개별 서원 연구에 집중되었다는 점이다. 물론 개별 서원 연구로 인하여 조선 후기 설립된 수많은 서원의 개별적 특성이 파악되었고, 이에 힘입어 서원사書院史라고 부를 수 있을 만큼 방대한 연구사가 축적될 수 있었다.[6] 기존 통설의 보완이라는 측면에서 의의가 있겠으나, 다양한 서원의 모습을 기존 인식 틀에 맞춰 파악하기에 서원사의 고착화란 측면에서 바람직한 연구 경향은 아니라고 생각된다.

이러한 측면에서 이 연구는 17세기 서원 남설의 계기로서 조목의 도산서원 종향을 살펴보고자 한다. 사액은 서원의 국가 인재양성과 그로 인한 서원의 향촌 교화 역할에 대한 공인公認으로, 서원에 대한 국가의 공식 인허였다. 사액 서원은 국가의 준準공적 기관으로 대우받았지만, 사류士類에 의해 운영되다 보니 사류는 서원을 자신들의 사적 영역으로 취급하게 되었고, 이로부터 제향자 기준 하락과 서원 남설이 시작되었다. 국가 기준에 의한 설립이 아니라 사류들의 기준에 의해 제향자를 선정하고 서원을 설립했기에 제향자 기준은 점차 낮아졌고, 낮아진 기준은 서원 남설의 배경으로 작용했던 것이다. 선조 대에 이미 서원 규제책이 논의되었던 것은 서원이 사회 문제로 인식되고 있었기 때문이다.[7]

주지하듯 도산서원은 이황이 제향된 사액 서원으로서, 당시 국가와 사류 양쪽에서 기대한 서원의 이상향이었다. 이러한 도산서원에 이황의 뒤를 이어 조목이 종향되었다는 것은 여러모로 상징적인 사건이었다. 도산서원의 조목 제향은 북인의 남인 분열 시도로 바라본 정치사적 시각,[8] 예안과 안동 사족의 동향으로 바라본 향촌사회사적 시각,[9] 조목계와 김성일·유성룡계로 바라본 사상사적 시각[10] 등으로 다뤄졌다. 그러나 기본적으로 이 사건은 조목의 도산서원 제향 논의로 시작되어 종향으로 마무리된 사안이기 때문에 서원의 제향이라는 시각, 다시 말해 서원사적書院史的 시각에서 다뤄져야 한다.

당시 조목 제향을 둘러싼 기류는, 인물 평가에 근거한 제향 여부 판단보다는 도산서원에 대한 상반된 시각에 기인하고 있었다. 조목 제향을 추진하는 입장에서 도산서원은 예안의 서원이기 때문에 예안 내부에서 결정할 수 있다고 생각한 반면, 그 반대의 입장에서 도산서원은 사액 서원으로서 국학國學이기 때문에 관의 허가를 받아야 한다고 보았다. 반대 입장이 다수였다는 것에서 사액 서원이 갖고 있는 준공적 기관으로서의 성격과 사류가 운영하는 사적 교육기관으로서의 성격이 중첩되어 있음을 알 수 있다.

또, 조목의 종향은 당시 사류들이 도산서원을 이황의 학문적 유산을 계승하며 학업에 매진하는 공간이라고 표방하면서도, 다른 한편으로는 서원 제향에 상당한 노력을 기울이고 있었다는 것을 보여 준다. 이는 당시 사류들이 서원의 영향력은 전교당典敎堂(학업)이 아닌 상덕사尙德祠(제향)에서 나온다고 인식했기 때문으로 생각된다.

이렇게 봤을 때 조목의 도산서원 종향은 서원의 무게중심이 교육에서 제사로, 다시 말해 지방 사회에서 기대하는 서원의 역할이 출발 당시의 인재양성에서 선현先賢 제향을 통한 지역공동체(지연), 학파(학연), 문중(혈연) 결합의 구심점으로 옮겨가고 있음을 상징적으로 보여 준다고 판단된다. 물론 이전까지 교육보다 제사를 우선하는 경향이 없었던 것은 아니었다. 그러나 이 사건은 사액 서원이라는 점, 당시 이황과 도산서원이라는 위상 등을 생각했을 때, '서원은 제사가 우선이다'라는 인식에 합리적 근거를 마련해 주었고, 향현鄕賢 제향 서원 설립의 시대를 본격적으로 열었다는 데에 의의가 있다고 생각한다.

이를 위해 이 글에서는 당시 사액 서원 제향이 갖는 의미를 살펴보고, 이를 바탕으로 조목의 도산서원 종향 추진 과정에서 드러난 서원 인식에 대해 파악해 볼 것이다. 그리고 조목의 도산서원 종향 이후 나타난 서원 설립 사례를 통해, 조목의 도산서원 종향이 어떠한 영향을 끼쳤는지 살펴보고자 한다.

도산서원의 위상과 국학

이황, 예안 그리고 서원

주지하듯 도산서원은 이황이 후학을 양성하던 도산서당을 확대 개편하여, 이황을 제향하고 이황의 뜻을 좇으며 후학을 양성하기 위해 설립되었다. 특히 사림의 장수처라는 서원의 특징을 생각했을 때,[11] 이황의 장수처라는 상징적인 의미는 이른바 퇴계의 제자들과 예안 사회를 넘어 전국적으로 인정받았다고 판단된다. 이는 이미 이산서원에 사액이 내려졌음에도 불구하고 도산서원에 중복 사액이 내려지고 있는 데서 잘 드러난다.[12]

사액은 서원을 국가의 공적 영역으로 만들어 줬지만, 그 안에는 '국가 인재양성'이라는 국가의 공적 영역과 사류의 장수처라는 사류의 사적 영역이 공존했다. 사류의 사적 영역이 국가의 공적 영역이라는 외피를 마련함으로써 관官의 침해 등 외부 요인으로부터 보호받을 수 있었지만 다른 한편으로는 사류의 사적 영역이 국가의 공적 영역을 전용轉用하면 이른바 서원의 폐단이 발생할 수 있었다.[13] 서원 설립 초기에는 서원의 숫자가 적었고, 따라서 서원의 장점에 가려지거나 혹은 자정 능력에 의해 크게 주목받지 않았다. 그러나 이미 알다시피 서원의 숫자가 늘어나면서부터 서원이 일으키는 폐단이 사회 문제로 인식되기 시작했다.

그렇다면 서원은 어떻게 증가하게 되었을까? 이와 관련해선 서원의 건립 단계와 서원 설립으로 인한 효과를 살펴봐야 한다. 서원의 설립은 해당 지역 사회의 뜻을 모아 공론公論을 형성하는 것부터 시작되었다. 공론을 모으는 데 있어 핵심적인 것은 해당 서원에 적합한 제향자를 선정하는 것이었다. 제향자가 선정되면 지역 사회의 공동 출납 및 독지가의 부조 그리고 가능한 경우 관의 보조를 받아 서원을 건립했다. 서원 건립 후 사액을 받게 되면, 그 제향자는 사실상 불천위의 지위를 누리면서 국가로부터 '위대한 도학자'임을 공인받았다.[14] 이 과정에서 제향자의 후손, 문중, 제향자의 제자 등 서원 건립에 직·간접적으로 참여한 사람들의 사회적 위상 또한 높아졌다.

흥미로운 것은 서원 건립에 참여하는 사람들은 해당 지역 사회의 이른바 사족이라는 점이다. 서원 설립 이전에는 매향 등의 종교적 행사나 전통적으로 내려오던 제사 등의 지역 행사 등을 통해 지역 공동체가 결합하거나,[15] 향교 석전제, 여단 의례 등 국가 주도의 의례를 통해 행정 관할 구역의 공동체성을 만들고 있었다.[16] 이에 비해 서원은 성리학적 이념을 공유하면서도 특정 인물의 학문에 공감하고 뒤따르는 사람들이 모여 그 인물을 추모하고 학문적 업적을 계승하는 공간이라는 점에서, 향교와 유사하면서도 이질적인 장소였다.[17]

이는 이황 사후 도산서당을 도산서원으로 개편한 이황의 제자 및 예안 사류라고 해서 예외는 아니었다. 물론 이미 사액을 받은 이산서원이 있었지만, 앞서 언급한 바와 같이 도산서원은 이황이 직접 수양하며 후학을 양성하던 곳이라는 상징성이 있었고 설립 직후 바로 사액을 받았기에, 도산서원은 이황을 제향한 서원의 대표성을 갖게 되었다. 따라서 도산서원 건립부터 사액에 이르는 과정에서 그 역할과 비중이 큰 사람일수록 사회적 위상은 높아졌고, 이들의 높아진 사회적 위상에 따라 도산서원의 위상 또한 더욱 격상되었다.

그런데 이황이라는 큰 스승이 지역에 거주하며 후학을 양성했고 그 제자들이 일군의 학파를 이루며 조정과 지역에서 활발히 활동하고 있는 상황은 이례적인 경우였다. 비슷한 시기의 유사 사례로 조식과 그 제자들이 있지만, 이황의 백운동서원 사액 요청 및 소수서원 사액과 이후 서원 건립 활동을 보았을 때,[18] 서원이라는 구심점을 설립하고 이를 통해 후학을 양성하며 일군의 동질성을 확보해 나간 것은 이황 및 그 제자 그리고 예안·안동 일대의 특징이었다.

경북 지역을 중심으로 설립된 서원은 이념적으로는 사류의 장수처였지만, 현실에서는 지역 사족들을 결속하는 구심점으로서 지방 사회에서 영향력을 발휘했다. 비사액 서원도 오도吾道의 수호자라는 것을 명분으로 관으로부터 경제적 보조 등을 요구하는 일이 사회 문제로 인식되었는데,[19] 이는 당시 지방 사회에서 서원의 영향력을 보여 주는 사례다.

문제는 이황 같은 선학先學이 해당 군현에 없을 때 발생했다. 앞서 언급했지만 당시 설립된 서원들의 제향자는 공론을 통해 선정되었기에, 누구나 인정할 수밖에 없는 선현先賢이 제향되었다. 그러나 그러한 선현의 수는 한정되었고, 이는 곧 서원 설립의 정당성 확보 측면에서 마찰을 빚었다. 비록 이산서원처럼 교육 역할만 담당하더라도 서원이라 할 수 있었지만, 현실적으로는 제향이 더 부각되고 있었던 것이다. 따라서 점차 사문斯文에 공이 있는 사람(보편성)보다는 그 지방에서 공이 있는 사람(특수성)을 들어 서원 설립의 명분으로 활용하기 시작했다.

더욱이 국가적으로 '성리학 도통'의 기준이 아직 정해지지 않은 당시 상황에서, 국가와 사류 사이의 기준이 일치하기 어려운 요소가 산재해 있었고, 이런 상황에서 서원 제향은 일향공론이라는 사류의 판단에 의지하여 이뤄질 가능성이 높았던 것이다. 결국 각 군현의 특수성이 보편성까지 담보할 가능성은 낮았기에, 제향 인물의 수준은 낮아질 가능성이 높았고, 이는 곧 서원 남설의 주요 원인으로 작용했다.

사액, 오현 문묘 종사 그리고 도통

임진왜란 이전까지 『조선왕조실록』에 따르면, 명종 대 사액 서원은 4곳이며, 선조 대 사액 서원은 9곳으로 추정된다. 이를 정리하면 〈표 1〉과 같다. 13곳의 서원 제향자를 살펴보면, 정·주자를 제향한 천곡서원을 제외한 12개소의 제향자가 고려·조선의 인물이다. 이 가운데 4개소가 길재를 포함해 고려의 인물을 제향했다. 남은 8곳 중 중복 제향 서원을 하나의 서원으로 생각하면, 6곳의 서원 중 김안국을 제향한 빙계서원을 제외한 5곳의 서원이 문묘 배향자다. 그리고 그 5곳의 서원에 제향된 김굉필, 정여창, 조광조, 이언적, 이황은 광해군 대 이른바 오현五賢으로 지칭되며 문묘에 배향된 인물이다.

〈표 1〉 『조선왕조실록』의 임진왜란 이전 사액 서원

	사액 액호	지역	제향자	문묘 배향	비고
1	소수	풍기	안향	○	고려
2	임고	영천	정몽주	○	고려
3	문헌	해주	최충		고려
4	남계	함양	정여창	○	무오사화
5	죽수	능주	조광조	○	기묘사화
6	쌍계	현풍	김굉필	○	무오사화
7	옥산	경주	이언적	○	양재역 벽서사건, 명종 배향신
8	이산	영천	**이황**	○	선조 배향신
9	천곡	성주	정·주자	○	
10	도산	예안	**이황**	○	선조 배향신
11	금오	선산	길재		고려
12	장천	의성	김안국		인종 배향신
13	도봉	양주	조광조	○	기묘사화

주지하듯 문묘는 국가의 도통으로, 문묘에 배향된다는 것은 곧 조선 사회의 학문적 보편성을 공인받는 것이었다. 특히 도통의 전승이라는 측면에서 도통의 계승자라는 권위를 얻을 수 있었다. 그러나 정몽주 이후 국가의 도통 기준이 명확하지 않은 상황에서, 서원 사액은 해당 서원 관계자로 하여금 그 제향 인물이 국가 도통 기준에 부합한다고 생각했을 것이다. 이는 선조 대 『유선록』 편찬 과정에서 잘 드러난다.

김굉필·정여창·조광조·이언적의 글을 모은 『유선록儒先錄』 출간은 사현四賢의 현창 사업으로서, 사실상 이황과 그 제자들에 의해 구상된 학문 연원이 국가적으로 인정받았던 것이다.[20] 『유선록』 출간은 사현의 문묘 종사 청원과 맞물려 이뤄졌으나, 문묘 종사 대신 『유선록』이 출간되었다. 그리고 이미 사액을 받았던 정여창을 제향한 남계서원과 더불어 김굉필·조광조·이언적·이황의 서원에 사액이 이뤄졌다. 이는 사현의 학문이 국가적으로 공인받았음과 더불어 사화에 대한 정치적 재평가가 이뤄졌음을 의미했다.[21]

자신들이 구상한 도통의 흐름대로 오현을 제향한 서원들이 사액을 받고 그들의 글이 담긴 책이 국가적으로 출간되자, 사류들은 '우리가 구상한 도통이 국가적으로 인정받았다'라는 생각을 갖게 되었다고 판단된다. 이황의 글이 『유선록』에 추가 기입되면서, 사현 문묘 종사 청원이 오현의 문묘 종사 청원으로 이어지는 것은 이러한 상황을 보여 준다. 당시 유생들은 오현의 문묘 종사를 오현에 대한 포장·증직, 『유선록』 편찬, 서원 설립 및 사액의 다음 단계로 이해하고 있었다.[22] 특히 서원 사액이 문묘 종사의 전前 단계로 인식되면서, 사액은 서원의 공식 인허에 더하여 제향자의 학문적 위상까지 보여 주는 상징으로 격상되

었다.[23]

오현 문묘 종사 여부는 정몽주 이후 현재까지의 국가 도통을 공식적으로 정하는 것이었다. 선조 대에는 선조의 반대로 오현의 문묘 종사가 이뤄지지 않다가,[24] 광해군 즉위 후 오현의 문묘 종사가 이뤄졌다. 오현의 문묘 종사는 정치무대뿐 아니라, 지방 사회에서도 여러모로 영향을 끼쳤다. 특히 오현의 문묘 종사는 해당 인물을 제향한 서원의 위상과 권위를 격상시켰다. 사액을 받은 서원이라고 할지라도 문묘 종사자를 배향한 서원과 그렇지 않은 서원과의 위차가 발생했다.[25]

흥미로운 것은 영남의 유생들은 오현의 문묘 종사 운동이 당대의 화두였던 것에 비해, 호남에서는 기축옥사의 신원이 화두였던 것이다.[26] 오현 종사가 확정된 이후에도 경상우도 지역 향교의 오현 종사 여부를 두고, 유생 스스로 오현을 종사하지 않은 곳의 유생을 정거停擧시키자는 논의가 제기되고 있었다.[27] 이는 당시 오현의 문묘 종사는 영남 지역에서 민감한 사회적 쟁점이었음을 보여 준다.

이러한 상황에서 예안에 거주하며 조목과 관계를 맺고 있던 사람들이 예안에 거주하며 이황과 밀접한 관계였던 조목의 도산서원 종향을 추진하기 시작했다. 도산서원이 전국적인 위상을 갖고 있다 하더라도, 예안에 위치하는 이상 도산서원의 운영은 예안 사회의 영향을 받지 않을 수 없었다. 따라서 도산서원과 관계를 맺고 있는 이황의 후손 및 친·인척, 제자 가운데 예안에 거주하는 사람의 영향이 상대적으로 크게 발휘되었다. 특히 동 지역에 거주하며 이황과 친·인척 관계에 있으며 동시에 이황의 제자이기도 한 경우는, 개중에서도 도산서원에 더 많은 영향을 끼칠 수 있는 조건이었다.

이황이 문묘에 배향된 이상 도산서원은 더 이상 예안의 서원이 아니었다. 도산·이산·여강 서원 모두 문묘 배향자를 제향한 사액 서원이었고, 그중에서도 도산서원은 타 사액 서원에 비해 격을 달리할 수밖에 없었다. 문묘 배향자가 제향된 서원에 종향된다는 것은 종향 인물 또한 국가의 도통에 간접적으로 이어지고 있음을 상징하는 것으로, 지방 사회 내지 사족 네트워크에서 종향된 인물과 관계를 맺고 있는 사람들의 사회적 위상 또한 격상되었다.

조목의 도산서원 종향은 이황-조목으로 이어지는 도통 및 학통 계승을 상징하며, 이는 결국 조목 제자들의 학문적·사회적 위상을 높여 주는 것이었다.[28] 그리고 사액 서원의 제향은 사실상 불천위의 지위를 누리는 것이었다. 따라서 조목 종향을 추진하는 사람들로서는 자연히 자신 또한 조목 다음으로 종향될 수 있다는 기대 심리 또한 내재되어 있었을 것이다. 조목 종향은 스승을 높임으로써 자신들의 사회적 위상을 높이는 것뿐 아니라 후대에도 영향을 끼칠 수 있는, 현재이자 미래를 도모하는 일이었던 것이다.[29]

향현의 서원 제향과 확산

향현鄕賢 조목과 예안의 도산서원

조목의 도산서원 종사 논의는 오현의 문묘 종사 운동이 행해지고 있던 시점에 문집 출간의 연장선상에서 제기되었다.[30] 첫 기록은 광해군 2년(1610) 5월 10일 금응훈이 조목 종사의 일로서 사람을 성주에 보냈다는 데서 확인된다.[31] 그러나 오현의 문묘 종사 승인에 따라 조목 종사 논의가 수면 아래로 가라앉았고, 해를 넘겨 광해군 3년(1611)부터 조목 종사 논의가 재개된 것으로 보인다.

조목 종사에 대해서는 처음부터 반대 의견이 제기될 뿐 아니라,[32] 최초 발의 시점부터 의견을 구했던 성주에서도 종사를 반대하고 있었다.[33] 흥미로운 것은 반대 의견 가운데 "퇴계 선생의 제자를 퇴계 선생의 사당에 종사하려 한다면 어찌 합천 어른만을 단독으로 할 수 있단 말인가?"라는 의견이 있었다는 것이다.[34] 이는 종사가 될 수 있다는 가정하에 조목 단독 종사는 불가능하다는 것으로, 이황의 다른 제자 또한 종사될 수 있음을 의미했다. 다른 제자, 특히 김성일·유성룡을 조목에 견줬을 때, 행적에서 조목보다 낮을 것이 없다는 것이다. 이황의 사당에 그 누구도 종사될 수 없다는 것이 아니라, 단독 종사는 불가능하다는 것에 주목해야 한다. 도산서원에 이황의 제자이자 자신들의 스승을 제향하고 싶은 생각을 내심 갖고 있었는데, 조목 제자들이 먼저 추진했다는 것을 암시하기 때문이다.

조목 종사 논의는 광해군 4년(1612) 1월부터 본격적으로 제기되었다. 금응훈[35]·김택룡·김중청 등이 주도하여 동년 2월 중정일中丁日에 종향從享하는 것으로 결정하고,[36] 1월 26일 이산·여강 서원에 다음과 같은 통문을 보냈다.

> 이번 2월 12일에 도산서원의 상덕사에 월천 선생을 배향하기로 하였습니다. 나라에서 편액을 하사받은 사액 서원이기는 하지만 제수 등 여러 가지 물품으로 관청을 번거롭게 해서는 안 됩니다. 안팎의 사림 여론을

따라 감히 제사를 올리고자 하니 삼가 통문을 보내어 알립니다.[37]

통문의 내용에서 주목되는 것은, "(비록) 사액 서원이기는 하지만 제수 등 여러 가지 물품으로 관청을 번거롭게 해서는 안 됩니다. 안팎의 사림 여론을 따라 감히 제사를 올리고자 하니 삼가 통문을 보내어 알립니다"라는 대목이다. '제수 용품으로 관을 번거롭게 해선 안 된다'는 내용은, 도산서원이 사액 서원이기 때문에 종사 여부 또한 관의 관할하에 있음을 인식하고 있음을 암시한다. 종향이라는 큰 행사를 하는데 관으로부터 물품을 지원받지 말자는 것은 사실상 관에 서원의 행사를 알리지 말라는 것을 의미하기 때문이다. 또, '사림들의 여론에 따라 제사를 올리고자 통문을 보낸다'는 내용은 조목 종향에 대한 공론 마련을 위한 것인데, 먼저 의사를 결정하고 뒤에 통문을 보내 여론을 모으는 방법이 주목된다. 후술하겠지만 이러한 여론 취합 방식은 서원 설립을 위한 공론 마련의 전형적인 방법이 되었다.

조목 종향 논의는 빠르게 퍼져 나갔는데, 전체적인 여론의 방향은 종향 반대였다.[38] 여론의 방향이 호의적이지 않을 것이라는 것은 김택룡 측에서도 알았던 것으로 보인다. 종향 결정에 대한 통문을 도내道內에 돌리자는 것을 저지했기 때문이다.[39] 그런데 조목 종향 논의는 정구鄭逑, 도성의 여론, 조정의 허가 등이 필요하기에 종향을 늦추자는 금응훈의 의견에 따라 결이 달라지기 시작했다.[40]

역동서원 사람이 제천 금응훈의 편지를 가지고 왔다. 편지에는, "사액 서원이므로 조정에 보고해야 하는지 여부에 관한 일에 대해서는, 한강 정구가 현재 유림의 종장이므로 마땅히 그에게 물어 결정해야 한다. 오늘 금산金山으로 사람을 보낼 것이니, 군내郡內의 사람을 시켜 함께 한강재寒岡齋로 가도록 하라"는 내용이 있었다. 서원 사람을 시켜 빨리 한강에게 알릴 서찰을 작성하게 하고, 하인에게 나의 편지를 가지고 돌아가도록 하였다. 종향의 당부當否와 위판과 제의의 규칙에 대해서는 편지를 작성하여 기다리고 있었는데, 정오가 되도록 사람이 오지 않았다. 서원 사람이 보고하기를, 이미 출발하여 사람이 없었다고 하였다. 제천 금응훈 공이 독단적으로 일을 처리하는 것이 이와 같으니 정말 통탄스럽다. 사실 오천烏川의 여러 사람들은 월천 선생에게 밉보였기 때문에, 일부러 빙자하여 미적거리고 있다. 인심이 이러하니 시사時事를 알 만하다.[41] (밑줄 필자 강조)

제천 금응훈의 편지에, "사액 서원의 일을 조정에 보고하는 일은 한강 정구 선생이 만일 괜찮다고 여기면 방백方伯에게 정서呈書하고 예조에 공문을 보내어 예조가 입계하도록 해야 한다. 속히 재가[啓下]를 얻지 못하면, 발락發落이 없다는 것으로 다시 회계回啓하여 속히 아시도록 해야 한다"는 내용이 있었다. 금경도 편지에서, "제천 금응훈의 속뜻을 알 수가 없다. 의심하지 말아야 할 것을 의심해서 앞날을 회의한다"고 하였다. 그래서 제천에게 답장을 써서 제천이 금경의 마음을 저촉하고 거스르는 점이 많다고 쓰고 함께 보냈다. 한강 정구에게 보내는 편지의 초안을 잡았다.[42]

두 사료는 김택룡와 금응훈이 함께 조목의 도산서원 종향을 결정했지만, 그럼에도 두 사람의 생각이 모든 면에서 일치했던 것은 아니었다라는 것을 보여 준다. 정구에게 자문을 구하자는 것은 '여러 사람으로부터 의견을 듣자'는 김평金坪의 신중론으로부터 제기되었던 것이다. 정구의 의견을 묻는 쪽으로 의논이 모아지자, 금경·김택룡 등은 '우리들의 식견이 정구보다 못한가'라고 하면서 반대를 표했다.[43] 금응훈은 정구에게 사람을 보내 조목 종향에 대한 자문을 구하고 정구의 확답을 근거로 경상감사에게 사액 서원의 종향을 정식으로 요청할 것이라고 했는데, 위 사료처럼 김택룡을 비롯한 조목 제향 추진 세력은 이러한 금응훈의 처사를 '독단'이라고 하면서 불만을 표했던 것이다. 김택룡의 편지를 받은 금응훈은 김택룡에게 크게 노하여 통렬히 꾸짖는 답장을 보냈다.[44] 이로써 보면 조목 종향이라는 목표점은 동일했지만 그 방법론에서는 차이가 있었다고 판단된다.

김평의 신중론을 받아들인 금응훈은 기존 2월 12일 종향에서 정구 등 외부 권위자의 자문을 받고 이것을 근거로 조정의 허락을 받자는 쪽으로 선회했다. 주요 논리는 도산서원이 사액 서원이며, 사액 서원은 곧 국학이기 때문에 관의 허락을 받아야 한다는 것이었다.

금응훈이 김평의 신중론을 수용하기까지의 과정에서 김평, 금응훈 그리고 김택룡 등의 종향 추진 세력 사이의 의견이 갈리고 있음을 알 수 있다. 신중론을 제기한 김평은 사실상 조목 종향을 반대한 것이었다. 그러나 '조목은 안 된다'는 말을 면전에서 직접적으로 하는 것은 부담스러웠을 것이다. 왜냐하면, 앞서 살펴본 바와 같이 김성일·유성룡 등 추가 종향의 가능성을 없앨 수 있었기 때문이다. '조목은 안 된다'는 말은 훗날 '○○도 안 된다'는 단순하면서도 뚜렷한 반대 논리를 불러올 수 있었다. 따라서 종향 기회를 없애지 않고, 조목의 인물평을 직접적으로 언급하지 않으면서도, 공론이라는 명분으로 조목 종향을 무산시켜야 했다. 물론 김평의 신중론 제기는 면전에서 드러내 놓고 반대를 표할 수 없는, 같은 지역의 커뮤니티를 구성한 사람들 간의 관계 또한 영향을 끼쳤을 것이다.

금응훈으로서는 김평의 제안을 수락하지 않을 이유가 없었다. 정구의 의견이 반대면 종향은 없던 일로, 찬성이면 이를 근거로 종향을 추진하며, 관의 허가를 득함으로써 사대부들의 공론을 돌파할 수 있는 방법이었기 때문이다. 반면, 김택룡 등은 외부의 자문이나 관의 허가 등에 대해 반대했다. 종향 여부는 예안 사족 우리들의 의견으로 결정하면 되는 것이었는데, 금응훈의 방안대로 추진하면 반대 여론이 많아 공론을 모으지 못하고, 끝내 조목 종향이 어그러질 수 있다고 보았기 때문이다. 다양한 곳의 의견을 수렴할수록 변수는 늘어날 수밖에 없었고, 특히 관의 결정은 공론과 상관없는 결정적 요소였기 때문에 더더욱 관의 개입을 피하려 했던 것으로 보인다.[45] 김령은 이러한 상황을 지켜보며, 외부(정구)의 자문을 통해 종향 여부를 결정하게 만든 김평, 조목 종향을 적극적으로 반대하지 못한 금응훈 그리고 무리하게 종향을 추진한 김택룡 등 모두를 비판했다.[46]

이런 상황에서 이산서원에서 발송한 통문은 김택룡 등이 추진하고 있는 조목 종향의 부당성을 하나하나 지적했다.

> "삼가 듣자오니, 근래에 종향에 관한 일이 있을 것이라 하는데 진실로 그러합니까? 만약 그렇다면 Ⓐ 여강서원廬江書院과 폐원弊院에서도 마땅히

참여하여 들음이 있어야 할 터인데, 아직 편지 한 통도 보내준 일이 없으니, 이것은 말을 전하는 자의 잘못이 아니겠습니까? 마음속으로 괴이하게 여기고 있습니다. 대저 Ⓑ 우리 퇴계 선생은 이미 문묘文廟에 승사陞祀하셨고 귀원貴院 또한 사액賜額을 받은 국학國學이니, 무릇 큰 행사가 있으면 결단코 한 고을에서 독단적으로 처리할 일이 아니요, 마땅히 많은 선비들과 의논하여 모두가 의견이 일치한 다음에 도내道內의 유생들과도 이 욕의縟議를 공유하여야 할 것입니다. 그런데도 지금은 그렇지 아니하여, 사문斯文의 막대한 예법을 일원一院의 사사로운 일로 처리하고 말았으니, 귀원이 마침내 부중不重한 처지에 떨어질까 참으로 두렵습니다. 폐원과 귀원은 실로 한 몸이니, 이러한 때에 말하지 않는다면 함께 선정先正을 존모하는 뜻을 어그러지게 할 것입니다. 이에 감히 여러분들께 고하오니, 엎드려 바라건대 살펴 헤아려서 뒷날 혹시라도 다른 의견이 나오지 않게 해 주십시오."[47]

이산서원의 통문이 왔다. Ⓐ 도산서원에 월천 조목을 종향하는 일에 대해 듣고, 통보하여 의논하지 않았음을 허물하는 한편, Ⓑ 본 서원은 사액을 받은 국학國學인데 사문斯文의 막대한 예를 한 서원에서 사사로이 한다면 이 때문에 끝내는 중시 받지 못하는 경우가 발생하는 결과가 초래될까 염려된다며, 이런 일을 말하지 않는다면 선정先正을 함께 존숭하는 뜻에 어긋남이 있으리라는 내용이었다.[48]

위의 사료는 『계암일록』에 실려 있는 이산서원에서 보낸 통문이고, 아래의 사료는 김택룡이 이산서원의 통문 내용을 요약한 것이다. 김택룡이 요약한 것처럼 이산서원의 통문은 Ⓐ 사전에 통보하여 의논하지 않았다는 것과 Ⓑ 사액을 받은 국학國學인데 사문斯文의 큰일을 서원에서 사사로이 할 수 없었다는 것이다. 흥미로운 것은 이산서원의 통문에 대한 김택룡과 김령의 상이한 반응이다. 김택룡은 같은 날 기록에서 "말투가 마구 함부로 꾸짖는 투였고, 게다가 일을 이룰 수 없게 막으려는 뜻도 있었다"라고 평한 반면, 김령은 "그 말이 간략하면서도 곡진하고 그 뜻이 부드러우면서도 엄격하여, 늠름히 더 이의를 달 것이 없으니 선비의 기상이 마땅히 이와 같아야 할 것이다"라고 평했다.

이산서원에서 제시한 방법이 도산서원의 위상을 지키면서도 조목을 종향할 수 있는 경로였음을 김택룡 등도 모르지 않았을 것이다. 그러나 김택룡 등이 그렇게 하지 못한 것은 조목 종향이라는 공론을 모을 수 없음을 알고 있었기 때문일 것이다. 이는 당시 조목 종향에 대한 반대 여론이 더 많았다는 데서 알 수 있다. 조목 종향을 추진하는 쪽에서도 종향 찬성 여론을 모으기 위해 움직였지만,[49] 조목 종향 추진 소식이 퍼지면서 반대 여론이 더 많은 지지를 얻으며 확대·결집되어 갔다.[50]

반대 여론이 많아지자 김택룡 등은 도성의 여론을 움직여 금응훈을 자극했다. 조목의 제자였던 박수의가 금응훈에게 '조목 종향이 이뤄지지 않았다는 말을 들은 도성 사람들이 예안의 풍속이 아름답지 않다고 한다'라는 편지를 보낸 것이다.[51] 그럼에도 불구하고, 금응훈은 자신의 뜻을 굽히지 않고 정구의 회신을 기다렸다.[52]

정구는 금응훈에게 '자신은 그 가부를 가릴 수 없다. 사액 서원은 국학이니 계품해야 한다'라는 취지의 답신을 보냈다.[53] 정구는 뚜렷한 반대를 표하지 않으면서도 국가의 허락을 구해야 한다는 원론적인 답변을 했는데, 사실상 반대를 표한 것과 다름없었다. 그런데 김중청·이립 등에게 보낸 정구의 편지에는 '종향은 합당하나, 과정은 온전해야 한다'는 취지의 내용이 담겨 있었다.[54] 국가의 계품을 받아야 한다는 것은 동일했으나, 그 글의 분위기가 바뀌어 있던 것이다. 김령은 이러한 정구의 입장 차이가 '이미 사론이 정해졌다'는 김중청 등의 거짓 정보에서 기인한 것으로 파악하면서, 김택룡 등이 '일이 이뤄지고 나면 되돌릴 수 없을 것'이라는 생각으로 조목 종향을 추진하고 있다고 보았다.[55]

조목 종향에 대한 반대 여론이 예안을 넘어 인근 지역으로 퍼져 갔고, 그러한 여론이 예안으로 전해지면 김택룡 등은 '이는 예안에서 만든 것이다'라고 하면서 여론을 무마시켰다.[56] 이는 내부의 반대 목소리를 분열 도모로 규정하여 더 이상의 반대 여론을 방비하면서도 예안 사회 내부의 여론을 결집시키려는 시도였을 것이다. 이와 더불어 도산서원 내부의 실무를 장악하고, 서원 내부의 친목을 도모하며, 도산서원의 의견을 결집하고자 했다.[57] 이는 감사에게 조목 종향 요청의 공문서를 작성하기 위한 포석이기도 했다.[58]

또, 김택룡 등은 도성의 인적 네트워크를 통해 예조판서 등 담당 관료와 접촉하기 시작했다.[59] 이러한 포석은 국학이기에 사적으로 처리해선 안 된다는 논리가 점차 확대되자,[60] 국가의 허가를 통해 조목 종향을 이루기 위한 움직임으로 생각된다.[61] 관의 허가를 통해 조목을 종향할 경우, 도산서원뿐 아니라 사액 서원에서 종사가 이뤄지려면 관의 허가가 필요하다는 관례가 만들어질 수 있었다. 이는 서원에 대한 관의 예속을 강화할 수 있었기 때문에 쉽게 택할 수 있는 방법은 아니었다. 그럼에도 불구하고 김택룡 등이 이러한 방법을 추구한 것은 그만큼 반대 여

론이 거셌기 때문인 것으로 판단된다.[62]

광해군 5년(1613) 4월, 김택룡 등은 경상감사 윤휘의 예안 방문에 맞춰 정문呈文을 계달하고자 했다.[63] 4월 29일 감사가 예안을 방문하자 김택룡 등은 참여 의사를 확인하지 않은 사람 및 교생 등을 등장에 참여시켰고, 이를 통해 공의公儀로서 조목을 종사하려 한다는 것을 피력해 감사의 계달 허락을 받았다.[64] 김택룡 등은 '예안의 공론으로서 결정한 조목 종사'라는 점을 부각시킨 것이었다. 감사를 통한 조목의 도산서원 종향은 예조를 거쳐 광해군의 승인으로 결정되었다.[65] 조목 종향이 결정된 이후에도 김택룡은 역동서원에서 교생들을 대상으로 행한 '감사의 『소학』 고강 대비 특강'에 강사로 나서는 등 우호적인 여론을 유지·확보하기 위해 노력한 것으로 보인다.[66] 이는 조정의 결정과 별개로 사류의 여론은 여전히 조목 종향 반대가 우세했기 때문이다.[67]

광해군 6년(1614) 9월 7일 조목의 도산서원 종향 관문이 예안에 도착하던 시점에도, 사류들의 여론은 여전히 분분했다. 영천榮川은 모호, 예안은 반대, 봉화는 찬성, 안동은 찬성 우세로 여론이 나뉘었음에도 불구하고, 명확한 반대를 제기하지 못하고 예안에서 '사림의 공론公論'을 들어 감사에게 종향을 요청하자, 예조를 거쳐 승낙된 것이었다.[68] 관문이 도착한 후 예안 내부 여론 결집 등 소극적인 자세였던 조목 추진 세력의 태도가 적극적으로 바뀌었다. 김택룡은 상주·영해·의흥·흥해 등 20여 고을에 조목 종향 소식을 알리며 행사에 초청했다.[69]

이상의 조목 제향 과정을 통해 보았을 때, 조목 종향을 추진한 김택룡 등은 도산서원을 국학이 아닌 예안의 서원으로 인식했고, 김택룡 등을 제외한 대다수는 도산서원을 국학이자 사류 모두의 장소로 인식했다고 판단된다. 이러한 인식 차이로 인해 김택룡 등은 우리 고을의 향현鄕賢인 조목을 우리 고을의 서원인 도산서원에 제향한다고 생각했던 것 같다. 반면 다수의 사류들은 공론을 통해 제향자를 선정해 관의 허가를 통해 제향해야 한다고 보았다. 물론 이러한 절차상의 문제를 지적하는 배경에는 '조목의 도산서원 종사는 불가하다'라는 인식이 전제되어 있었다.

주목되는 것은 김령 또한 정구 등의 자문에 의지하거나 관의 허가를 득해야 한다는 인식에 반대했다는 점이다. 김령은 공론을 얻지 못한 조목 종향은 반대했지만,[70] 서원은 사류들이 운영해야 한다는 시각을 갖고 있었다. 이는 곧 이황의 서원관으로서 김택룡과 김령 모두 이황의 서원관을 공유하고 있었다. 즉 김택룡의 시각은 관의 개입을 최소화하고 사대부가 운영해야 한다는 이황의 시각을 계승한 것이라 할 수 있다.[71]

결과적으로 조목의 도산서원 종향은 '공론을 모아 조목 종향을 결정했다'는 여론을 꾸며 관에 피력했고, 이를 근거로 왕의 재가를 얻어 시행될 수 있었다. 이러한 조목 종향 과정은 이후 서원 설립의 주요 동기라 할 수 있는 배향자 선정 및 추가 제향에 영향을 끼쳤다. 이에 대해서는 다음 항에서 살펴보겠다.

선현 추인과 향현사鄕賢祠 확산

조목의 도산서원 종향 즈음하여 서원은 빠르게 확대되고 있었다. 앞서 언급했듯이 서원 설립의 중요한 명분은 '우리 고을에도 본받을 만한 인물이 있다'는 것이었다. 서원의 확대는 이러한 명분을 얻은 서원이 많다는 것인데, 조목의 도산서원 종향 추진 과정은 일종의 학습 효과로 여러 서원에서 활용되었다. 즉 제향자를 미리 선정하고 공론으로 포장하는 것과 궤를 같이하여 실무적으로 종사를 진행하여 반대 여론의 결집을 사전에 방지하고, 제향하는 날 여러 사람을 초대함으로써 공론을 추인받는 방법이 활용되기 시작한 것이다.

이를 잘 보여 주는 사례가 여강서원의 김성일·유성룡 배향 사례다.[72] 광해군 12년 10월, 여강서원 원장 김봉조와 임천서원 원장 정전은 통문으로서 두 사람의 여강서원 제향을 알렸다. 통문의 내용은 다음과 같다.

> 우리 서애·학봉 두 선생은 훌륭한 자취를 남긴 곳에서 이미 제향祭享하고 있으니 이것은 실로 고을과 나라의 영광이자 사림의 다행입니다. 다만 한 부府에서 서원을 건립한 곳이 한두 군데로 그치지 않고 각각 약간의 인정人丁[73]들을 거느리고 하속下屬이라 여기니 이 어렵고 위급한 때를 당하여 원대한 계책이 아닌 것 같습니다. 생각건대, 퇴도 선생을 봉안하는 규제規制가 이미 세워지고 모양이 대략 갖추어졌습니다. 두 선생은 모두 퇴도 선생 문하의 고제高弟인데, 지금 만약 여강서원으로 위판을 옮겨 봉안하여 종향한다면 쌓인 폐단을 하루아침에 제거할 수 있고 명현을 영구히 안치할 수 있을 것입니다. 한 부府의 사자士子들이 묻고 의논하여 의견이 일치되었습니다. 귀 서원과 여강서원은 한 몸과 같습니다. 그러므로 이에 감히 알려 드리니 존의尊意가 어떤지 모르겠습니다.[74]

통문에는 '두 선생은 모두 퇴도 선생 문하의 고제인데 각각의 서원에 제향되어 있는 것은 옳지 못하니 여강서원으로 위패를 이안하기로 했다'는 것과 더불어 '안동 사류들의 의견이 일치했다'는 내용이 담겨 있었다. 김령은 서원 통폐합 그 자체를 반대하지 않았다. 김령은 통문을 받아보고, "최근 지방 고을의 서원에 인정人丁을 두지 않은 곳이 없는데, 소속된 인정의 수가 100명을 웃돈다. 군역軍役의 결원이 이에서 비롯되어 크게 나라의 폐단이 되었다"고 하면서, "안동에는 여강서원 이외에도 삼계三溪·병산屛山·임천臨川·용산龍山의 사우祠宇가 있고, 그 밖에 성산星山 및 각 마을의 서당에도 모두 지키는 인정이 있으니, 감사와 수령이 크게 병폐로 여기고 있다. 그렇다면 위패를 옮겨 봉안하여 종향하는 것도 진실로 이유가 있는 의견이다"라고 했다.[75] 하지만 곧 이어 현실적으로 어려운 이유를 지적했다.

먼저 지적한 것은 '여강서원으로의 통폐합은 이론적으론 옳지만, 두 명 중 누구의 위패를 우위에 안치할 것이냐'는 것이었다. 김령은 "대개 양 공의 경지를 쉽게 갑과 을로 정할 수 없고, 벼슬이나 나이로 누가 앞이 되고 뒤가 되는지를 쉽게 정할 수 없을 것"이라고 지적했는데, 이는 이후 이른바 '호락논쟁'의 두 쟁점으로서 당시에 이미 학문·관력·나이 등의 기준으로 양자의 우열을 가릴 수 없다는 것을 지적한 것이었다.[76] 그리고 또 하나의 문제로서 "양 공의 위판에 '선생'이라는 명호를 쓰는 것은 각각의 서원에서는 할 수 있지만, 퇴도 선생의 사우에서는 결코 모두 아울러 선생으로 칭할 수 없을 것"을 지적했다. 이는 각 서원에 단독 제향되었을 때는 '선생'의 칭호를 사용할 수 있지만, 이황과 함께 배향될 때는, 이황의 위상과 동격일 수 없기 때문에 양자 모두 '선생'의 칭호를 사용할 수 없음을 지적한 것이었다. 즉 조목의 도산서원 종향을 염두에 두고 여강서원에 양자를 배향했지만, 이황과 동격일 수 없기 때문에 조목의 도산서원 종향보다 우위에 설 수 없음을 지적한 것이었다. 서원의 위상은 여강서원보다 도산서원이 우위였기 때문이다. 김령의 두 번째 지적은 김성일·유성룡의 여강서원 배향 의도를 꿰뚫어 본 것으로서, 이 사업의 실패를 예견했던 것이다.

김령의 이러한 우려와 별개로, 두 명의 여강서원 배향은 여러모로 조목의 도산서원 종향 추진을 답습했다. 먼저 안동 사류들의 의견 일치는 거짓이었다. 조목 때와 마찬가지로 소수의 제향 추진 인원들이 인근 읍의 학궁에 통보한 후 뒤늦게 안동 내부에 이러한 소식을 알렸다. 그리고 그 목적 또한 '이황을 제향한 서원에 함께 종사되어 이황에게 이어진 도통을 잇는다'라는 상징성 확보에 있었는데, 이는 결국 김성일·유성룡의 제자 자신들을 위한 것이었다. 더욱이 배향·종향을 명확히 하지 않고 부향祔享이라는 모호한 표현을 사용했는데, 이는 배향에 마음이 있으면서도 배향이라 표현하면 사류들의 반대에 부딪힐 것을 예상했기 때문에 사용한 것이다.[77] 김령은 "어찌 우리들이 스스로 그 전철을 밟고도 잘못을 깨닫지 못할 줄을 알았겠는가?"라고 하면서 조목의 도산서원 종향을 답습하는 행태를 비판했다.[78]

두 명의 여강서원 종사는 그 배향이 이뤄지기 전날까지도 부향이라고 하면서 그 방법을 공표하지 않고 있었다.[79] 이로 인해 행사에 초청되어 여강서원으로 향하는 사류들은 '설마 배향이겠느냐'면서도 그 방법을 의심했다.[80] 더욱이 '정구가 배향으로 결정했다'는 소식이 전파되었음에도 불구하고, 김봉조 등은 그 방법을 알리지 않았다.[81] 배향일 전날까지도 배향·종향을 명확히 가리지 않은 상황에서 배향이라는 소문이 여강서원에 모인 사류들에게 퍼졌고, 사류들은 배향을 받아들일 수 없다고 반대했다. 이때 참석자 중에서 "처음에 종향이라 하고서 지금은 배향이라 하니, 여기에 온 사자士子들은 종향만 알 뿐이고 배향은 참으로 생각하지 못했소"라고 하자, 배향을 추진했던 쪽에서 "제사 때 사용할 절목節目 및 고유문告由文을 모두 배향으로 작성했는데, 종향이 옳다고 여기는 사람들도 절목과 고유문 등을 마련할 수 있겠는가?"라고 반문했고, 개중에는 "나이 어린 몇몇 무리의 말을 견주어 헤아릴 필요가 있겠는가?"라고 하면서 배향 강행을 주장했다.[82]

이러한 정황을 종합해 보면, 모호한 공지를 보고 당연히 '종향'이라 생각한 사람들이 여강서원에 모였는데, 주최 측은 배향으로 준비했으면서 별다른 공지를 하지 않다가 행사 직전에 가서야 배향이라고 알린 것이었다. 그러면서 이의제기에 대해서는 '그럼 당신들이 준비하라' 내지 '이미 엎질러진 물'이라는 식으로 시간을 보냈다. 반대 의견을 가진 사람들로 하여금 '나 때문에 일을 그르쳤다'라고 생각하게 하려는 것이었다.[83] 결국 반대 의견이 결집하지 못하면서, 김성일·유성룡은 위판에 '선생'으로 쓰고 이황과 함께 배향되었다.

그렇다면 김봉조 등은 왜 두 사람을 종향이 아닌 배향으로 추진했을까? 이는 기존 선행 연구에서 지목하고 있듯이 조목의 종향보다 우위에 서기 위함이었다.[84] 이미 도산서원에 조목이 종향된 이상 두 사람의 도산서원 종향은 무의미했을 것이다. 더욱이 도산서원 배향은 심한 반대를 예상할 수 있었다. 또, 이산서원은 조목 종향 때부터 반대가 심했으며, 거리상으로도 안동과 멀었다. 그에 비해 여강서원은 안동에 있으면서도, 유성룡의 여강서원 설립 관여 등으로 인해 두 사람에 대해 호의적이었다. 이러한 배경으로 그들은 여강서원에 김성일·유성룡 두 사람을 제향하기로 결정했다고 판단된다.

또, 종향이 아닌 배향을 선택하고, 위패에 이황과 동일하게 '선생先生'으로 쓰면서 두 사람을 이황과 동격同格에 두었다. 이는 김령의 예견이 어긋난 것이었는데, 그만큼 김성일·유성룡 배향을 추진했던 사람들에게 두 사람의 격格이 중요했음을 말해 준다. 이황과 동격이 됨으로써 참칭했다는 비판을 들을지언정, 조목보단 위에 있어야 했던 것이다.

흥미로운 것은 두 사람의 배향 결정이 서원의 실무를 맡은 소수 인원 주도로 이뤄졌는데, 이 또한 조목 종향 과정을 답습한 것으로 보인다. 그리고 여기에 더하여 배향이라는 형세를 만들어 놓고 '반대하면 일을 그르친다'라는 것을 빌미로 반대 의견 결집을 무력화했다. 두 사람의 여강서원 배향에서 주목되는 것은 지역의 타 군현에서 사류들을 초청해, 배향 의례에 참여시키고 있다는 점이다. 이후 살펴보겠지만 이러한 행태는 '제향자를 먼저 결정하고 뒤늦게 공론으로서 제향했다'는 명분을 만들기 위해 행해진 것이었고, 서로서로 이런 행사에 참여해 줌으로써 서원 종사의 명분을 만들어 갔다.

이후 여강서원은 안동에서 상당한 위력을 드러냈던 것으로 보인다.

> 여강서원 원장 이환李煥이 우리 읍의 서원과 향교에 통문通文을 돌려 "위의 글은 독촉하여 기송起送하는 일에 관한 것입니다. 서애·학봉 두 선생의 문집을 막 등사하도록 하였는데, 글씨를 잘 쓰는 자들이 매우 적어서 어쩔 수 없이 여러 고을에 나누어 배정하였습니다. 그러니 귀읍貴邑에서는 남효의南孝懿 등 여러 사람 및 기타 글씨를 잘 쓰는 사람을 이달 20일 후에는 반드시 보낼 수 있도록 해 주시길 바랍니다"라고 하였다. 또한 "대동하고 오는 것이 어떻겠습니까? 만일 그렇게 하지 않으면 훗날 사론士論

이 두려울 것이니, 반드시 이러한 뜻으로 타일러서 두려워하는 마음으로 급히 달려와 그 일을 하도록 하는 것이 어떻겠습니까?"라고 하였다. 그리고 끝부분에는 도유사都有司 이환李煥이라 쓰고 서명하여, 교만스레 통문을 돌리면서 '독촉하여 기송하라'라고 하여, 마치 관찰사[使司]가 속읍屬邑에 호령하는 듯이 하였다. 그리고 끝내는 사론士論을 들먹이며 공갈을 쳐서 향교와 서원으로 하여금 알아서 사람을 뽑아 보내 그의 휘하에서 명을 듣도록 하고자 하였다. 이 사람이 비록 정상적인 도를 잃었다고는 하나, 어찌 이러한 지경에까지 이르렀단 말인가? 객기가 지나쳐서 도리어 어리석은 데로 돌아갔으니, 그저 우스울 뿐이다.[85]

이 사료는 김성일·유성룡 배향 이후 높아진 여강서원의 위력을 잘 보여 준다. 읍내 향교·서원 유생을 대상으로 문집 간행을 위한 인력 차출을 진행하고 있는데, 여강서원 도유사의 권한으로 진행하고 있음을 말해 준다. 도유사가 보낸 통문에는 "그렇게 하지 않으면 훗날 사론이 두려울 것"이라는 대목이나, "독촉하여 기송하라"는 내용이 담겨 있었는데, 이는 수평적 관계에선 나올 수 없는 표현이었다. 통문의 내용을 본 김령은 위 사료에서처럼 '공갈'이라 칭하며 비판하고 있는데, 실제로 향교에서도 위 통문에 대해 "공갈하는 뜻이 너무 심하다"라고 회답했다.[86] 이러한 모습은 김성일·유성룡 배향 이후 여강서원의 위상이 상승했음을 보여 주는 것이라 할 수 있다. 그러나 위의 인용 사료에서 드러나듯이, 높아진 위상을 권위로 만들지 못하고 위력을 드러내는 데 사용했기에, 겉으로 표출되는 위력과 이를 받아들이는 사람들의 인식 간에 차이가 있었을 것으로 판단된다.

이후 인조 7년(1629) 2월에는 홀기笏記의 문구를 "헌관獻官은 신위 앞에 나아가시오. 동배위東配位·서배위西配位 앞으로 나가시오"에서 "퇴계 선생 앞으로 나가시오. 서애 선생·학봉 선생 앞으로 나가시오"라고 고쳤다. 두 사람의 위상을 이황의 위상에 더 근접시킴으로써 두 사람의 권위를 제고시키고, 이를 통해 다시 김성일·유성룡 제자들의 위상을 높이려 한 것이었다.[87] 실제로 이들은 두 사람과의 관계를 근거로 여강서원을 장악하고 서원의 위세를 빌려 사류들을 사적으로 동원했다.[88]

서원 제향자를 소수의 뜻으로 결정하고, 의례에 인근 지역의 사류들을 참석시켜 제향의 명분을 추인받는 행태는 상주의 도남서원에서도 확인된다. 도남서원은 광해군 9년(1617) 3월 18일, 상주목사 강복성康復誠과 전식全湜 등에 의해 노수신을 종향했다.[89] 그리고 1628년 8월 유성룡 배향을 추진해,[90] 동년 9월 노수신과 유성룡을 '선생先生'으로 칭하여 배향했다.[91] 도남서원의 노수신 제향 당시 조광벽趙光璧은 그 제향 여부를 정구에 물었는데, 정구가 반대하자 강응철康應哲이 정구가 찬성했다고 말을 꾸며 노수신 제향이 이뤄졌다. 그런데 이번에도 노수신 배향이 정구의 뜻이라는 강응철의 거짓말에 의해 승격이 이뤄졌다.[92] 도남서원 노수신·유성룡 배향날에 예안은 4명을 보낸 반면, 안동은 40명을 보냈는데, 유성룡 배향이 공론에 의한 것임을 드러내기 위한 것이었다.[93]

인조 13년(1635) 10월에는 정경세의 도남서원 배향이 결정되었다.[94] 이 과정은 다음 사료에서 알 수 있다.

상주尙州의 인심과 사자士子들의 풍습이 듣고 보니 한심하다고 이를 만하였다. 한극술韓克述, 김정견金庭堅, 정영세鄭榮世 등 예닐곱 명이 어느 날 도남서원道南書院에 모여서, 갑자기 통문을 돌려 말하기를, "사서沙西 영감의 명에 따라 모일某日에 우복愚伏 정경세鄭經世 선생을 배향할 것이다"고 했는데, 이때 김정견이 서원 원장이었다. 이 일은 오직 이 무리 몇 명 이외에는 고장 사람 중에 어느 누구도 알지 못하였다. 판사判事 조정趙靖이 듣고 노하였고, 그 나머지 모든 사람도 분개하지 않은 사람이 없었다.

그리고 이 무리들이 "예조참의 이준李埈과 지평 류계화柳季華가 정판서鄭判書가 이조판서일 때, 좋은 자리에 천거해서 발탁해 주지 않았다는 이유로 유감을 품어 도남서원에 배향하는 것을 가로막고 있다"고 운운하였는데 사설이 심했다. 또 정 판서가 서애西厓보다 높은 위치에 자리해야지 서애보다 아래여서는 타당하지 않다고 하였다. 혹자는 "서애를 출좌出座시키려고 하였는데, 계화가 저지하고 무너뜨리려 했다"는 말로 정공鄭公 부인에게 참소했다고 한다.

이 사료에 따르면, 고을 사람도 모르게 도남서원 원장 김정견과 소수 인원을 중심으로 정경세 배향을 결정했다. 그러면서 예조참의 이준과 지평 류진이 정경세를 미워하여 그의 도남서원 배향을 막고 있다는 소식을 유포했다. 이는 정경세 배향에 대한 공론 형성이 어렵다는 것을 알고 의도적으로 거짓 소문을 유포한 것으로 보인다. 즉 외부의 적을 상정하여 내부 단결을 도모한 것이라 할 수 있다.

이러한 방법을 사용했음에도 불구하고 상주 내의 반대 여론이 있었다. 하지만 이들은 반대 여론을 무시하고 주변 고을에 '정경세가 이황·유성룡 두 선생의 서업緖業을 이었다'는 내용의 통문을 돌렸다.[95] 정경세 배향은 한극술이 발의하고 홍호洪鎬 무리가 반대 여론을 무마하며 만들어진 것이었는데, 전식은 정경세에게 배웠기 때문에 정경세 배향을 반대할 수 없었다. 상주 내에서도 반대 여론이 거세어, 100명 남짓이 참석한 가운데 정경세 배향이 이뤄졌다.[96]

노수신-유성룡-정경세로 이어지는 도남서원의 추가 제향 과정도 조목의 도산서원 종향, 김성일·유성룡의 여강서원 배향 과정과 유사하다. 소수의 의견으로 추가 제향 및 배향을 결정하고, 주변 고을의 사류들에게 소식을 알림과 동시에 제향날 참석을 요청하여 고을 반대 의견의 결집을 어렵게 했다. 그리고 행사에 참여한 주변 고을의 사류들로 인하여, 해당 인물의 추가 제향은 공론으로서 추인받았다. 도남서원은 이렇게 하여 이황에서 노수신·유성룡을 거쳐 정경세까지 도통을 연결했는데, 이는 제향 인물과 관련을 맺고 있는 현재의 '나'와 연결시키기 위함이었다고 판단된다. 도남서원 사례는 서원의 배향 인물 결정이 원장 및 실무진들의 학연·지연·혈연 등에 의해 좌우되고 있음을 잘 보여 준다. 이는 학문적으론 국가의 도통을 자신들에게 이으려는 시도였으며, 실질적으론 서원 운영에 소수 몇몇의 뜻을 더욱 강하게 반영하고자 했던 것으로 판단된다.

사례를 하나 더 살펴보면, 봉화 창해서원을 들 수 있다. 광해군 9년(1617) 9월, 창해서원은 이황과 조목을 봉안했다.[97] 이 서원은 조목의 제자였던 김중청의 주도하에 설립된 것으로,[98] 이황-조목을 제향하여 자신의 권위를 상승시킬 뿐 아니라 건립 당시 '김중청이 자신의 서원을 짓는다'는 평이 있었던 것으로 보아,[99] 훗날 자신의 제향 또한 염두에 뒀던 것으로 보인다. 다분히 건립 의도가 이황을 기리는 것이 아닌 김중청 자신을 위한 것이었다는 것이 두드러졌음에도 불구하고, 이황·조목 봉안 행사에 여강서원 원장 김득연金得研뿐 아니라 예안·영천·풍기·예천·봉화·내성 등의 사류들이 참여했다. 김령은 이때 참석한 사람들의 대부분이 김중청의 당여이고, 위협을 받아 참석했거나 여행 중에 참석한 사람들 그리고 화를 입을까 두려워 참석한 사람들이라고 했다.[100]

이 사례는 수양처로서 서원 설립이 아니라 향촌 사회에서의 권위 창출을 목적으로 서원이 설립되고 있음을 보여 준다. 국가의 도통과 연결된 서원을 세우고 자신의 스승을 제향함으로써, 자신과 도통을 연결시킨 것이다. 이러한 목적에서 만들어진 서원은 문중의 권위를 올려주는 역할로 작동할 수 있었기 때문에 문중과의 연결 가능성이 농후하며, 문중의 서원 운영 개입을 촉진하는 배경이었을 것으로 판단된다.

이러한 사례들은 서원 제향의 판단 근거가 점차 넓어지고 있음을 보여 준다. 먼저 설립된 서원들은 새로운 서원 설립의 전례로 활용되었다. 앞서 설립된 서원들의 설립 과정이 신규 서원 설립을 기획하는 사람들에게 학습되면서 서원 건립은 한층 더 용이해졌다. 소수 몇몇에 의해 선정되고 추진된 제향은 타 지역 사류들의 제향 의례 참석으로 인하여 '공론에 의한 제향'으로 추인된 것이다.

광해군 4년(1612) 3월, 예천의 정산서원鼎山書院 설립 과정에서도 이황·조목·권오복 입사立祠와 관련된 논의가 분분했는데,[101] 그 목적은 처음부터 이황이 아닌 권오복 배향에 있었기 때문이다.[102] 이 서원은 이황을 제향함으로써 서원 설립의 명분을, 조목을 배향함으로써 당시 김택룡 등 조목 계열의 지지를 그리고 권오복을 배향함으로써 목적을 이루고자 했던 것으로 판단된다.

이황을 제향함으로써 서원 설립의 명분을 마련하는 모습은 춘천의 서원에서도 확인된다.

> 춘천의 사자들이 막 서원을 창건하여 퇴계 선생을 봉안했기에 와서 원규院規와 퇴계선생연보退溪先生年譜를 구한다고 했다. 나는 성□聖□와 논의하여 서원에서 인출한 연보와 원규를 주어 참고하여 쓰도록 했다.[103]

이 사료는 춘천에서 서원을 만들고 김택룡을 찾아와 「원규」와 「퇴계선생연보」를 요청했던 사례다. 이 서원은 춘천의 문암서원으로 추정된다. 문암서원은 이황의 모가 춘천 박씨라는 것과 현 퇴계동·공지천 등의 지명 유래에서 퇴계와의 연관성이 전해지지만, 그 내용상으로는 신빙성에 의심이 가지 않을 수 없다. 현재 전해지는 이야기들은 문암서원 설립을 전후하여 이황과 춘천의 연관성을 만드는 과정에서 의도적으로 고안된 것이 아닌가 의심된다. 만약 그렇다고 한다면, 당시 춘천서원의 이황 제향은 '이황을 기린다'는 명분으로 서원 설립에 대한 영남 사류들의 지지를 얻기 위한 것이었다고 보아야 할 것이다. 즉 서원 설립의 명분으로서 이황과 춘천의 관계성을 만들고, 이를 근거로 서원을 설립한 다음, 자신들의 서원 설립 명분을 입증받기 위해 김택룡을 찾아왔던 것으로 볼 수 있다.

광해군 13년(1621) 영덕에선 통문을 발송해 암곡서원岩谷書院 완공을 알리고 의례 참석을 요청했다.[104] 인조 5년(1627) 8월, 성주에선 회연서원檜淵書院을 설립하고 정구를 제향했다. 당시 김령은 정구가 이미 천곡서원川谷書院에 배향되었음에도 다시 또 서원을 만든다고 하면서,

한 읍에서 중복하여 서원을 만드는 일은 드문 것이라고 했다.[105] 동년 9월 군위에선 유성룡을 제향한 남계서원을 세우고, 제향 의례에 영남 고을의 사류들을 초청했다.[106] 인조 6년(1628) 9월에는, 영해의 사류들이 우탁을 제향한 서원에 이색 입향을 결정하고, 인근 고을에 통문을 돌려 사류들의 참석을 요청했다.[107] 인조 12년(1634) 9월에는 창원에서 정구를 서원에 제향한다면서 사류들을 초청했다.[108] 인조 17년(1639) 2월에는 함양 옥계서원玉溪書院에 노진과 강익이 배향되었고,[109] 동년 10월에는 인동에서 통문을 발송해 오산서원吳山書院의 장현광 배향 소식과 함께 의례 참석을 요청했고, 대구에서도 통문을 발송해 청안현령을 지낸 서사원徐思遠의 선사서원仙槎書院 봉향 소식을 알렸다.[110]

한편, 인조 12년 (1634) 8월에는 남처사南處士의 청성서원靑城書院 종·배향이 문제되어 김점과 김시추를 필두로 하여 크게 다투는 일도 있었다.[111] 이 사건의 표면적인 문제는 의례의 절차로 인한 것이었지만, 그 이면에는 서원 운영의 주도권을 두고 벌어진 것으로 보인다. 이전까지는 해당 인물의 제향 여부의 가부를 두고 논란이 되었지만, 이 사례는 그러한 점은 보이지 않는다.

인조 18년(1640) 10월, 예천에선 향현鄕賢을 제사지내는 문제로 고을 내부에서 다툼이 발생했다.[112] 그리고 이 다툼은 해를 넘겨 인조 19년(1641) 1월까지 계속되었는데, 조용趙庸 제향까지 논의가 되었다.[113] 이 사건의 전말은 알 수 없지만, 서원의 제향자 선정을 두고 의견 대립이 있었던 것으로 보인다. 그런데 논의가 조용까지 미쳤다는 것으로 보아, 한 인물에 대한 가부보다는 여러 인물을 선택하는 과정에서 논란이 있었던 것으로 추정된다.

여러 지역에서 다수의 서원이 설립되는 현상에 대해 김령은 광해군 대부터 이미 "말세의 사사로운 정이 심하여 묘우廟宇에 제향하는 것이 많은데, 폐습이 이미 고질병이 되었다"라고 지적했는데,[114] 인조 대에 가서도 "서원이 늘어나는 것이 말세의 폐단이 되니 반가운 일은 아니다"라는 평이 이어졌다.[115]

우후죽순 설립되는 서원 설립에 대한 김령의 우려는 도성에서도 인식하고 있었다. 인조 6년(1628) 창녕 사람이었던 이여익李汝益과 성이성成以性이 동시에 주서注書가 되자, 사람들이 "남인南人은 사람마다 모두 주서注書가 되니, 마치 영남 향현사鄕賢祠에 모두 입향入享할 수 있는 것과 같다"고 비아냥거렸는데, 이는 학궁學宮에 제향한 사람이 많음을 빗댄 것이었다.[116] 이는 당시 영남 지역 서원 남설을 풍자하는 말로서, 당시 도성에서 영남의 서원 남설이 일반적 인식이었다는 것을 보여 준다. 흥미로운 것은 서원을 가리켜 향현사라고 지칭한 것이다. 영남에서는 서원에 선현을 배향한 것이었지만 도성에서는 '향현사 만들기'로 인식한 것이었다.

이상의 검토를 통해 보았을 때, 당시 서원 설립은 '우리 고을의 서원은 우리가 운영한다'는 인식하에 서원 운영진 및 소수의 제향자 선정 그리고 타 고을로 이러한 소식을 알림과 동시에 의례 참석 요청이 순서대로 이어졌다. 그리고 타 고을에서 온 참석자들이 지켜보는 가운데 의례를 마치면 해당 서원은 공론으로서 설립된 서원으로 추인되었다. 자정기능이 작동했다면, 고을 내부나 주변 고을에서 해당 인물의 서원 제향 여부를 반대했어야 했다. 그러나 도산서원의 조목 종향과 여강서원의 김성일·유성룡 배향이 전거로 인식되면서, 조목 등의 인물들이 추가 제향되는 것을 반대할 수 없었다. 시간이 흐를수록 인물 제향의 당위성은 논란의 영역에서 지워져 간 것이다. 결국 도산서원의 조목 종향이 별례別例가 되고, 여강서원의 김성일·유성룡 배향이 상례常例가 되어, 이후 영남 지역의 서원 설립 및 추가 제향 경향의 변곡점이 되었던 것이다.

맺음말

이 글은 16세기 말 17세기 초 사액 서원의 위상과 사액 서원 제향이 갖는 의미를 살펴보고, 이를 바탕으로 조목의 도산서원 종향 추진 과정에서 드러난 서원 인식에 대해 파악해 보았다. 그리고 조목의 도산서원 종향 이후 나타난 서원 설립 사례를 통해, 조목의 도산서원 종향이 어떠한 영향을 끼쳤는지 살펴보았다.

서원은 사문斯文의 공이 있는 사람을 선정하는 것이 가장 중요했는데, 이는 공론에 의해 이뤄져야 했다. 이황이 건립한 이산서원이 있음에도 불구하고 도산서원을 설립할 수 있었던 것은, 공론에 의해 이황이 제향자로 선정되었기 때문이다. 이렇게 만들어진 서원은 사류들의 거점으로 활용되었다. 사액은 국가의 공식 인허였는데, 서원을 준공적 기관으로 만들어 주는 것과 더불어 한편으로는 사류들의 공론에 의해 선정한 제향자를 국가적으로 인정해 주는 효과가 있었다. 따라서 서원이 사액을 받게 되면 해당 서원의 제향자뿐 아니라 해당 서원이 위치한 지역, 해당 서원과 관계를 맺고 있는 사람들의 위상 또한 제고되었다.

문제는 이황 같은 선현이 해당 지역에 없을 때 발생했다. 공론에 의해 누구나 인정할 수 있는 선현의 수는 한정되었기에, 점차 사문에 공이 있는 사람(보편성)보다는 그 지방에서 공이 있는 사람(특수성)을 들어 서원 설립의 명분으로 활용하기 시작했다. 이는 서원 남설의 주요 원인으로 작용했다.

문묘 배향자가 제향된 서원에 종향된다는 것은 종향 인물 또한 국가의 도통에 간접적으로 이어지고 있음을 상징하는 것이었다. 조목의 도산서원 종향은 스승을 높임으로써 자신들의 사회적 위상을 높이는 것뿐 아니라 후대에도 영향을 끼칠 수 있는, 현재이자 미래를 도모하는 일이었다. 조목 종향을 추진한 김택룡 등은 도산서원을 국학이 아닌 예안의 서원으로 인식했기에, 우리 고을의 향현鄕賢인 조목을 우리 고을의 서원인 도산서원에 배향한다고 생각했다. 반면 조목 종향에 반대하는 다수의 생각은 도산서원을 국학으로 인식했기에, 공론을 통한 제향자 선정 및 관의 허가를 득해야 제향할 수 있다고 보았다. 물론 이러한 절차상의 문제를 지적하는 배경에는 '조목의 도산서원 종사는 불가하다'라는 인식이 전제되어 있었다. 결국 조목 종향 추진 세력은 '공론을 모아 조목 종향을 결정했다'는 것을 관에 피력했고, 관의 허가를 받아 이뤄졌다.

김령은 공론을 얻지 못한 조목 종향은 반대했지만, 서원은 사류들이 운영해야 한다는 시각을 갖고 있었다. 따라서 김령은 관의 허가를 통해 조목 종향을 결정해야 한다는 인식에 반대했다. 이는 곧 이황의 서원관으로서 김택룡과 김령 모두 이황의 서원관을 공유하고 있었다. 즉 김택룡의 시각은 관의 개입을 최소화하고 사대부가 운영해야 한다는 이황의 시각을 계승한 것이라 할 수 있다.

조목의 도산서원 종향 이후, '우리 고을의 서원'이라는 인식이 확산되었다. 자신의 정치적·사회적 권위 상승을 위한 목적에서, 스승의 학문을 잇는다는 명분을 내세운 서원 설립 및 추향이 시도되었는데, 대표적인 것이 여강서원이었다. 여강서원의 김성일·유성룡 배향 이후, 서원 설립은 '우리 고을의 서원은 우리가 운영한다'는 인식하에 서원 운영진 및 소수가 제향자를 선정했고, 타 고을로 설립(혹은 추가 제향) 소식을 알림과 동시에 의례 참석을 요청했다. 그리고 타 고을에서 온 참석자들이 지켜보는 가운데 의례를 마치면 해당 서원은 공론으로서 설립(혹은 추가 제향)된 서원으로 추인되었다. 도산서원의 조목 종향이 별례別例가 되고, 여강서원의 김성일·유성룡 배향이 상례常例가 되어, 이후 영남 지역의 서원 설립 및 추가 제향 경향의 변곡점이 되었던 것이다.

이상의 검토를 보았을 때, 조목의 도산서원 종향은 이후 영남의 서원 설립 경향을 '학문'에서 '제향'으로 바꾼 사건이었다고 판단된다. 그리고 김택룡은 그 논리적 배경을 주도적으로 제시한 사람이었다.

참고문헌

『계암일록』.

『광해군일기』.

『선조실록』.

『조성당일기』.

유홍렬, 『韓國社會思想史論考』, 一潮閣, 1980.

윤희면, 『조선시대 서원과 양반』, 집문당, 2004.

이수환, 『朝鮮後期 書院研究』, 一潮閣, 2001.

이해준, 『조선 후기 문중서원 연구』, 경인문화사, 2008.

정만조, 『朝鮮時代 書院研究』, 集文堂, 1997.

정만조 외, 『도산서원과 지식의 탄생』, 글항아리, 2012.

한국국학진흥원 연구부, 『도산서원을 통해 본 조선 후기 사회사』, 새물결, 2014.

김성우, 「광해군대 정치 지형의 변동과 경상도 예안 사족들의 대응」, 『역사학보』 226, 역사학회, 2015.

김용곤, 「16世紀 士林의 文廟從祀運動-學問動向과 士林의 至治運動과 관련하여-」, 『金哲埈博士 華甲紀念 史學論叢』, 지식산업사, 1983.

______, 「朝鮮前期 道學政治思想 研究」, 서울대학교 국사학과 박사학위논문, 1994.

김자운, 「朝鮮時代 紹修書院 講學 研究」, 한국학중앙연구원 한국학대학원 박사학위논문, 2014.

김형수,「17세기 초 월천학단과 예안지역 사회의 재건」,『민족문화연구』65, 고려대학교 민족문화연구원, 2014.

박동일,「월천학단의 동향 일고찰 _ 조목의 합천지역 교유인물과 도산서원 종향을 중심으로-」,『남명학연구』57, 남명학회, 2018.

박인호,「17세기 초 퇴계학파 월천계의 동향과 구전 김중청의 활동」,『국학연구』33, 한국국학진흥원, 2017.

박현순,「16~17세기 예안현 사족사회 연구」, 서울대학교 국사학과 박사학위논문, 2006.

서정문,「『퇴계집』의 초간과 월천·서애 시비」,『북악사론』3, 북악사학회, 1993.

설석규,「退溪學派의 分化와 屛虎是非 (2) : 廬江(虎溪)書院 置廢 顚末」,『퇴계학과 유교문화』45, 경북대학교 퇴계학연구소, 2009.

신동훈,「16세기 서원書院 사액賜額과 국가의 서원 정책」,『역사와 현실』98, 한국역사연구회, 2015.

이광우,「조선시대 학파의 '도통' 의식과 서원의 확산-16세기 후반~17세기 전반 퇴계학파를 중심으로-」,『한국서원학보』12, 한국서원학회, 2001.

이상현,「월천 조목의 도산서원 종향논의」,『북악사론』8, 북악사학회, 2001.

이수환,「김굉필의 문묘종사와 제향 서원」,『국학연구론총』25, 택민국학연구원, 2020.

______,「16세기 전반 영남 사림파의 동향과 동방오현 문묘종사」,『한국학논집』45, 계명대학교 한국학연구원, 2011.

임근실,「16세기 嶺南地域 書院 연구」, 단국대학교 사학과 박사학위논문, 2019.

최종석,「조선 시기 城隍祠 입지를 둘러싼 양상과 그 배경-高麗 이래 질서와 '時王之制' 사이의 길항의 관점에서」,『한국사연구』143, 한국사연구회, 2008.

______,「조선 전기 淫祀的 城隍祭의 양상과 그 성격-중화 보편 수용의 일양상」,『역사학보』204, 역사학회, 2009.

주

1 유홍렬, 「朝鮮에 있어서의 書院의 成立」, 『韓國社會思想論考』, 一潮閣, 1980.

2 정만조, 『朝鮮時代 書院硏究』, 集文堂, 1997.

3 이태진, 『朝鮮儒敎社會史論』, 一潮閣, 1989; 정순목, 『韓國書院敎育制度硏究』, 영남대학교 출판부, 1989; 이수환, 『朝鮮後期 書院硏究』, 一潮閣, 2001; 윤희면, 『조선시대 서원과 양반』, 집문당, 2004; 이해준, 『조선 후기 문중서원 연구』, 경인문화사, 2008; 정순우, 『서원의 사회사』, 태학사, 2013.

4 대표적으로 정만조 외, 『도산서원과 지식의 탄생』, 글항아리, 2012; 김자운, 「朝鮮時代 紹修書院 講學 硏究」, 한국학중앙연구원 한국학대학원 박사학위논문, 2014; 한국국학진흥원 연구부, 『도산서원을 통해 본 조선 후기 사회사』, 새물결, 2014 참조.

5 임근실, 「16세기 嶺南地域 書院 연구」, 단국대학교 사학과 박사학위논문, 2019.

6 2019년 도산서원 등 9개 서원이 유네스코 세계유산으로 등재되면서 최근까지도 활발한 연구가 진행되고 있으며, 이제는 서원사라는 독자적인 영역으로서 충분히 자립할 수 있게 되었다고 판단된다.

7 이상의 내용은 신동훈, 「16세기 서원書院 사액賜額과 국가의 서원 정책」, 『역사와 현실』 98, 한국역사연구회, 2015.

8 이상현, 「월천 조목의 도산서원 종향논의」, 『북악사론』 8, 북악사학회, 2001; 김성우, 「광해군대 정치 지형의 변동과 경상도 예안 사족들의 대응」, 『역사학보』 226, 역사학회, 2015.

9 박현순, 「16~17세기 예안현 사족사회 연구」, 서울대학교 국사학과 박사학위논문, 2006; 김형수, 「17세기 초 월천학단과 예안지역 사회의 재건」, 『민족문화연구』 65, 고려대학교 민족문화연구원, 2014; 박동일, 「월천학단의 동향 일고찰 – 조목의 합천지역 교유인물과 도산서원 종향을 중심으로-」, 『남명학연구』 57, 남명학회, 2018; 박인호, 「17세기 초 퇴계학파 월천계의 동향과 구전 김중청의 활동」, 『국학연구』 33, 한국국학진흥원, 2017.

10 서정문, 「『퇴계집』의 초간과 월천·서애 시비」, 『북악사론』 3, 북악사학회, 1993; 이광우, 「조선시대 학파의 '도통' 의식과 서원의 확산-16세기 후반~17세기 전반 퇴계학파를 중심으로-」, 『한국서원학보』 12, 한국서원학회, 2001.

11 정만조, 위의 책, 1997.

12 선조 대 사액은 제한적으로 이뤄졌다. 조식을 제향한 덕천서원도 선조 9년에 사액 요청 기록이 확인되나 광해군 대 사액이 이뤄진 것으로 보아 선조 대에 승인되지 않았음을 알 수 있다[『宣祖實錄』 권10, 선조 9년 4월 9일(임신)]. 또, 조광조를 제향한 양주 도봉서원 또한 사액은 이뤄지지 않았다[『宣祖實錄』 권8, 선조 7년 10월 10일(신해); (갑인); 『宣祖實錄』 권23, 선조22년 7월 11일(병진)]. 이런 사례로 보아 이황의 중복 사액은 상당히 이례적인 경우라 할 수 있다.

13 신동훈, 위의 논문, 2015.

14 사액 서원에 제향되었다고 해서 국가에서 인정한 불천위가 되는 것은 아니다. 사액이 거둬지거나 서원이 훼철될 수 있기 때문이다. 사액 서원에 제향된 인물의 가문에서도 이러한 점을 알고 있었다. 다만 사액 서원이 존재하는 한 불천위의 효과를 누릴 수 있었기 때문에 사액

을 받으려고 노력하거나 사액 서원에 문중의 인물을 제향하려 했다.

15 이해준, 『조선 시기 촌락사회사』, 민족문화사, 1996.

16 최종석, 「조선 시기 城隍祠 입지를 둘러싼 양상과 그 배경-高麗 이래 질서와 '時王之制' 사이의 길항의 관점에서」, 『한국사연구』 143, 한국사연구회, 2008; 최종석, 「조선 전기 淫祀的 城隍祭의 양상과 그 성격-중화 보편 수용의 일양상」, 『역사학보』 204, 역사학회, 2009.

17 향교는 실제로는 소수의 사람들이 이용하는 특수한 장소였지만, 이념적으로는 전인민全人民을 대상으로 하는 보편적 공간이었다. 이에 비해 서원은 이념과 실제 모두 소수의 사람들에게만 열려 있는 장소였다.

18 정만조, 앞의 책, 1997.

19 『宣祖實錄』 권41, 선조 26년 8월 3일(갑신).

20 김용곤, 「16世紀 士林의 文廟從祀運動 - 學問動向과 士林의 至治運動과 관련하여-」, 『金哲埈博士 華甲紀念 史學論叢』, 지식산업사, 1983; 김용곤, 「朝鮮前期 道學政治思想 硏究」, 서울대학교 국사학과 박사학위논문, 1994.

21 이수환, 「16세기 전반 영남사림파의 동향과 동방오현 문묘종사」, 『한국학논집』 45, 계명대학교 한국학연구원, 2011.

22 『宣祖實錄』 권172, 선조 37년 3월 19일(기사); 21일(신미); 22일(임신); 23일(계유).

23 김용곤, 위의 논문, 1994; 이수환, 「김굉필의 문묘종사와 제향 서원」, 『국학연구론총』 25, 택민국학연구원, 2020.

24 선조는 이언적의 행적을 문제 삼아 오현의 문묘 종사를 반대했다. 『계암일록』 1604년 4월 16일.

25 이는 대원군의 서원 훼철 당시 잔존시킨 서원의 면모에서 재확인된다.

26 『계암일록』, 1607년 10월 6일.

27 『계암일록』, 1614년 9월 11일.

28 이상현, 앞의 논문, 2001.

29 조목 종향의 주론자로서 김택룡이 지목되는 것은 이러한 배경에서 기인한 것이었다고 판단된다(『조성당일기』 1612년 4월 3일).

30 이상현, 앞의 논문, 2001.

31 『계암일록』 1610년 5월 10일.

32 『계암일록』 1611년 1월 9일.

33 『계암일록』 1611년 2월 11일.

34 『계암일록』 1611년 1월 24일.

35 『계암일록』에는 금응훈의 태도에 대한 김령의 아쉬움이 여러 곳에서 확인된다. 특히 김령은 김택룡 등의 의해 좌우되는 듯한 금응훈을 바라보며 그 이유를 알 수 없음을 토로했다. 이에 대한 기록이 없어 금응훈의 속내를 살펴보기 어렵지만, 이황의 『경서석의經書釋義』 출간 반대에 불쾌해하는 모습을 드러내거나(『계암일록』 1609년 3월 6일), 도성의 조목 종향 여론을 신경 쓰는 모습 등을 보면(『계암일록』 1612년 2월 8일), 서원의 원장院長으로서 업적을 남기고 싶어했던 것으로 생각된다.

36 『조성당일기』 1612년 1월 5일.

37 『조성당일기』 1612년 1월 26일.

38 『계암일록』 1612년 1월 6일; 18일; 28일.

39 『계암일록』 1612년 1월 23일.

40 『조성당일기』 1612년 1월 28일.
41 『조성당일기』 1612년 1월 29일.
42 『조성당일기』 1612년 1월 30일.
43 『계암일록』 1612년 2월 1일.
44 『조성당일기』 1612년 2월 2일.
45 이는 관은 서원 운영에 개입하지 않아야 한다는 이황의 서원관으로부터 비롯된 것으로 보인다.
46 『계암일록』 1612년 2월 1일. 정구에 대한 김령의 비판을 보았을 때, 김령은 정구를 신뢰할 수 없는 사람으로 여겼던 것으로 보인다(『계암일록』 1607년 8월 11일; 9월 10일; 11월 6일; 8일).
47 『계암일록』 1612년 2월 4일.
48 『조성당일기』 1612년 2월 2일.
49 『조성당일기』 1612년 2월 4일; 11일.
50 『계암일록』 1612년 2월 2일; 3일; 6일; 15일.
51 『계암일록』 1612년 2월 8일.
52 『조성당일기』 1612년 2월 9일.
53 『계암일록』 1612년 2월 11일.
54 『계암일록』 1612년 2월 13일.
55 『계암일록』 1612년 2월 13일.
56 『계암일록』 1612년 2월 15일; 25일; 3월 16일.
57 『계암일록』 1612년 5월 12일; 20일.
58 『계암일록』 1612년 5월 17일.
59 『조성당일기』 1612년 6월 14일.
60 『계암일록』 1612년 2월 26일.
61 『계암일록』 1612년 6월 15일.
62 이산서원은 처음부터 반대 의견을 견지하고 있었고, 여강서원과의 연대를 통해 조목 종향을 막으려 했다(『계암일록』 1612년 6월 18일). 이러한 상황이 계속되자 김택룡 등 추진 세력 쪽의 스트레스가 상당했던 것으로 보인다(『조성당일기』 1612년 6월 1일; 2일).
63 『계암일록』 1613년 4월 28일.
64 『계암일록』 1613년 4월 29일.
65 『계암일록』 1613년 6월 26일. 이때 예조좌랑이 조목의 종향을 추진하던 김중청이었던 것, 김택룡이 북인과 친밀했던 것, 무계서원 건립 연대 등을 근거로 조목의 도산서원 종향 결정을 북인과 김택룡 등의 관계로 보는 시각이 우세한 것 같다. 그런데 여기서 주목되는 것은 최종 결정권자였던 광해군의 의중이라 생각된다. 이미 오현을 문묘에 종사한 상황에서 문묘도 아닌 사액 서원의 종향을 굳이 거부할 이유는 없었을 것이다. 향중공론이라는 이름으로 올라온 지역의 숙원 사업을 허락함으로써 영남좌도 사류들로부터 인기를 얻고자 했을 가능성도 배제할 수 없다고 생각한다.
66 『계암일록』 1613년 7월 18일. 이에 대해 김령은 '시험은 유생 본인의 책임이며, 서원은 수양을 위한 곳'이라고 하면서, 역동서원의 시험 대비 특강을 비판했다. 이러한 김령의 서원관은 『계암일록』 1624년 7월 3일에서도 확인된다.
67 『계암일록』 1613년 8월 25일; 11월 27일; 1614년 1월 18일.

68 『계암일록』 1614년 9월 7일; 『광해군일기』 권84, 광해 6년 11월 25일(계유).

69 『조성당일기』 1614년 10월 24일.

70 김령은 "그들이 이 일에 힘을 쓰는 것은 이것을 핑계로 이익과 명예를 취하고자 함이요, 그들의 스승인 월천을 존중하려는 것이 아니다"라면서 줄곧, 조목의 종향을 그들 자신을 위한 것이라고 비판했다(『계암일록』 1613년 8월 25일).

71 김택룡 등의 인식으로 미뤄 짐작했을 때, 김택룡 등은 도산서원이 국학으로서 명실상부한 국가적 위상을 갖는 것이 더 문제라고 판단했을 수 있다. 그러한 위상을 명확히 하지 않아도 문묘 배향자를 배향한 사액 서원이라는 도산서원의 위상은 없어지지 않았고, 그래야 그러한 서원을 자신들이 전유할 수 있었기 때문이다.

72 여강서원 설립 과정에 대해선 선행연구로 충분히 밝혀졌다(설석규, 「退溪學派의 分化와 屛虎是非 (2) : 廬江(虎溪)書院 置廢 顚末」, 『퇴계학과 유교문화』 45, 경북대학교 퇴계학연구소, 2009). 여기서는 앞서 서술한 특징이 드러나는 대목만 언급하고자 한다. 최근에는 호계서원의 건립, 강학, 서적 생산 등에 대한 연구가 특집으로 게재되었다(『한국서원학보』 45, 한국서원학회, 2022).

73 인정人丁 : 일반적으로는 장정壯丁을 뜻하는 말이나 제도적으로는 16세부터 59세까지의 국역國役을 담당하는 연령층을 의미한다.

74 『계암일록』 1620년 10월 10일.

75 『계암일록』 1620년 10월 10일.

76 결과적으로 첫 번째 문제제기는 현재 진행 중이며, 두 번째 문제는 결국 위패에 선생으로 고쳐 쓰게 되었다.

77 『계암일록』 1620년 10월 28일.

78 『계암일록』 1620년 10월 10일.

79 『계암일록』 1620년 10월 16일.

80 『계암일록』 1620년 10월 20일; 28일.

81 『계암일록』 1620년 10월 29일; 30일.

82 『계암일록』 1620년 11월 4일.

83 조목 종향 때와 마찬가지로, 반대의 주론자가 되는 것은 상당히 부담스러운 일이었다. 배향으로 결정된 후, 김령에게 적극적으로 참여해 주지 않은 것에 대한 서운함을 토로하는 대목은, 비단 이념과 논리적인 것뿐 아니라 사람들 간의 관계 또한 상당히 중요한 부분이었음을 말해 준다(『계암일록』 1620년 11월 7일).

84 종향과 배향의 차이는 설석규, 앞의 논문, 2009 참조.

85 『계암일록』 1630년 7월 19일.

86 『계암일록』 1630년 7월 22일.

87 김령은 "퇴계 선생과 두 공이 동등하고 가지런하게 되었다"라고 했다(『계암일록』 1629년 2월 16일).

88 인조 9년(1631) 7월에는 여강서원에서 '만일 사람을 보내지 않으면 훗날 사론士論이 두려울 것'이라고 하면서 예안의 서원·향교에 통문을 돌려 김성일·유성룡의 문집 등사謄寫를 위한 인력 차출을 요청했고(『계암일록』 1631년 7월 19일), 예안향교에서는 이에 대해 "공갈이 너무 심하다"라는 내용이 담긴 답통을 보냈다(『계암일록』 1631년 7월 22일).

89 『계암일록』 1628년 3월 18일.

90 『계암일록』 1628년 8월 26일.

91 『계암일록』 1628년 9월 10일.
92 『계암일록』 1628년 10월 3일.
93 『계암일록』 1628년 8월 29일.
94 『계암일록』 1635년 10월 1일.
95 『계암일록』 1635년 11월 12일; 11월 20일.
96 『계암일록』 1635년 12월 19일.
97 『조성당일기』 1617년 8월 9일; 27일.
98 『계암일록』 1617년 8월 17일.
99 『계암일록』 1617년 9월 8일.
100 『계암일록』 1617년 9월 8일.
101 『조성당일기』 1612년 3월 14일.
102 『계암일록』 1615년 3월 26일.
103 『조성당일기』 1617년 12월 18일.
104 『계암일록』 1621년 3월 12일.
105 『계암일록』 1627년 8월 28일.
106 『계암일록』 1627년 9월 23일.
107 『계암일록』 1628년 9월 28일.
108 『계암일록』 1634년 9월 7일.
109 『계암일록』 1639년 2월 20일.
110 『계암일록』 1639년 10월 21일.
111 『계암일록』 1634년 8월 21일.
112 『계암일록』 1640년 10월 21일; 11월 5일.
113 『계암일록』 1641년 1월 17일.
114 『계암일록』 1621년 3월 12일.
115 『계암일록』 1639년 10월 21일.
116 『계암일록』 1628년 9월 2일.

4장

예안 사족 김택룡과 영남 사족사회

– 지역, 학맥 그리고 전국적 사족 연결망 속에서의 위상

백광열

머리말

김택룡은 1547년 2월 12일 경상도 예안현 한곡리寒谷里에서 태어났다. 본관은 의성인데, 고려 태자첨사로서 이후 의성군에 봉해진 용비龍庇를 1세로 할 때 12세가 된다. 예안현에 입향한 선조는 4세 동정공 춘椿이고, 예안 중에서도 한곡리에 입향한 것은 8세 효우孝友로서 김택룡의 고조부다. 11세인 부친 양진揚震은 승지에 추증되었고, 모친은 안동 김씨 김려광金礪光의 여女다. 1554년(8세) 월천 조목 문하에 수학하기 시작하여, 1576년(30세) 사마시에 합격하였다. 1586년(40세)에 천거로 경릉참봉에 임명되었고, 1588년(42세) 문과에 급제, 승문원 저작에 임명되었다. 1592년(46세) 임진왜란이 발발하자 의주까지 어가를 호종하였고, 이후 호조·병조 좌랑, 사헌부 헌납, 성균관 직강 등 여러 관직을 두루 역임하다가 광해군 초인 1608년(62세)에 임명된 영월군수직을 끝으로 향리에 은거한 것으로 보인다. 여기에는 광해군기 대북정권과의 불화도 한몫했을 것이다. 1606년에는 선무宣武 2등, 정난靖難 1등의 원종공신에 녹훈되기도 하였다.[1] 중앙정계에서뿐만 아니라 향리에서도 많은 활약을 하였다. 월천 조목의 적전으로서 예안 지방의 조목계 학맥을 대표하였으며, 퇴계에게도 가르침을 받았다.[2] 도산서원 원장직을 6차례나 역임하였고,[3] 월천 조목의 도산서원 종향을 관철하는 데도 큰 역할을 하였다. 광해군 정권 말기 대북정권에 맞서 지역 유림의 공론을 주도하기도 하였다.[4]

그런데 김택룡의 이러한 화려한 이력에도 불구하고, 『선조실록』의 편찬자들은 사관의 입을 빌려 그에게 매우 박한 평가를 내린 바 있다. 즉 그가 성균관 전적에 임명된 1600년 9월, 『선조실록』 해당 기록에는 다음과 같은 악의적인 사관의 논평이 달려 있다.

> 사람됨이 어리석고 비루하며 고약스럽고 용렬하였다. 문지도 매우 천해 향리에서 모두 천시하고 미워했다. 정경세鄭經世에게 빌붙어 양사兩司를 드나들자 사람마다 모두 침을 뱉으며 욕하였다.[5]

여기서 주목되는 점은 김택룡의 문지門地가 낮다는 것 그리고 정경세에게 빌붙어 양사에 진입했다는 것이다. 도대체 어떤 점이 이 같은 평가를 내리게 하였는지, 만약 김택룡의 문지가 낮다면 그렇지 않은 다른 사족은 어떻다는 것인지 등 여러 의문이 생긴다.

후술하겠지만, 김택룡이 살았던 16~17세기는 개국 이래 서서히 형성되어 온 조선 왕조의 사족사회가 안정화 단계에 들어선 시기이기도 했다. 이 점에서 우리는 조선 중기 사족사회의 형성과 이 과정에 문지,

학맥 등이 어떤 역할을 했는지 살펴봐야 한다.

김택룡의 낮은 문지에 대해서는 이미 이를 언급한 연구들이 있다.[6] 그럼에도 김택룡이 『영남인물고』나 읍지邑誌의 '인물'란에도 꾸준히 등재되고 있었으며,[7] 또한 도산서원 원장을 여러 번 역임한 것에서도 보듯이, 예안 및 인근 '범안동권'을 대표하는 명망가 사림으로 이해되는 것도 현실이다. 이 글에서는 이 같은 모호함이 조선 중기 신분제에서 어떤 의미가 있는지에 대해 생각해 보고자 한다. 나아가 김택룡만이 아니라 영남 사족이 조선 왕조 전체 사족사회에서 가지는 위상과 의미를 생각해 보고자 한다. 김택룡의 사회적 지위의 모호함은 영남 지역의 특성과도 관련이 있을 것이기 때문이다.

조선시대를 살다간 사람들과 집단들의 사회적 지위[8]나 위상을 살펴봄으로써 당대 사회의 성격을 살펴보는 것은 1980년대에 벌어졌던 유명한 '조선 전기 신분제 논쟁'의 취지이기도 하다.[9] 이 논쟁에 참여한 연구들이 다양한 방식으로 조선 사회의 성격 그리고 지배층을 포함한 각 신분의 특성을 개념화하였지만, 여전히 조선 전기의 사회에 대해서는 밝혀지지 않은 점이 존재한다. 과연 조선 전기(임란 이전) 혹은 조선 중기(16~17세기) 사회의 지배층인 사족 계층은 어떤 경로로 형성되었는가 하는 문제다. 『경국대전』 '전가사변' 조항에서 보듯이 관료가 된 사람과 그 가족에게 부여되었던 특혜는 '사족' 신분을 이루는 최소한의 장치라고 할 수 있다. 그러나 사회에서는 관료가 아닌 사람도 관료와 혼인을 하기 때문에 이 경우 어떤 사람들이 관료와 혼인을 하는가, 관료와 혼인을 하는 사람들은 어떻게 해서 형성되었는가 하는 순환적인 질문이 생기게 된다. 조선 전기에 관한 열띤 논쟁에도 불구하고 이 문제가 완전히 해결되었다고 보기는 어려울 것 같다. 16~17세기 사족사회('사족지배체제')가 안정화되기 이전까지 사회는 어떤 모습이었고, 누가 사족으로 편입되어 갔는지 등에 대해 조금 더 살펴볼 여지가 있다.

이 글에서 이 문제를 살펴보는 데 있어 주목하는 것은 지배층의 인적 연결망이다. 가장 기본적으로는 혈연과 혼망에 주목한다. 즉 통상의 지배층이라면 혼인 상대자로서 자신과 격이 같은 자를 선택한다는 계층내혼endogamy의 원칙을 전제하고, 혼인 관계로 이어진 집단의 범위를 가지고 계층 문제를 사고해 보는 것이다. 또한, 여기에 사족들의 학문적·정치적 연결망도 고려하여 인적 연결망을 살펴볼 것이다. 이 글에서는 특히 조선 중기에 전국적인 사족사회가 성립되었다는 가정 하에, 이것을 이루는 인적 연결망(혈연, 혼맥, 학문적 연결망)을 상정하고, 그 속에서 영남 사족의 위상이 어떠했는지 살펴보고자 한다.

인적 연결망의 기본이라고 할 수 있는 혼인 연결망을 살펴보는 자료 중에서, 전국적인 인적 연결망을 살펴보기 위해 주목한 것은 16세기 중엽(1565) 간행된 '종합보'인 『문화유씨세보』(이하 『문화유씨가정보』 혹은 『가정보』)다. 또한 지역 수준의 연결망을 살펴보기 위해 등장인물 각 집안의 족보나 향안 등의 자료를 살펴보겠다.

이하에서 먼저 『문화유씨가정보』를 위시한 '종합보'를 통해 조선 중기 사족사회의 구조와 그 속의 영남 사림파의 위상에 대해 생각해 본다. 다음으로 영남 사족의 내부 구조와 그 속에서 조성당 김택룡의 사회적 지위에 대해 살펴보고자 한다. 이를 통해 조선 중기 사족사회의 작동원리의 한 단면을 조명해 보고자 한다.

조선 중기 사족사회 속에서 영남 사림파의 지위 : 인적 연결망에 기반한 고찰

조선 중기 사족사회를 보는 방법 : '종합보'로서 『문화유씨가정보』를 중심으로

예로부터 영남, 특히 영천, 예안, 봉화, 안동, 풍산, 영양 등 '범안동권' 지역을 추로지향鄒魯之鄕이라고 하는 것에서 보듯이, 이 지역 사족들이 성리학 문명을 실천하는 모범으로 일컬어지고 있음은 잘 알려져 있었고, 이것이 그들의 자부심이기도 했다고 생각된다. 이미 언급했듯이, 조성당 김택룡(1547~1627)이 활약하던 시기는 중앙과 지방에서 이른바 사족지배체제가 안정화되어 가던 시기였다.[10] 세계사적 시야에서 보았을 때 조선시대는 16세기 말~17세기 초에 걸친 양란을 기점으로 하여 그 이전과 이후의 사회 성격이 크게 달라져 갔다는 점은 오늘날 일반적으로 받아들여지고 있다. 그러나 조선 사회의 지배체제라는 관점에서만 보았을 때, 양란기에 사족들은 의병 활동을 통해 국가와 지역 사회의 지배권을 다시 한 번 공고히 하고 그 권위를 인정받아서, 이로 인해 전후戰後 시기인 17세기 중반 이후에도 한동안은 중앙정계와 지역 사회에서 여전히 중심세력으로 자임할 수 있었던 것이다.

여기서 '다시 한 번'이라고 표현한 것은 사족이 조선 왕조 사회의 지배자로서 그 지위를 공고히 한 것이 이미 전란 이전부터의 일이기 때문이다. 즉 신분제 측면에서 볼 때 개국 이후 양천제良賤制를 추구하는 국가적인 제민정책 속에서도 사족들은 사회적 특권과 권위를 세습하는 신분 집단으로 꾸준히 결집해 갔다고 할 수 있는데, 16세기 무렵부터는 이러한 경향이 안정적으로 나타나고 있었다는 것이다. 사족 권력의 경제적 기반은 지주로서 토지와 노비 소유에 있었고, 정치적으로 관인官人 계층이었다는 점도 크게 작용하였다.[11] 나아가, 사족들이 결집한다고 할 때, 그 결집의 방식으로 가장 기본적인 것은 혈연과 혼맥을 통한 것이었다.[12]

이 시기 전국적 수준에서 혈연과 혼맥을 통한 사족 결집 양상을 보여 주는 자료로서 여기서 주목하고 싶은 것은 15~16세기에 등장한 초기 족보다. 주지하듯이 족보란 족族의 계보적 기록을 말하는데 기록의 목적이 족의 결집에 있음은 두말할 필요가 없을 것이다. 오늘날은 족보라고 하면 흔히 성관별(부계혈연집단)[13] 계보 기록을 떠올리지만, 현존 최고最古의 족보인 『안동권씨족보』(1476, 이하 '『안동권씨성화보』' 혹은 '『성화보』')나 『문화유씨가정보』(1565)는 내외손을 동등하게 무제한으로 기록함으로써 비조(안동 권씨의 경우 권행, 문화 유씨의 경우 유차달)의 유전자를 받은 것으로 간주되는 인원을 모두 수록하고 있다. 통상 17세기 이후 등장하는 성관별(부계) 족보가 성관별 결집이나 위세의 과시를 위한 것이라면, 내외손을 동등하게 수록한 이러한 초기 족보는 성관을 불문하고 지배층 내에서의 폐쇄적 집단을 표시하고자 하는 의도가 들어 있었다고 할 수 있다.[14] 따라서 이 초기 족보의 '종합보'로서의 성격은 17세기 중반을 기준으로 저술된 『씨족원류』와 그 이후의 다양한 종합보의 기원이 된다고도 할 수 있다.[15]

특히, 『문화유씨가정보』는 수록 인물만 4만여 명에 달하는 방대한 규모다.[16] 위에 언급했듯이 이 족보의 기재 방식은 고려 개국공신인 시조 유차달에서 출발하여, 7세 유공권柳公權까지 단선으로 이어지다가, 유공권의 자식 대에서부터 아들, 딸을 불문하고 모든 자손을 다 기록했다. 아들은 '자子 ○○'(이)라고 표기하고, 딸은 '여女 △●●'(이)라고 하여 딸의 자리에는 사위의 성(△)과 명(●●)을 기록했다. 즉 타 성관이 등재되는 것이다. 다음 대에는 이 타 성관까지도 포함하여 모든 자식의 아들, 딸 또한 모두 기록한다. 이렇게 되면 대수가 내려갈수록 부계(자 - 자 - 자 - …) 자손의 비중은 점차 줄어들고, 대신에 사위로 들어온 타성의 비중이 커지게 되어 어느 사이에 족보는 고려 말기 가장 두드러진 성관의 하나였던 문화 유씨[17]에서 출발하여 당대의 지배층을 대부분 포함하는 폐쇄적인 혼맥 집단이 되는 것이다.[18] 이 집단의 성격에 대해서는 좀 더 면밀히 분석해야겠지만, 논리적으로만 보았을 때, 고려 개국공신이라는 지배층 인물로부터 혈연, 혼인 관계가 이어져 나갔고, 지배층이 일반적으로 계층내혼endogamy을 하는 존재라는 점을 고려한다면, 이 족보에 등재된 인원은 모두 지배층의 일원이라고 보아도 무방하다.[19] 이를 반영하듯이, 일찍이 이 족보와 문과방목을 비교 분석한 바 있는 와그너는 조선 성종 대부터 중종 대까지 75년간 문과 급제자 1,595명 중에서 1,120명(약 70퍼센트)이 이 족보에 수록되어 있음을 발견하였다.[20] (70퍼센트는 그 자체로 매우 큰 비중이다. 여기에 포함되지 않은 30퍼센트의 문과 급제자의 성격에 대해서는 후술하기로 한다.) 바꾸어 말하자면, 『문화유씨가정보』는 고려 초기부터 지배층 일원인 타성을 순차적으로 흡수하기 시작하여, 여말선초의 정치적 격변에도 아랑곳하지 않고 지배층의 계층내혼 논리에 충실하게 수록 인원을 늘려 나갔다고 할 수 있다. (여기에는 조선 초기의 왕들도 포함되어 있다.) 어떤 인물이 당대에 이 집단에 속해 있는지 여부 그리고 언제부터 여기에 진입하게 되었는지 그 시기 등을 살펴보면 전국적 수준에서 그 인물의 사회적 지위를 알 수 있을 것이다.

따라서, 여기서는 『문화유씨가정보』를 기준으로 하여, 영남 사림들이 이 속에서 차지하는 위상을 살펴보도록 하겠다.[21]

'종합보' 속에서의 사림파 : 기호 사림 vs 영남 사림의 사례 비교를 중심으로

먼저, 16세기 이후 사림파의 태두라고 할 수 있는 퇴계 이황, 남명 조식, 율곡 이이, 우계 성혼을 대상으로 이들이 '종합보' 속에 어떤 위상으로 존재하는지 살펴보자.

이황(1501~1571)은 진성眞城을 관향으로 하며, 그의 가계는 조부 이계양 대에 예안 온계로 입향하였다. 당시 남녀 균분상속의 관행 속에서 처가의 상속분까지 병합하면서 대를 이어가며 토지를 개간하여 농장 형태의 토지와 노비를 증식시키는 것이 숭본崇本하는 영남 사족들의 경제생활의 모습이었다.[22] 지주로서의 이황의 경제력 역시 매우 큰 규모였음은 잘 알려져 있다.[23] 그러나 전국적인 차원에서의 종합보 속에서의 위상은 어떠했을까?

〈도표 1〉은 『문화유씨가정보』에 등장하는 이황의 8고조도를 그린 것이다. 참고로, 『가정보』는 부모대가 수록되었을 경우, 그 자식은 거기에 자동적으로 달려서 모두 수록되게 되어 있다. 부모가 수록되지 않은 자의 신규 수록은 기존 수록자의 사위가 되면서 일어나게 된다. 다시 말해서, 얼마나 더 윗대에 신규로 수록되었는가가 관건이며, 일단 수록되면 자손이 탈락할 일은 없는 것이다. 이황의 경우, 부변, 모변이 모두 『문화유씨가정보』에 수록되어 있음을 확인할 수 있다. 부계

〈도표 1〉『가정보』에 포함된 이황의 8고조도

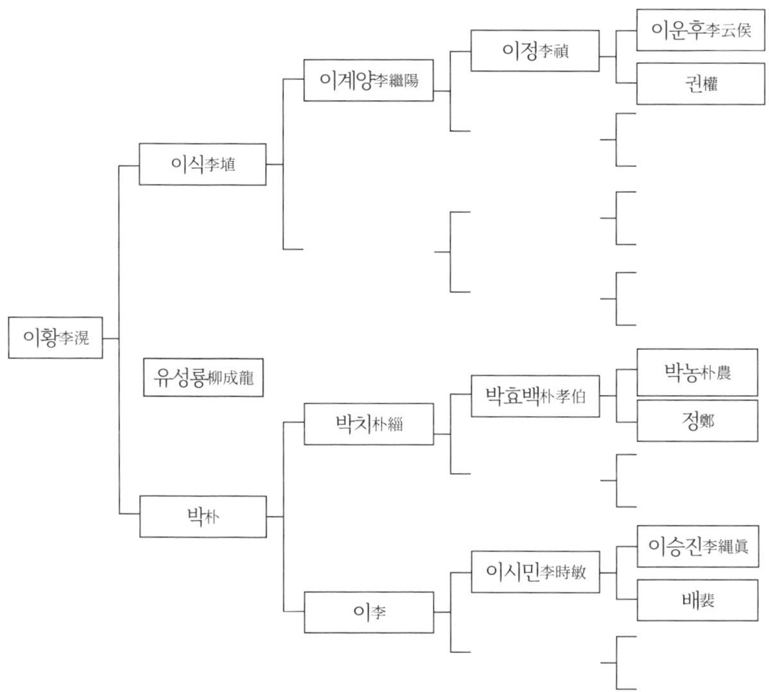

직계의 경우 고조부 이운후가 고려 후기 권희정(우의정을 지낸 권진의 아버지이며 본인은 감찰 규정을 지냄)의 사위가 되면서 『문화유씨가정보』에 처음 진입하게 되었다. 모측 역시 부계가 고조 항렬까지 소급해 올라간다. 부모 양측 모두에서 부계로 고조 대까지 수록되어 있고, 시기적으로 고려 말에까지 이르므로 『문화유씨가정보』가 나타내는 지배층 연결망 속에 진입한 것이 매우 오래되었음을 알 수 있다. 부변에는 부계 직계만 수록되어 있고, 부의 모 가계, 조부의 모 가계는 수록되지 않았다. 모변(박씨)의 경우 부, 모 집안이 완전하지는 않지만 양쪽 다 수록되어 있다.

주지하듯이, 이황은 그 자신이 34세 되던 중종 29년(1534) 식년문과에 급제하여 성균관 대사성을 역임한 것으로 유명하다. 그의 부친 이식은 진사였고, 조부 이계양 역시 진사였다. 부친 조졸 이후 학문을 배운 숙부 이우는 문과에 급제하여 이조좌랑을 역임하였다. 전처의 부친인 허찬이 진사였다. 친형인 이해도 문과에 급제하여 사헌부 대사헌에 이르렀다. 이로써 보건대, 이황의 가계는 대체로 조부 이후로 현달한 문관 계통의 인물이 배출되기 시작했다고 할 수 있다. 물론, 계보가 『가정보』 네트워크에 진입한 것은 그보다 더 오래전이다. 네트워크 속으로의 진입과 문관 배출이 서서히 이루어진 경우라고 할 수 있다.

다음으로, 이황과 동년배이고 학문적으로 라이벌이었으며, 북인 학맥의 주요 기원인 남명 조식을 찾아보았는데, 남명 조식은 부변, 모변에서 아무도 『가정보』 수록자가 없었다. (조식 역시 수록되어 있지 않다.) 조식의 부 조언형曺彦亨(1469~1526)은 36세인 연산 10년(1504) 갑자년 식년시에 급제하여서, 그 역시 결코 당대 사회에서 지위가 낮다고 할 수 없다. 그러나 그(조언형)의 문과방목에 처가는 본관이 미상이어서 찾을 근거가 없고, 그의 선대에도 관직자가 보이지 않는다. 다시 말해서, 남명 조식은 그의 부 세대에 와서야 지위가 높아졌으며, 이것이 조식에게로도 이어졌다고 볼 수 있다.

이황보다 연배는 낮지만 서인 세력의 기원으로 볼 수 있는 율곡 이이(1536~1584)에 대해서도 찾아보았다(도표 2). 이이의 부는 그의 장인인(즉 이이의 외조부인) 신명화申命和의 사위 자리에 수록되어 있다. (통상, 이원수라는 이름으로 알려져 있는데, 『가정보』에는 이난수李蘭秀라는 이름으로 실려 있다.) 따라서 부변으로는 부친 대에 처음 『가정보』에 진입한 것이 된다. (모든 인물은 『가정보』에 처음 진입할 때 누군가의 아들이 아니면 사위로 진입한

〈도표 2〉『가정보』에 포함된 이이의 8고조도

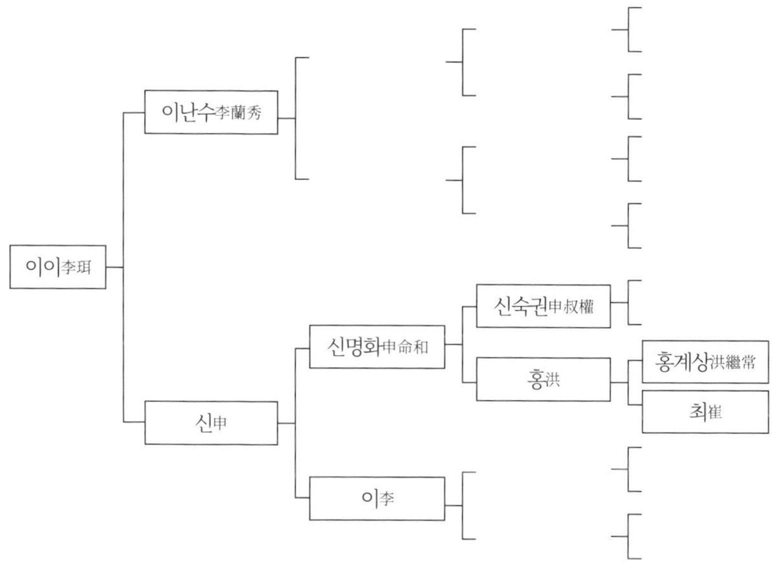

다.) 모변으로는 방금 언급한 외조부 신명화의 부친인 신숙권이 홍계상이라는 인물의 사위가 되면서 『가정보』에 진입했다. 이이 역시 『가정보』에 수록되어 있다. 이이의 방목을 살펴보면, 그의 증조부 이의석은 진사였다. 또한, 외조부 신명화 역시 진사였다. 처부 노경린은 문과 급제자로 나주목사를 역임하였다. 이이의 안항으로 형 이선과 아우 이위가 모두 생원이었다. 일견 그의 선조는 사마시 급제자 정도만 보일 뿐이고, 또한 부모의 가계가 『가정보』에 진입한 시기는 그다지 이르지 않아 보인다. 그러나 이이의 가계는 조금 예외적이다. 조부인 이천李蕆의 항렬을 살펴보면, 비록 이천 자신은 『가정보』에 진입하지 못했지만, 그의 사촌형제 이기李芑, 이행李荇은 중종 대 형제 정승으로 유명한 명망가들로서 그들의 부친인 이의무李宜茂 대에서부터 『가정보』에

진입해 있었다. 이의무는 처가인 창녕 성씨의 사위가 됨으로써 『가정보』에 진입한 것인데, 장인은 창녕 성씨 성희成熺다. 성희의 아들, 즉 이의무의 처남들은 성담년成聃年, 성담수成聃壽 등의 생육신이다. 사육신 성삼문과 5촌간이다. 이들은 모두 『가정보』에 수록되어 있다. 요컨대, 이이의 계보 역시 『가정보』상에서 상당한 명문가였다고 할 수 있다.

다음으로 우계 성혼(1535~1598)이다(도표 3). 우계 성혼은 부변과 모변이 모두 『가정보』에 수록되어 있고, 양측 모두 부계가 고조 대 이상으로 올라간다. 부계로 6대조 성석연이 상곡공파의 시조가 되는데, 그가 서녕 유씨 유실柳實의 사위가 됨으로써 『가정보』에 진입하였다. 태종 대의 인물이다. 모측도 화려하다. 모친 파평 윤씨 역시 부계로 고조 대 이전부터 『가정보』에 수록되어 있었다. 성혼은 그 자신과 부친(성수침) 모두 과거를 포기하고 학자적 삶을 선택하였다. 하지만 성혼의 조부 성세순은 문과에 급제하고 대사헌을 역임하였다. 성세순의 형제인 성세준, 성세정이 모두 문과에 급제하여 대사헌 등 고위 관직을 역임하였다. 외가인 파평 윤씨 역시 외조부 윤사원은 진사, 그의 부친 윤해는 충청감사를 역임하는 등 문지가 이미 매우 화려하였다. 부친 성수침(1493~1564)도 기묘 사림인 조광조의 문인으로 1519년 현량과에 천거되기도 하였다. 여기서 보듯이 우계 성혼은 기호 사족의 중핵에 진입한 지 오래인 배경을 가지고 있었다고 할 수 있다.

참고로, 1610년 문묘에 종사된 동방5현 중 이황의 직계 선배이고 경주 출신인 회재 이언적(1491~1553)에 대해서도 살펴보면, 이언적은 부측, 모측 모두 『가정보』에 수록되어 있지 않다. 다만, 모친인 경주 손씨의 부친, 즉 이언적의 외조부는 『안동권씨성화보』에 수록되어 있다. 여타 친

〈도표 3〉『가정보』에 포함된 성혼의 8고조도

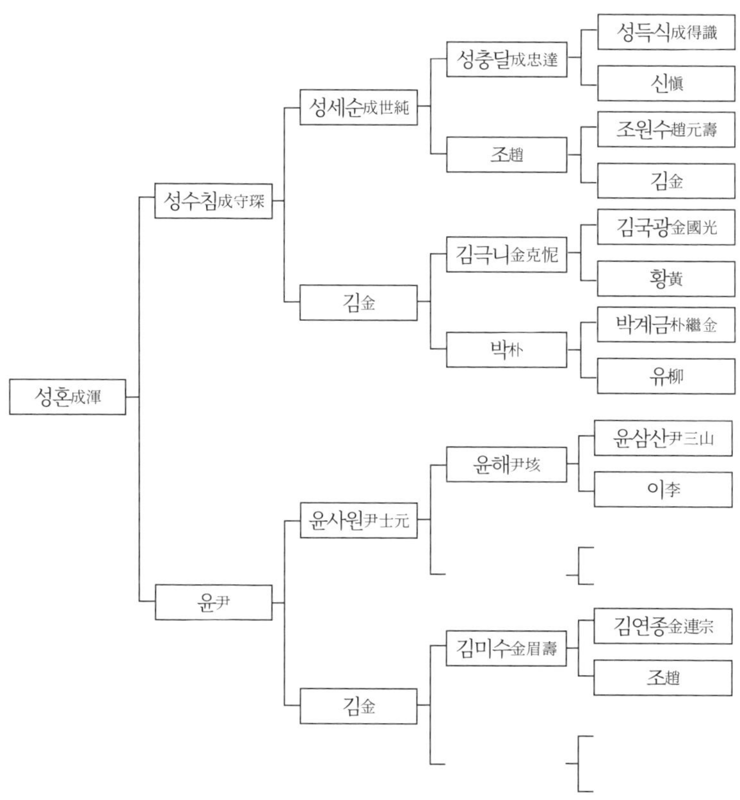

족들이『안동권씨성화보』에 수록되지 않은 것은『안동권씨성화보』가 1476년에 편찬되어 수록 인원이 얼마 되지 않기 때문인 것으로 보인다.

이상에서 16세기 사림파의 네(다섯) 거두가 종합보인『가정보』속에 어떻게 존재하는가에 대해 살펴보았는데, 이들이『가정보』네트워크 속으로 진입한 정도를 판단해 보면, 기호 사림의 영수인 이이, 성혼의 경우 매우 깊이 진입해 있었고, 영남 사림의 영수인 이언적, 조식은『가정보』네트워크에 진입해 있지 못하였다. 조식의 경우, 비록 부친

이 문과 급제자이기는 하지만 그 선대에는 아직 현달하지 못했던 것 같고, 이언적의 경우, 모변이 『안동권씨성화보』 네트워크에 포함되어 있는 정도였다. 영남 사림의 영수로서는 이황의 가계가 부변, 모변 모두 『가정보』 네트워크에 포함되어 있었지만, 이이나 성혼에 비해 문지가 그다지 높다고 할 수 없으며, 선대의 『가정보』 편입 정도도 그다지 깊다고 할 수 없다.

이러한 차이는 어디서 생기는가? 혹시 기호 지방에 가까운(엄밀히는 해서海西) 『문화유씨가정보』와 영남 지방에 가까운 『안동권씨성화보』의 수록 인물의 지역적 편중 때문이 아닐까? 확실히, 두 족보는 모두 특정 지역의 지역성을 극복하고 서울(개경)을 중심으로 당대 지배층 인사를 망라해 가는 과정에 있었던 것은 사실이지만, 여전히 지역적 편중이 있을 여지가 있다. 그럼에도 불구하고, 성혼의 모측은 부계가 『가정보』뿐만 아니라 『안동권씨성화보』에도 수록되어 있다. 반면에 남명 조식은 『안동권씨성화보』에도 수록되어 있지 않다. 이 점도 고려해서 생각해 볼 때, 영남 사족의 사회적 지위가 기호 지방의 사림파에 비해 중심에서 다소 주변화되어 있었다는 가설을 생각해 볼 수 있다. 참고로, 17세기에 편찬된 종합보인 『씨족원류』에는 남명 조식이나 회재 이언적도 모두 수록되어 있는데, 이것은 사후적인 명성이 족보 편집에 반영된 것으로 보아야 할 것이다.

다음으로, 위에서 살펴본 16세기 사림파 거두들의 직전直傳 문인의 사례를 살펴본다. 이황의 직전 제자로서 서애 유성룡과 월천 조목을, 조식의 제자로 정인홍을, 이이의 제자로서 사계 김장생을, 성혼의 제자로서 윤황尹煌을 사례로 하여 살펴보고자 한다.

〈도표 4〉『가정보』에 포함된 유성룡의 8고조도

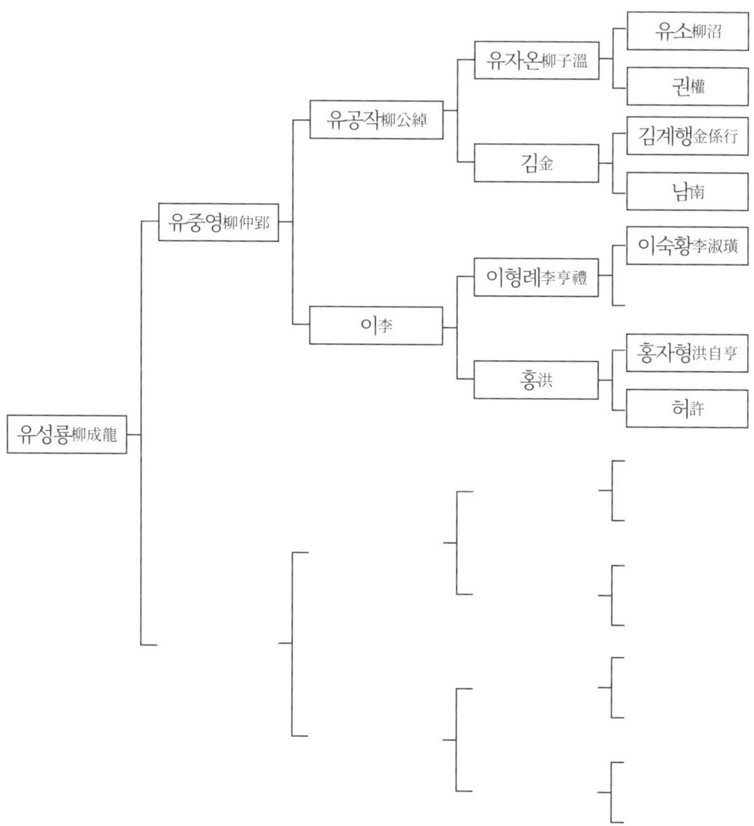

먼저, 이황의 제자로서 이 글과 관련하여 김택룡의 스승인 월천 조목과 경쟁관계에 있었던 서애 유성룡에 대해 살펴보자. 유성룡의 부, 모 측 가계로서 『가정보』에 수록된 인물은 〈도표 4〉와 같다. 여기서 보듯, 유성룡의 부변은 고조 대까지 풍산 유씨로 이어진다. 부 유중영의 부변, 모변 양쪽 증조고비 8위가 모두 『가정보』에 진입해 있다. 그만큼 오래전부터 지배계층의 네트워크에 속해 있었다고 볼 수 있다. 반면, 모측은 『가정보』에 수록되어 있지 않다. 주지하듯이, 유성룡 그 자신

은 25세인 명종 21년(1566) 병인 별시문과에 급제하고 관직이 영의정에 이른 난세의 거물 정치인으로 현달한 인물이다. 그의 부친 역시 문과에 급제하여 감사를 역임하였고, 외조 김광수는 진사였다. 조부-부친 대에 현달하게 되었다고 할 수 있으며, 그 이전부터 오랫동안 『가정보』에 진입하여 족세를 축적해 온 경우라고 할 수 있다.

다음으로, 월천 조목과 그의 제자 조성당 김택룡에 대해 찾아보았는데, 두 사람 모두 『가정보』에는 수록되어 있지 않다. 조목은 그의 부친 조대춘 및 외조부 권수익이 모두 『가정보』 및 『안동권씨성화보』에 수록되어 있지 않다. 이는 김택룡도 마찬가지다. 『문화유씨가정보』뿐만 아니라, 『안동권씨성화보』에도 수록되어 있지 않다는 것은 영남 지역에서도 그다지 문지가 높지 않음을 의미한다. 조목의 경우, 예안에 입향한 것이 바로 직전 대인 그의 부친 조대춘 대에서였다. 예천, 영천 등지를 전전하던 조대춘이 예안의 안동 권씨 권수익의 사위가 됨으로써 예안 월천에 정착하게 된 것이다. 이 때문에 조목은 유성룡과 비교하면 문지가 높다고 할 수 없으며, 그 자신의 능력과 노력으로 학문을 일구고 퇴계의 학통을 이어받아 도산서원에 종향되게 된 것이라고 할 수 있다. 한편, 김택룡은 문과에 급제하여 중앙정계에 진출하였고, 임진왜란에서 원종공신으로 녹훈되기까지 하였지만, 역시 전국적인 혼인 연망인 『가정보』에는 포함되지 못하였다. 아래에서 살펴보겠지만, 그는 스승 조목과 달리 『가정보』뿐만 아니라, 17세기 이후 20세기까지의 종합보에도 가계가 수록되지 못한 경우가 대부분이다. 계보가 불명확하기 때문이다.

다음으로, 남명 조식의 제자인 내암來庵 정인홍鄭仁弘(1536~1623)도 역시 『가정보』에 수록되어 있지 않다. 정인홍은 23세던 명종 13년

〈도표 5〉『가정보』에 포함된 김장생 부 김계휘의 8고조도

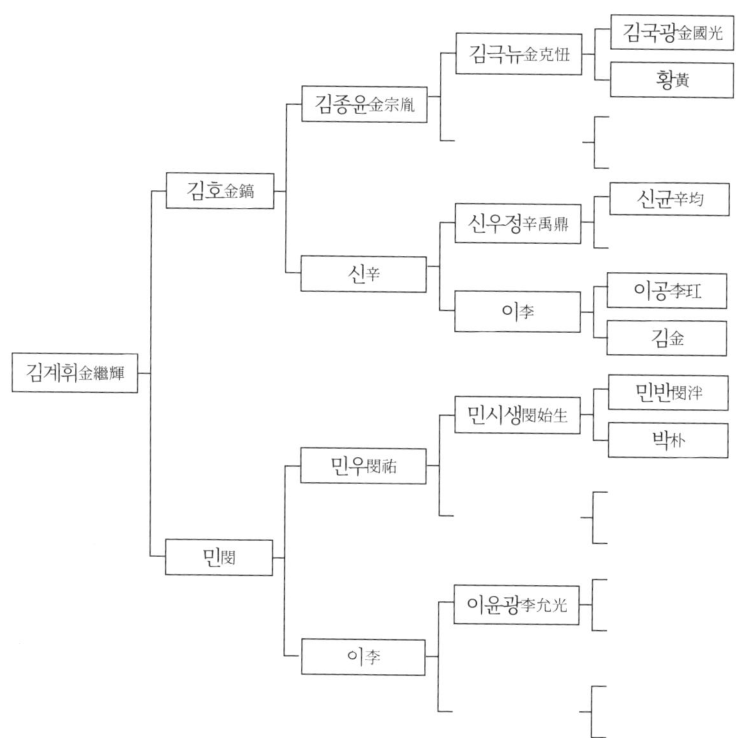

(1558) 식년생원과에 급제하였는데, 그의 사마방목을 살펴보면 부친 정륜鄭倫은 유학幼學으로 기록되어 있으며, 조부 이상은 기록되어 있지 않아서 그다지 현달한 인물은 아닌 듯하다. 그의 성관인 서산 정씨는 조선시대를 통틀어 문과 급제자를 5인 배출하였다.

다음으로, 이이의 제자로서 사계 김장생(1548~1631)에 대해 살펴보자. 김장생은 생년이 『가정보』 편집 연대에 가까워서 그 자신은 수록되어 있지 않으며, 대신 그의 부친 김계휘의 가계가 부측, 모측 모두 수록되어 있다. 〈도표 5〉에서 보듯이 부측, 모측 모두 그 윗대까지 『가정

보』에 수록되어 있으며, 특히 부계 직계와 여흥 민씨인 모측의 부계 직계는 김계휘의 고조 대까지 이어지고 있어 전체적으로 『가정보』 네트워크에 진입한 역사가 오래되었음을 알 수 있다. 『가정보』 네트워크에서만이 아니라 계유정난의 원종공신인 광산부원군 김국광이 5대조다. 고조 김극뉴는 문과에 급제하여 사간원 내사긴을 역인하였다 증조 김종윤, 조부 김호는 과거 출신은 아니지만 관직자였고, 외조부 신영도 문과 급제자로 호조판서를 역임했다. 김장생 자신은 과업을 포기하고 학자의 삶을 선택하였다. 이후 아들 신독재 김집으로 이어지는 가학은 서인 예학의 종통이 되었다. 김장생 역시 명문 중의 명문 출신이라고 할 수 있다.

다음으로, 성혼의 제자로서 파평 윤씨 윤황(1571~1639)을 찾아보면, 윤황은 우계 성혼의 사위이기도 한데, 그의 집안 자체도 조부 윤돈 윗대로 부계 직계가 『가정보』에 수록되어 있고, 가장 정점에 있는 윤희제尹希齊(1380~1467)는 『안동권씨성화보』에도 수록되어 있다. 윤황 그 자신은 생년이 『가정보』 간행 이후이므로 『가정보』에는 수록되어 있지 않으며, 이는 생년이 『가정보』 출간 무렵에 걸치는 부친 윤창세(1543~1593)의 경우도 마찬가지다. 따라서 조부 윤돈의 『가정보』 수록 8고조도를 살펴보면 〈도표 6〉과 같다. 도표에서 보듯이, 윤황의 조부인 윤돈 역시 『가정보』에 오래전부터 진입한 가계 출신임을 알 수 있다. 도표에서 윤돈의 부친 윤선지의 배우자인 신씨는 후처인데, 전처 역시 신씨이며, 전처 신씨 가계 역시 누대에 걸쳐 다수가 『가정보』에 수록되어 있다. 특히, 윤황의 가계에는 문과 급제자도 많다. 우선 윤황 그 자신이 문과 급제자이며, 도표에는 나오지 않지만 부 윤창세의 처

〈도표 6〉『가정보』에 포함된 윤황 조부 윤돈의 8고조도

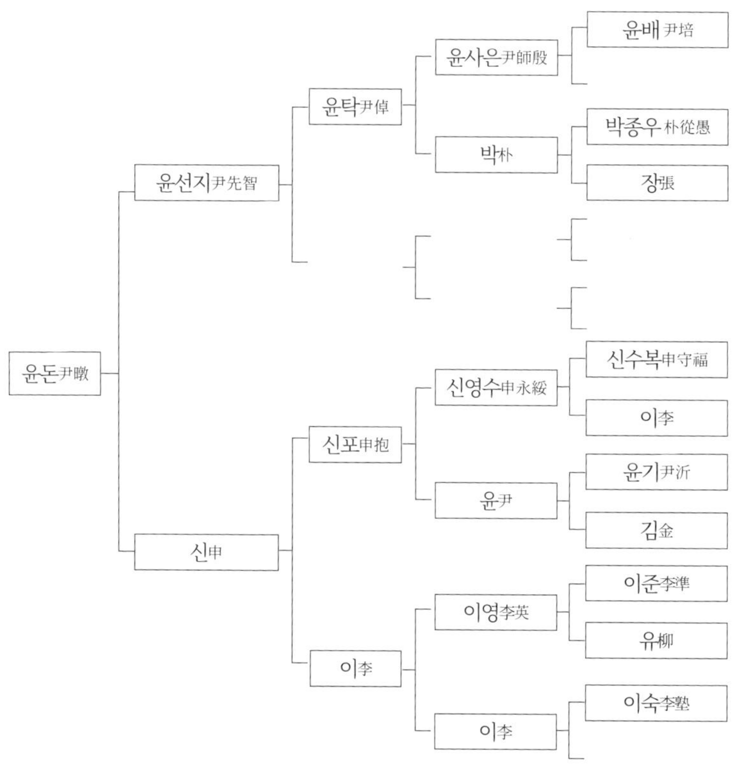

부, 즉 윤황의 외조부 경혼慶渾(1498~1568)과 윤황의 형제인 윤수, 윤찬 및 윤황의 아들 윤문거까지 문과 급제자가 다수 배출되었다.

이상을 정리하면, 앞서 16세기 사림파의 4대 거두(이언적도 포함)에서 보았던 것과 유사하게 그들의 직전 제자 세대에도 문지의 차이가 있다.[24] 기호 사림으로서 이이의 제자 김장생과 성혼의 제자 윤황의 사례를 살펴보았는데, 이들의 가계는 매우 일찍부터 『가정보』 네트워크에 진입해 있었다. 영남 사림파 유성룡의 경우, 부측이 문지가 매우 높

았지만, 유성룡 자신은 영남 사림파라고 하기가 무색하게 유년 시절부터 서울을 배경으로 생활한 면이 있어서 그의 가계 역시 전국적인 연결망에 일찍부터 진입하게 된 것이 아닐까 한다. 유성룡은 사마시(1564, 23세) 및 문과(1566, 25세) 시험을 모두 한성 거주자로서 치렀다.[25] 그의 8고조 중 안동 김씨(태사공파) 김계행은 서울과 안동 양쪽에 기반을 가지고 당대의 사림파와 두루 교유한 인물이다.[26] 이런 점으로 볼 때, 유성룡의 집안은 일찍부터 전국적인 사림파 내에 연결되어 있었다고 보인다. 한편, 퇴계 문하에서 유성룡과 경쟁관계였던 월천 조목은 퇴계 이황의 여러 직전 제자 중에서 유일하게 도산서원에 종향되었고, 이 과정에서의 경쟁관계로 인해 범안동권 사림계에 인심을 잃은 측면이 있는데, 이것을 다소 무리하게 추진한 것이 바로 김택룡을 비롯한 그의 제자들이었다. 이처럼 무리한 종향 추진과 이 과정에서 대북정권에 부화한 것 등은 옥의 티처럼 이들의 재야 사림파로서의 위상에 흠결로 작용하고 있다.[27] 여기에는 여러 가지 사정이 있었겠지만, 부족한 '문지 자원'을 '학통 자원'을 통해 보완하고자 한 무의식적 동기도 포함되어 있었다고 할 수 있지 않을까 한다.

이상, 전국적인 사족사회 내에서 영남 사림파의 위상을 몇 명 사례를 통해 일별해 보았다. 요컨대, 영남 사림파는 대체적으로 기호 사림파에 비해 적어도 『문화유씨가정보』가 나타내는 전국적 사족 연결망 내에서 상대적으로 부차적인 위치를 차지하는 경향이 있었다고 보인다. 기호 사림파의 학통은 그대로 기호 사족 중에서도 최고의 문지가문이 그것을 담당하고 있었다. 그에 반해서 영남 사림파의 학통은 비록 퇴계 이황이 성균관 대사성을 지내고 그의 수제자인 서애 유성룡이

영의정을 지내는 등 꾸준히 조정에 당로자를 배출하기는 하였지만, 전체적으로 보면 이것이 오히려 이례적인 사례이고 대부분의 영남 사림파는 중앙관계에서 그다지 큰 두각을 나타내지 못하였다. 이것을 반영하듯이 『가정보』 네트워크 내에도 진입하지 못한 인물이 더 많았다고 생각된다.

위에서도 언급하였지만, 이것은 일차적으로 이 글이 지배층 네트워크의 실물로 상정한 『가정보』 네트워크가 기호 지방에서 출발한 네트워크이기 때문이라는 점이 가장 클 것이다. 만약 그렇다면 조선 중기의 사족사회 자체가 기호 지방 사족 연결망 중심으로 짜여 있었다는 가설을 세워 볼 수도 있을 것이고, 혹은 그 반대로 영남 사림파가 중심이 되는 또 다른 네트워크를 상정할 수 있다는 가설도 성립 가능할 것이다. 그러나 위에서 사림파의 네트워크뿐만 아니라 개별 인물과 집안의 관직 이력과 문지까지도 함께 살펴본 바에 따르면, 아무래도 전자의 가설이 조금 더 설득력이 있지 않을까 생각된다. 즉 영남 사림파가 기호 사림파에 비해 중앙권력으로 진출하기 시작한 연대가 상대적으로 더 늦고 전국적인 사림파의 네트워크 속에서 주변부에 존재했다는 것이다. 이 점에 대해서는 앞으로도 더 구체적으로 추적해 볼 가치가 있다고 생각된다.

그렇다면 영남 사림파의 내부 구조는 어떤 성격을 가지고 있었는가. 이 점에 대해 예안 사족 김택룡을 중심으로 해서 살펴보도록 하겠다.

조선 전기 '낮은 신분'의 문과 급제자들

앞서, 조선 성종 대부터 중종 대까지 75년간 『문화유씨가정보』에 해당 시기 문과 급제자의 70퍼센트 정도가 수록되어 있다는 와그너의 발견을 언급하였다. 이들은 문과에 급제하여 본인의 능력을 증명했고, 『가정보』 지배 네트워크에 속함으로써 강력한 인맥을 갖춘 사람들로서, 그야말로 당대의 지배층이라고 하기에 손색이 없을 것이다. 그렇다면, 문과에 급제하고도 '지배 네트워크'에는 포함되지 못한 나머지 30퍼센트의 성격은 어떻게 이해해야 하는 것일까? 이는 조성당 김택룡이 바로 여기에 해당하므로 중요한 문제다.

이와 관련하여 시사점을 주는 것이 한영우의 연구다.[28] 그는 조선왕조 전 기간의 문과 급제자 1만 4,615명을 전수조사하여 문과 급제자 중에 '신분이 낮은' 인물이 큰 비중을 차지했음을 주장하였다.[29] 여기서 그가 말하는 '신분이 낮은' 것의 기준은 족보에서 찾을 수 있는데, 그는 개별 가문(성관)의 족보뿐만 아니라 특히 당대에 나름의 기준으로 유력한 가문을 선별해 놓은 종합보들을 참조하였다.[30] 즉 어떤 인물이 문과에 급제했다 하더라도, 어쩐 일인지 방목에 그의 본관이 기재되어 있지 않다거나, 혹은 본관이 있다 하더라도 그 본관이 족보를 가지고 있지 않았다거나, 혹은 족보가 있다 해도 거기에 본인이 속한 계보가 기재되어 있지 않다거나, 혹은 그것이 종합보 속에 기재되어 있지 않다거나 하면, 그것은 그 인물의 신분에 이상이 있음을 나타내는 신호일 수 있다는 것이다.[31] 주지하듯이, 족보라는 자료 자체는 민간에서 생산한 자료이므로 신뢰도를 의심하는 것으로부터 출발하는 것이 기본이지만, 조선시대의 엘리트층의 연구에서는 족보가 매우 중요해진다. 신분상 문제가 없는 조상으로부터 이어져 온 명확한 계보가 존재한다는 점이야말로 높은 신분의 징표이기 때문이다.[32] 역으로 족보에 이 같은 이상 징후가 있는 인물은 조상의 가계를 알 수가 없거나, 향리 출신이거나, 자기 성관의 시조가 된 인물로서, 곧 출신 신분이 낮은 사람들인데 문과를 통해 신분 상승에 성공한 인물이라는 것이다.[33]

선조 대(~1608)까지[34] 방목 등재 인물은 4,527명인데, 한영우는 왕대별로 〈표 1〉과 같은 '낮은 신분' 급제자 비율을 도출하였다.

〈표 1〉에서 보듯이, '낮은 신분' 급제자 비율은 개국 직후인 태종

〈표 1〉 태조~선조 대 문과 급제자 중 '낮은 신분' 비중

왕대	시기	연수	급제자 수	연평균 급제자 수	'낮은 신분' 급제자 수	'낮은 신분' 급제자 비율(%)
태조~정종 대	1392~1401	9	99	11	40	40.40
태종 대	1401~1418	17	266	15.6	133	50.00
세종 대	1418~1450	32	463	14.5	155	33.47
문종~단종 대	1450~1455	5	179	35.8	62	34.63
세조 대	1455~1468	13	309	23.8	94	30.42
예종~성종 대	1468~1494	26	478	18.4	106	22.17
연산군 대	1494~1506	12	251	20.9	43	17.13
중종~인종 대	1506~1545	39	900	23.1	188	20.88
명종 대	1545~1567	22	470	21.4	93	19.78
선조 대	1567~1608	41	1,112	27.1	186	16.72
계	1392~1608	216	4,527	21	1,100	24.30

출처 : 한영우, 『과거, 출세의 사다리 : 족보를 통해 본 조선 문과 급제자의 신분이동』 1권, 지식산업사, 2013의 여러 군데에서 참조하여 재작성

대에 정점을 찍은 후 중종 대를 제외하고 줄곧 하락하다가, 사림파의 정계 장악이 완성되고 붕당이 시작된 선조 대에 이르러 최하를 기록하게 된다. 선조 대에는 사실상, 소수 인물을 제외하고는 이미 문지를 이룬 가문의 인물들만 문과에 급제하는 경향이 나타나기 시작한 것이다. 개국 초에도 문지를 이룬 세력은 존재했기에 '낮은 신분' 급제자 비중이 절반이나 되는 태종 대라 하더라도 나머지 절반은 족보의 상계가 명확하고 신분이 확실했을 것이다. 이것은 조선의 신분제가 기본적으로는 고려 말에서 이어지는 측면도 컸음을 의미한다. 그러나 다른 한편으로 태종 대에 50퍼센트나 되는 '낮은 신분' 급제자 비율은 조선 초기에 향리거나 혹은 관인 집안 출신이 아닌 인물들이 문과라고 하는 국가공인 인재등용제도를 적극 활용하여 주류 사회로 진입해 가는 상황을 보여 주는 것이다. 여기에는 개국 초라는 상황이 주는 이점도 작용했을 것이다. 점차 주류 사회가 혈연, 혼맥으로 얽혀서 지배체제를 형성해 감에 따라 이 같은 이점도 줄어들어 갔을 것이다.

이와 관련하여 일찍이 영남 사림파의 형성과 전개에 관한 이수건의 연구도 참고할 수 있다. 이수건은 고문서를 통해 영남 각 지역에 토성으로 자리 잡은 세력들이 이주와 혼인을 통해 상호 결합하면서 영남 사족사회가 형성되어 간 것으로 파악하였다. 이 과정에서 남녀 균분 상속 관행을 따라 토지와 노비가 지속적으로 재배분되었고, 이를 이용하여 경제적 축적에 성공하는 인물도 등장하였다. 동시에 이들은 향안, 향약, 동약, 서원 등의 제도를 통해 학파적, 지역적 결합을 이뤄 나갔다. 여기에는 고려시대 이래 유서 깊은 세력을 이루어 온 인적 집단(가문, 혼맥 등)도 존재하지만, 중앙관을 역임한 새로운 인물이 진입해 들어가기도 하였다. 김택룡도 바로 그 한 사례라고 할 수 있을 것이다. 현재 김택룡의 사회적·경제적 지위와 관련해서는 참고할 만한 자료가 많지 않다. 그가 남긴 일기(『조성당일기』)와 문집, 족보 등을 참고할 수 있다. 또, 전국적 수준에서의 종합보와 더불어 전국에 퍼진 의성 김씨 일가의 기록인 의성 김씨 족보가 어느 정도 객관성을 가지고 그의 사회적 지위를 보여 준다. 이들을 살펴보도록 하겠다.

'낮은 신분' 급제자 김택룡의 가계

위에서 김택룡의 선대에 대한 『선조실록』 사관의 평가를 살펴보았다. 이러한 평가가 지닌 의미를 살펴보기 위해 가계 자료를 비롯하여 몇 가지 문헌을 조사해 본다. 김택룡은 문과방목이나 『영남인물고』(1776) 등 당대 기록에는 본관이 예안禮安으로 되어 있지만, 현재 그의 가계는 '예안 김씨' 족보가 아니라, '의성 김씨'(예안 '한곡寒谷'파) 족보에 수록되어 있다. 이것은 예안 한곡에 터 잡은 의성 김씨 집단과 예안 김씨('선성 김씨') 집단 사이에 특정 시점에서 계보 간의 상호 혼동이 존재하는 것과 관련이 있다.

오늘날 의성 김씨는 신라 왕실의 후예로 자처하고 있으며, 그 가운데 빼어난 학자이자 선조조 동인의 유명한 정치가였던 학봉 김성일을 배출한 이른바 '천전川前의 청계공파'가 가장 두드러져서, 초기 족보도 이 계보가 중심이 되어 작성되기 시작한 것 같다. [청계공은 김성일의 부친인 청계靑溪 김진金璡(1500~1580)이다.] 이 계보는 경순왕의 4자(혹 5자)인 석錫을 시조로 하여 〈도표 7〉과 같이 이어지는 계보다.

〈도표 7〉 의성 김씨 '청계공파' 계보

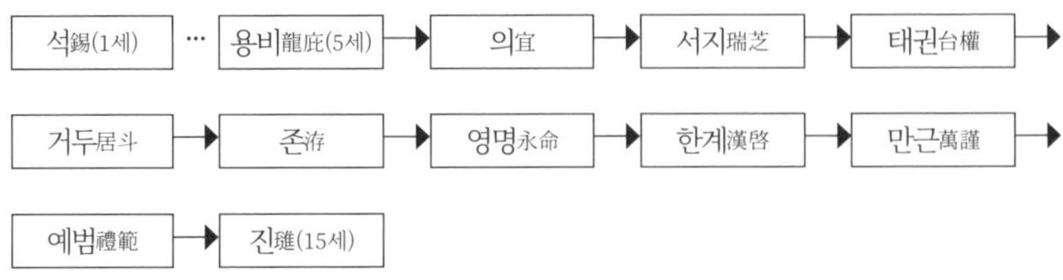

〈도표 8〉 의성 김씨 '예안 한곡파' 계보(1901년 신축보 이후)

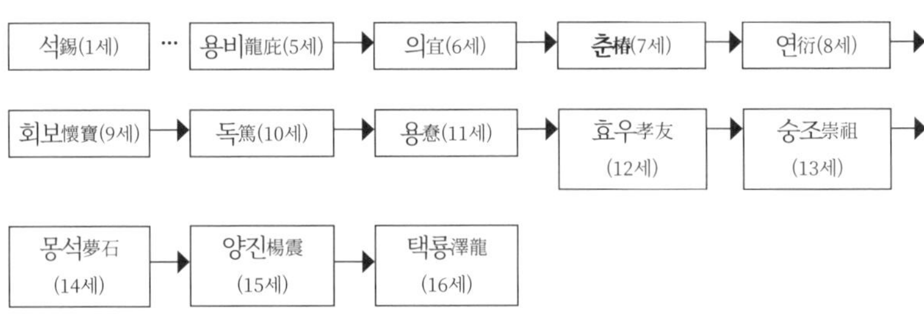

오늘날 현대의 대동보인 1992년판 『의성김씨대동보』에는 김택룡의 가계도가 〈도표 8〉과 같이 수록되어 있다. 〈도표 8〉에서 보듯이, '청계공파'와는 7세 '춘'으로부터 갈라지는데, 『조성당선생문집』의 「세계」 조에 따르면, "(…) 동정공同正公 춘椿은 의성에서 예안禮安으로 이주하여 이곳을 관향貫鄕으로 삼았다. 자손이 대대로 이어져 왔으나 사실에 대해 근거가 없었기에 무술년 대동보大同譜를 만들 때 관향을 문소聞韶(의성)로 돌렸고, 세대가 멀어져 오직 첨사공(1세 석/인용자)을 시조로 삼았다"(박미경 역, 40쪽)고 하여, 본관을 의성으로 인식한 것이 후대의 일임을 알리고 있다.

의성김씨대종회에 따르면, 의성 김씨의 족보는 명종 계축년(1553)부터 만들어졌다고 하며, 현재 전하는 것은 효종 병신보(1656)부터라고 한다. 이 글을 작성하는 현재 병신보는 입수하지 못하였으며, 차선책으로 '송만오도서관' 소장의 숙종 경자보(1720)를 살펴보면 여기에는 아직 '춘'의 계보는 등록되어 있지 않다. 또한, 장서각 소장본인 순조 무술보(1802)를 살펴보면, '춘'의 아들 '연衍' 이후의 세계가 아직 등록되어 있지 않다.

한편, 『조성당일기』에 주요하게 등장하는 영천榮川의 김륵金玏(1540~1616)에서 보듯이 당시 같은 '범안동권' 내에 별개의 예안 김씨(이하 '선성 김씨'로 지칭함)가 존재하고 족세도 꽤 컸던 것으로 보인다. 참고로, 그 계보는 〈도표 9〉와 같다.

즉 선성 김씨는 예안의 토성으로서, 김륵의 이 가계는 예안에서 호장을 지낸 시조로부터의 계보 관계가 분명했다. 그리고 지역 사회 내에서의 연결망도 탄탄했다. 예를 들어, 10세 담의 형제인 홍洪은 안동 권씨 권수익權受益의 처부인데, 권수익은 횡성 조씨 조대춘趙大椿의 처부이며, 조대춘은 김택룡의 스승인 조목趙穆의 부친이다. 홍은 퇴계의 문인이자 봉화현감을 지낸 봉화 금씨 금난수琴蘭秀(1530~1604)의 처부이기도 했다. 권수익은 영천 이씨 농암 이현보의 외삼촌이었고, 김홍

〈도표 9〉 선성 김씨 김륵의 계보

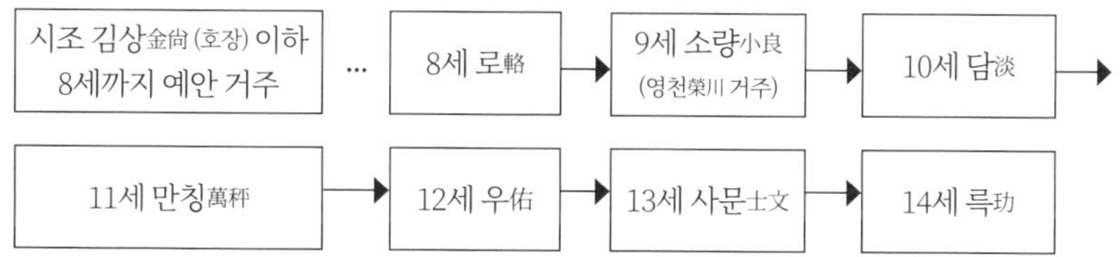

〈도표 10〉 선성 김씨를 중심으로 본 예안 사족사회의 혈연, 혼인 연결망(일부)

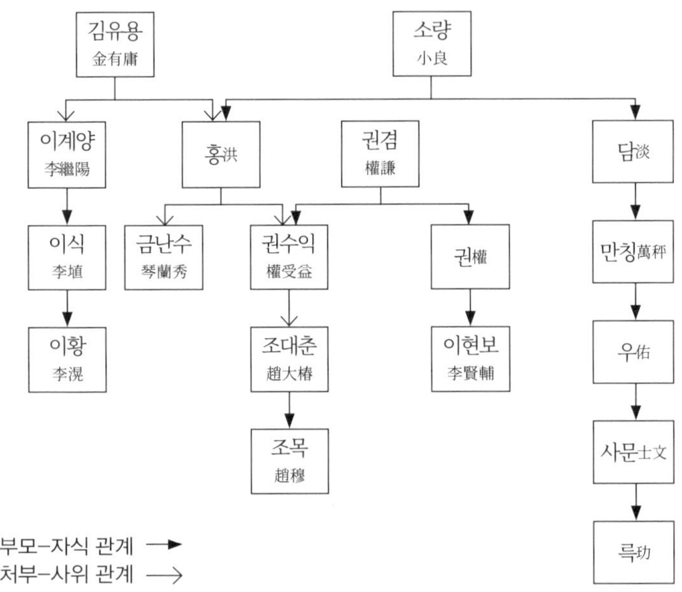

의 처부 영양 김씨 김유용金有庸은 퇴계 이황의 조부인 이계양李繼陽의 처부이기도 했다(〈도표 10〉 참조). 여기서 보듯이, 예안, 영천, 안동, 봉화의 토성 출신들이 예안이라는 공간에서 서로 혼맥을 통해 얽혀서 예안 재지사족의 사회를 이루고 있었고, 그 가운데에는 예안의 토성 선성 김씨(예안 김씨)가 있었다. 나아가, 김륵의 계보는 『문화유씨가정보』에도 수록될 정도로 전국적인 연결망에 연결되어 있었던 것으로 보인다. 즉 김륵은 사문에게 입후되었고 생부가 사명士明인데, 김사명이 『가정보』에 수록되어 있다.[35] 나아가 『가정보』에 수록된 선성 김씨는 김사명

계보만은 아니다. 예컨대, 8세 로輅 - 9세 숙량叔良 - 10세 신新 - 11세 미손尾孫 - 12세 효우孝友로 이어지는 계보도 『가정보』에 수록되어 있다. 특히, 미손은 무오사화로 사사당한 김일손金馹孫의 처부(후처의 부)이기도 한 것에서 보이듯이, 선성 김씨의 계보는 당대의 전국적 사림파에 연결되어 있었다. 이렇게 된 것에는 선성 김씨 자체가 이조판서를 역임한 김담, 형조참판을 역임한 김륵 등 현달한 중앙관을 다수 보유한 전국적 명문이었기 때문이다.

그에 반해 김택룡은 그 역시 예안 한곡에 누대에 걸쳐 거주해 오면서 예안 본관을 사용했지만 계보를 윗대까지 잇지는 못하고 있었던 것으로 보인다. 즉 김택룡과 김륵 양인은 성관의 명칭이 일치하는('동성동본同姓同本') 별개의 예안 김씨 출신이었다고 보이는데, 당대에 김택룡이 강릉부사직에 있던 김륵을 '강릉공'으로 부르면서 교유한 것에서 보듯이 서로 간에 인지되고 있었다.[36] 이상의 정황으로 볼 때, 의성 김씨 경자보(1720), 무술보(1802) 단계에서는 (이후 의성 김씨 예안 한곡파가 되는) 김택룡의 집안과 선성 김씨와의 사이에 선계가 서로 얽힌 정황도 있어서 정리 작업이 진행되던 중이었던 것 같다.[37] 이 같은 혼돈이 정리된 것은 그로부터 시간이 많이 지난 이후의 일이다. 국립중앙도서관 소장본인 고종 신축보(1901)를 살펴보면, 이때부터는 '연'에서 김택룡에 이르는 계보가 명확히 정비되어 수록되어 있다. 그리고 의성 김씨 족보에 늦게 수록되게 된 이유를 7세 춘이 은거하여 세상을 등진 때문인 것으로 설정하고 있다. 이처럼, 김택룡의 가계는 상계가 불분명한 점이 있었고, 이는 김택룡이 문과에 급제하던 시기에도 마찬가지여서, 김택룡의 문과 급제 방목인 『만력무자문무방목』에는 그의 4조 기록에 부 김양진만이 기록되어 있고 나머지 조부, 증조부, 외조부는 누락되어 있다.

이 때문에 한영우는 문과 급제자 연구에서 김택룡을 선조 대의 '낮은 신분' 급제자로 분류한 것이다.[38] 한영우는 방목에 김택룡의 본관이 예안으로 되어 있어 그가 기준으로 삼은 3대 종합보, 즉『씨족원류』,『만성대동보』,『청구씨보』에서도 '예안 김씨' 항목을 검토하고 이런 결론을 내렸다. 위에서 살펴보았듯이 김택룡은 1901년 무렵 의성 김씨 족보에 수록된다. 하지만 세 족보 모두에서 의성 김씨 항목에도 마찬가지로 김택룡의 계보는 없다. 이것은 김택룡 가계의 선계가 불명확한 사정이 반영된 것이라고 할 수 있다.

김택룡의 사회적 활동과 조선 중기 사족지배체제

위에서 선성 김씨와 의성 김씨 예안파 사이의 모호한 관계 그리고 김택룡 계보의 불분명함에 대해 언급하였지만, 의성 김씨 7세 춘 이하의 계보가 16세기 당대 예안 사회에서 아무런 영향력이 없었던 것은 아니었다. 예를 들어서, 같은 7세 춘의 후손 중에는 1572년부터 작성된 예안 향안에 입록된 인물이 보인다.[39] 먼저, 1572년 향안에는 총 21명이 입록되어 있는데, 이 중에 (용-효우-계조-) 지석砥石(14세)이 보인다. 관직은 전 참봉參奉으로 되어 있다. (용-효우-숭조-몽석-양진) 택룡(16세)과도 멀지 않은 친족이다. 또한, 37명이 입록된 1591년 향안에 (춘-옥-현주-을방-축-자강-완-영균-린-응세-) 약淪이 입록되어 있다. 관직은 유학幼學이다. 1901년 신축보에 거주지가 예안 둔별로 되어 있다.[40]

이러한 인물도 마찬가지로 당시에 상계가 모호함에도 불구하고 예안 향안에 입록되어 고을의 일에 큰 영향력을 행사했던 것이다. 김택룡도 1602년 향안에 입록된다. 이는 물론 김택룡이 문과에 급제하고 중앙 관료로 활약한 것에 힘입은 것이라고 할 것이다. 그렇지만, 김택룡이 남긴 『조성당일기』 등 관련 정황을 고려할 때, 김택룡 역시 예안 사회에서 여론을 주도하는 사족의 일원이었다고 할 수 있고, 김택룡의 향안 입록에 이 점 역시 고려되었다고 볼 수 있다.

김택룡은 사림파의 일원으로서 조야의 공론에 참여하고 있었다. 그는 월천 조목(1524~1606)의 제자로서 조목 생전에 그와 뜻을 같이하였으며, 조목 사후 조목의 도산서원 종향 운동을 주도하는 등 월천 학단의 일원으로 행동하였다. 이 과정에서 지역과 중앙에서 크고 작은 갈등 관계가 일어나기도 하였다. 주지하듯이, '범안동권'의 지성계는 퇴계 이황을 종주로 하여 크게 흥기되었다. 이황의 직전 제자로서 대표적인 인물로 풍산의 서애 유성룡, 의성의 학봉 김성일, 예안의 월천 조목 등을 들 수 있다. 이들은 자신의 연고지에서 제자들을 길러내어 퇴계의 학맥을 전승시켜 나가고 있었다. 중앙의 큰 정치 변동과 그에 따른 공론 결집 과정에 이들이 영남사론의 이름하에 힘을 합치는 경우가 많았지만, 다른 한편 지역 내의 현안에 대해서는 이해관계의 차이로 인해 갈등하는 경우도 없지 않았다. 대표적인 사건으로 1598년 조목이 유성룡의 대일 교섭을 비판하여 결과적으로 그의 실각에 일조한 일을 들 수 있다.[41]

그러나 안동권 학단들의 갈등이 가장 크게 분출된 사건으로는 무엇보다도 조목의 도산서원 종향 논쟁을 들 수 있다.[42] 앞서 언급한 대표적인 퇴계의 직전 제자 중에서 학봉 김성일의 연고지는 의성이고, 서애 유성룡의 연고지는 안동 풍산이었던 데 반해, 월천 조목은 퇴계와 같은 지역인 예안이었다. 이 때문에 월천 조목의 제자인 김택룡, 김중청 등은 조목을 같은 고을에 있는 도산서원에 종향하고자 한 것이다. 이에 대해 유성룡계의 사림들은 사액 서원으로서 도산서원의 '전국적' 의미를 거론하며 극력 반대하였고, 이것이 논쟁으로 비화했다.[43]

이때 김택룡, 김중청 등 월천 학단의 종향론자들은 인근 역동서원, 이산서원, 안동, 영천 등의 의론을 무시하고, 대북정권을 등에 업고 종향을 무리하게 밀어붙이는 상황을 연출하게 된다.[44] 이것은 종향론을 함께 시작한 봉화 금씨 금응훈 같은 중립적인 인사조차도 배제한 무리수였다. 종향은 결국 '범안동권'의 동의 없이 대북정권이 장악한 조정의 윤허로 관철되었고(1614), 오늘날까지 도산서원에는 퇴계의 위패 곁에 월천 조목만이 종향되어 있다.

당시 대북정권의 중심 인물인 정인홍이 유성룡과 조정 내에서 대립관계에 있었다는 점도 대북정권으로 하여금 퇴계 문하를 이간질시키는 정책에 나서게 했을 것이다. 대북정권이 월천 종향을 지원한 이후, 월천 문하의 영천 이씨 이강李茳 등은 노골적으로 친정권 행보를 보였다. 이강은 정인홍의 문도가 되기까지 하였다.[45] 영천 이씨는 예안 인근의 토성이고, 예안에 입향한 영천 이씨 역시 농암 이현보로 대표되듯이 지역 사족사회에서 매우 큰 영향을 가진 집안이었기 때문에 이 충격은 매우 컸다. 결국, 대북 행보를 보인 다수 월천 문인들이 인조반정(1623) 이후 피해를 입게 되었고, 이강 역시 흉당으로 단죄당한다.

그러나 김택룡은 여기에 연루되지 않았다. 그것은 김택룡이 조목의 도산서원 종향 문제에 한해 대북정권과 입장을 같이 했을 뿐이고, 여타 정인홍의 '회퇴변척' 등 대북정권의 부당한 처사에는 지역 사회와 더불어 분개했던 상식적 행동의 결과였다.[46] 대북정권은 1612년 김직재옥金直哉獄을 일으켜 조야에 두루 신망을 얻고 있던 정경세까지도 탄압하는 무리수를 두었다. 정경세는 서애의 문인이기도 하지만, 월천의 문인도 자처한 바 있었다.[47] 앞서 언급했듯이 김택룡은 문과급제 이후 중앙 조정에서 동문인 정경세의 도움으로 언관직에 진출할 수 있었다. 정경세, 김륵 등이 봉변을 당한 이 사건에 대해 김택룡은 경악을 금치 못하고 있었다.[48]

김택룡이 지역 사회에서 사림파의 일원으로서 취한 태도는 철저하게 조목 학단의 이해관계를 대변하는 것이었고, 그 이상의 욕심이 나타나는 경우는 없었다. 이것은 아마도 그의 개인적 성품 때문이기도 하겠지만, 한편으로는 향촌 사회 내에서도 가문의 지위가 상대적으로 낮거나 모호한 그의 위상이 고려된 것일 수도 있다. 김택룡은 문과에 급제하고, 도산서원 원장을 6차례나 역임하고, 임란 후 원종공신에 녹훈되는 등 공적인 영역에서 눈부신 활약을 하였으나, 영천 이씨 이강과는 다르게 여전히 예안 사족사회의 친족 연결망 내부로는 진입하지 못하고 있었다. 그의 여식이나 집안의 여식이 외내(烏川)의 광산 김씨나 스승 조목과 혼인을 맺기도 하였지만, 이것으로 사족사회의 내부로 진입하지는 못한 것 같다.[49] 여기서도 한영우가 언급한 '낮은 신분' 급제자의 면모가 나타난다.

흥미로운 것은 한영우의 연구에서는 상계가 불분명한 김택룡만이 아니라, 정경세와 김성일도 마찬가지로 '신분이 낮은' 급제자로 분류하고

〈도표 11〉『가정보』에 포함된 김성일(1538~1593)의 8고조도

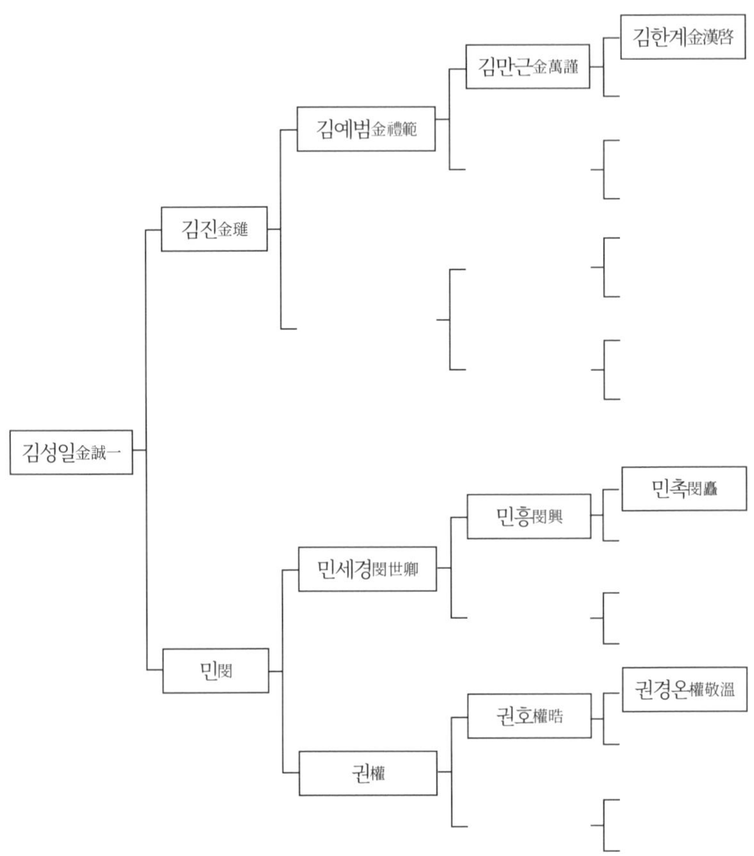

있다는 것이다.[50] 정경세는 관직이 이조판서에 이른 거물이다. 학문적으로도 사계 김장생과 더불어 조선 중기 예학을 대표한다. 이 때문에 문묘에 동국18현의 1인으로 종사된 동춘당 송준길이 그의 사위가 된 것이다. 그런데 이러한 정경세도 또한 그의 가까운 선대에는 관직자가 없었다. 이 때문에 한영우가 '신분이 낮은' 급제자로 분류한 것이다. 관직자가 없었다는 말은 고려시대 이래 경제적 기반은 있었을지 몰라도 전

〈도표 12〉『가정보』에 포함된 정경세(1563~1633) 조부 정은구의 8고조도

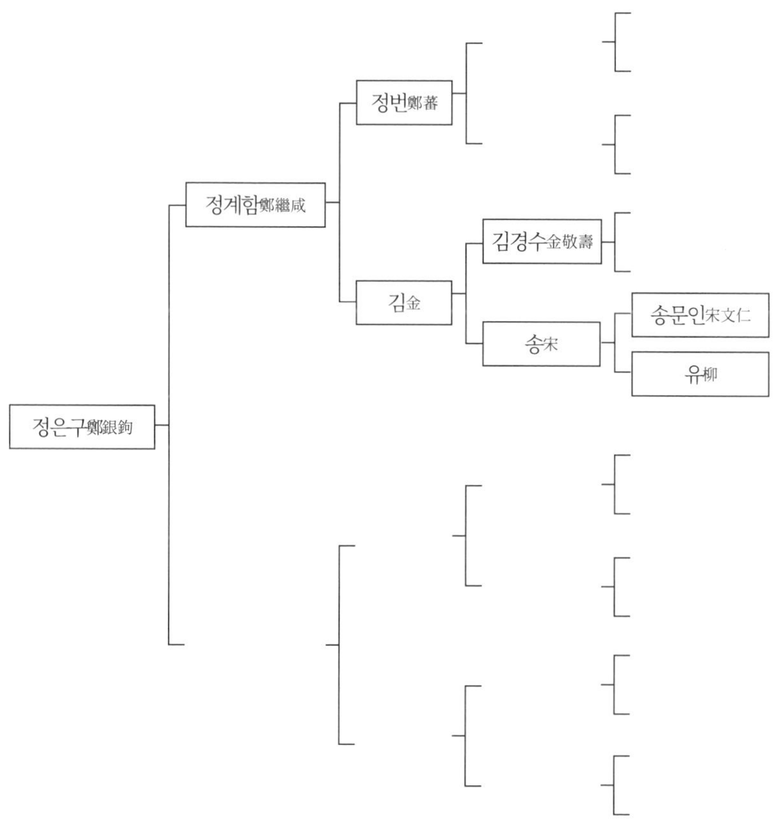

국적인 단위의 명문가는 아니었다는 말이 된다. 정경세의 집안이 전국적인 명문가가 된 것은 정경세 본인 대에 와서의 일인 것이므로, 이 역시 조선 전기의 능력주의적 분위기를 보여 주는 것이라고 할 수 있다. 이 점에서는 김택룡과 같은 의성 김씨이고 의성 김씨의 가장 명문 가계의 하나인 '청계공파'의 김성일도 마찬가지다. 즉 한영우는 김성일의 가계를 조사한 결과 그의 4조 내에 사마司馬는 있을지언정(그의 부친 김진이 진사였

다) 증조, 외조까지 당세에 실직을 역임한 관직자는 없었다는 것이다.

그러나 한편으로, 정경세와 김성일은 그 가계가 『가정보』 네트워크 내로 진입해 있기 때문에 전국적인 사림의 연망 속에 포함되어 있었다고 보아야 한다.[51] 다만, 기호 사림에게서 보듯이 본인 이전에 고관이나 현달한 인물이 등장하지는 않은 것이므로 지배 네트워크 내에서도 주변부에 위치하고 있었다고 볼 수 있다.[52]

여기서 보듯이, 김택룡뿐만 아니라 다수의 16~17세기 전환기를 살다 간 영남 명유들이 그들의 가문을 명문으로 만들어 후손들이 명문 사족이 되게 한 것은 바로 그들 당대의 일이거나 혹은 그 직전이었다. 김택룡의 스승인 월천 조목은 문과에 급제하지 않았기 때문에 한영우의 분석 대상이 되지 못했다. 정경세를 문하의 제자로 받아들인 유성룡은 임진왜란 때의 명재상으로서 영남 출신이기는 하지만 주로 서울에서 활동하여 재지적 기반은 약했다.[53] 유성룡 학맥은 상주에서 위세를 떨쳤는데, 이는 그의 제자인 정경세 때문이다. 그에 반해, 유성룡 학맥은 유성룡의 본향인 풍산(안동)에서는 조목 학단에 밀려 그다지 큰 영향력을 발휘하지 못하였다. 그러나 유성룡의 가계는 현관을 다수 배출하였다(부친이 관찰사).

이상을 정리하자면, 김택룡과 월천 조목을 위시하여, 영남 사림파는 당시 전국적인 사족 네트워크 내에서 중앙을 향하여 진입하는 노력을 기울이고 있었다는 점이 주목된다. 네트워크에서는 개개 인물과 관계를 맺는 것은 뜻대로 할 수 있다 하더라도 전체의 중앙에 위치하는 것은 마음대로 할 수 없다. 다만, 개별적으로 노력하는 과정에 과거급제와 이를 통한 중앙관이라는 국가적 자원의 도움을 크게 받게 된다. 또, 중앙에서의 출세를 위해 사족 네트워크 내의 더 작은 네트워크인 향촌 혹은 학단 속에서의 협력을 통해 자신의 위상을 강화하기도 한다.

여기서 사족지배체제를 조금 더 객관적으로 정의해 보고 싶다. 사족지배체제라는 것이 막연하게 사족이 다수를 차지하는 정치사회체제를 말하는 은유일 수 있겠지만, 실제로 사족의 연결이 네트워크라는 사회적 토대로 존재하고, 한편으로는 국가의 권위와 경제력도 그 네트워크와 함께 존재하는 그런 정치 시스템을 상정할 수 있을 것 같다. 사족 네트워크의 기반으로서 이 글에서 특히 주목하고 싶은 것은 사족들의 혈연, 혼맥으로 이어진 친족 연결망이다. 향촌 사회에서 사족이 향안에 입록하기 위한 기준이 부, 모, 처 3향의 기존 향안 입록 여부에 있다는 논의도 있지만,[54] 이것은 곧 족내혼에 기반을 둔 사족의 개별적인 혼인 행태가 쌓여서 이루어진 네트워크다. 이 같은 네트워크의 전모가 개인에게 의식적으로 인지되지 않는 경우도 있겠지만, 사족지배체제가 안정화된 시기에 와서는 충분히 인지되고 있었으리라 생각하며, 이것을 가장 잘 보여 주는 것이 종합보라고 할 수 있다. 앞서 언급했듯이 이 연구에 활용한 종합보인 『문화유씨가정보』는 고려시대 지배층 인물에서 출발하여 그 인물의 내외 후손들을 무차별적으로 수록한 결과 어느 시점부터 전국적인 지배층의 네트워크를 나타내게 되었다. 이 속에 한 번 진입한 지배층은 이를 증서로 해서 다른 지배층 인물과 결합함으로써 더욱 세력을 키운다.[55]

영남학파 인물 중에서 이황, 유성룡 등의 가계는 매우 이른 시기부터 이 속에 진입해 있었다. 김성일 가계도 비교적 그러하다. 반면에 조목, 김택룡 등은 이 네트워크에 진입해 있지 못하였다. 다만, 조목은 예안 및 범안동권 재지 사족의 혼인 네트워크에는 진입해 있었던 반면, 김택룡은 아직 이 속에 진입하지도 못하였고, 다만 문과 급제와 관직, 학맥 등을 이용하여 지역 사회와 중앙정계에서 활약하고 있었다. 김택룡뿐 아니라 넓게 보아 영남 사족들은 모두 당대 사족지배체제의 중심부를 향해 진입하는 인물이었다고 생각된다. 여기서 보듯이, 영남 사족사회와 영남 사림파는 군현 수준의 소지역에서부터 '범안동권'이라는 넓은 지역, 나아가 전국적 단위의 네트워크에 진입해 들어가려는 노력을 벌이고 있었다. 이 과정에 과거급제와 관직 등 국가적 자원을 활용하였다. 다른 한편, 사림파의 학맥, 즉 학문적 연결망 또한 이 네트워크와 함께 작용하고 있었다고 생각된다. 김택룡이 중앙관으로서 정경세의 도움을 받았듯이 이 학맥이 네트워크 내의 행위에 도움을 주기도 하였던 것이다.

맺음말

조성당 김택룡은 영남 학계에서 월천 조목의 예안 학맥을 대표하는 매우 중요한 인물이며, 임란기에는 이 지역 사족의 권위를 지키는 데 앞장섰고, 지역 사회와 중앙정계에서 중요한 영향을 미친 사림파의 일원이자 관인으로서 조선시대의 전형적인 사족이었다고 할 수 있다. 그러나 조선 전기 이래 사족 신분으로 진입해 들어간 여타 인물에 비해 그의 진입은 뒤늦은 감이 있다. 이것은 그의 가계 계보가 오늘날까지도 다소 불분명하게 남아 있는 것에서도 알 수 있다.

김택룡의 문지가 낮은 것이 개인적인 특성일 수 있지만, 그를 둘러싼 사회인 영남 사족사회 자체의 특성일 수도 있다고 생각된다. 이것은 물론 상대적인 측면에서의 특성이다. 즉 동시대 기호 사림파와 영남 사림파의 특성을 비교할 때, 기호 사림파가 상대적으로 전체적인 사족사회에서 중심에 위치하였고 또한 정치권력과의 거리도 더 가까웠다고 판단된다. 이 글에서 살펴본 바 기호 사림파의 인물들은 비록 한계가 있는 일부 사례의 관찰이기는 하지만 대부분 『가정보』 네트워크에 진입한 시기도 매우 오래되었고, 진입한 정도도 깊었으며(즉 부측, 모측의 다수 인물이 포함), 개인별 관직 이력도 상대적으로 더 풍부했다. 영남 사림파의 경우, 『가정보』에 진입하지 못한 경우도 많았고, 진입했다 하더라도 부조 대부터 문관의 명망가가 되기 시작한 경우가 많았다. 영남 사림파는 이러한 상황에서도 전국적인 사족사회 내에서 가급적 더 중앙으로 진출하기 위해 노력하고 있었다고 생각된다. 정치권력에 접근하려는 노력도 이어지고 있었다. 정치권력을 통해, 다양한 자원의 습득을 통해 사족 네트워크 내에서 중심으로 진입해 들어가고 있었다. 김택룡 역시 이러한 노력의 과정에 있었다고 할 수 있다.

김택룡의 중앙 및 지역에서의 활동은 스승을 높이고, 퇴계학파 유교인의 입장에서 문명적 가치를 드높이고자 하는 동기에서 나온 것이었지만, 다른 한편으로 그 자신의 지위를 드높이고 나아가 그의 계보를 드높이고자 하는 동기도 들어 있었을 것이다. 이 과정에서 당대 사족지배체제의 내부로 들어가기 위해 여러 노력을 하였다. 때로는 경쟁자들과의 갈등도 불사하였다. 스승 조목 사후 스승의 위패를 도산서원에 종향시키기 위해 당대의 불의한 권력이었던 대북정권에 부합하기도 하였다. 하지만 종국에는 합리적인 처신으로 돌아와서 큰 성과를 이루었다.

대북정권의 그에 대한 평가는 '문지가 낮다'는 것과 '정경세에게 빌붙었다'는 것이다. 사관의 평가는 조정에서의 그의 처신이 빌미를 주었을 것이다. 김택룡이 한때 대북에 호의적인 태도를 보인 것에도 자신의 부족한 지위를 정치세력 간 역관계를 이용하여 만회하려는 수단이었을 것이다. 이 모든 활동 속에는 사족지배체제 내부에 자리를 차지하기 위한 동기도 포함되어 있었다고 보인다. 이 결과 김택룡은 비록 중앙에서는 문지가 낮다고 멸시도 받았지만, 지역 사회 내에서 향안에 입록되고 도산서원 원장을 역임하는 등 중요한 역할을 수행하였다. 이러한 성취가 쌓인다면 점점 사족 네트워크 내부로의 진입에 더 가까워졌을 것이다. 문지가 비천하다는 사관의 악의적인 평가는 이 과정에서 치러야 했던 대가였다고 할 수 있다.

참고문헌

『嘉靖四十三年甲子七月二十日司馬榜目』(국립중앙도서관[古朝26-29-1]).

『嘉靖四十五年丙寅十月日文科別試榜目』(국사편찬위원회[MF0002581]).

고려대학교 한국사연구소 중세사연구실 인적정보열람(http://korea.khistory.org/?mod=gen).

國譯宣城誌發刊推進委員會,『(國譯)宣城誌』, 國譯宣城誌發刊委員會, 1993.

『국조문과방목』(규장각한국학연구원 奎106).

김령,『溪巖日錄』, 국사편찬위원회, 1997.

김택룡, 박미경 역,『操省堂先生文集』, 한국국학진흥원, 2021(원문 : 김종벽 · 김윤원 편,『操省堂先生文集』,〈목판본 4권 2책〉, 1913).

김택룡, 하영휘 역,『조성당일기』, 한국국학진흥원, 2010.

『만가보』(해남윤씨가 소장).

「만력무자문무방목」(국사편찬위원회 소장 MF본 전자사료관 MF A지수532 1).

萬姓大同譜發行所 편(小綾 具羲書 원저, 尹稙求 편집),『萬姓大同譜(上·下)』, 1931(영인본 : 明文堂, 1983).

『문화유씨세보』(가정보).

『안동김씨족보』(성화보).

『영남인물고』(채홍원 등 편, 1776, 규장각도서 奎1741-v.1-10).

『예안군읍지』(규장각한국학연구원 소장 奎10845 마이크로필름본).

『예안김씨대동보』, 빛벌문화, 1956.

의성김씨 대종회 홈페이지(http://www.eskim.kr/).

『의성김씨세보』(숙종 경자보, 송만오도서관 소장).

『의성김씨세보』(순조 무술보, 장서각 소장).

『의성김씨세보』(고종 신축보, 국립중앙도서관 소장).

『조선왕조실록』(http://sillok.history.go.kr).

조종운, 『씨족원류』(17세기)(영인본 : 풍양조씨화수회, 보경문화사, 1991).

『청구씨보』(1925).

『해남윤씨족보』(1702).

권기석, 『족보와 조선 사회 : 15~17세기 계보의식의 변화와 사회관계망』, 태학사, 2011.

김성우, 『조선 중기 국가와 사족』, 역사비평사, 2001.

______, 「광해군 대 정치 지형의 변동과 경상도 禮安 士族들의 대응」, 『역사학보』 226, 역사학회, 2015.

김창현, 「朝鮮初期 文科及第者의 出身 배경」, 『역사학보』 155, 역사학회, 1997.

김현영, 「16세기 사족의 향촌지배체제」, 『(신편) 한국사』 31, 국사편찬위원회, 1998.

김형수, 「17세기 초 안동 지역 사회의 재편과 서애학단의 활동」, 『영남학』 31, 경북대학교 영남문화연구원, 2016.

던컨, 존 B., 김범 역, 『조선 왕조의 기원』, 너머북스, 2013.

미야지마 히로시, 「동아시아 세계 속의 한국 족보」, 계명대학교 한국학연구원 편, 『한국 족보의 특성과 동아시아에서의 위상』, 계명대학교출판부, 2013.

박현순, 『16~17세기 禮安縣 士族社會 硏究』, 서울대학교 국사학과 박사학위논문, 2006.

백광열, 「『文化柳氏嘉靖譜』(1565) 등장 관료의 친족 연결망을 통해 보는 조선 전기 사림파의 사회적 배경」, 『규장각』 58, 규장각한국학연구원, 2021.

송준호, 「身分制를 통해서 본 朝鮮後期社會의 性格의 一面」, 『역사학보』 133, 역사학회, 1992.

______, 『朝鮮社會史研究 : 朝鮮社會의 構造와 性格 및 그 變遷에 관한 研究』, 일조각, 1987.

와그너, 에드워드, 이훈상 외 역, 『조선 왕조 사회의 귀속과 성취』, 일조각, 2007.

와그너, 에드워드 · 송준호 · 동방미디어(주) 부설 한국학정보연구소 編註 및 지음, 『(보주) 조선문과방목』, 동방미디어, 2001.

이경구, 『17~18세기 壯洞 金門 연구』, 서울대학교 국사학과 박사학위논문, 2003.

이상현, 「月川 趙穆의 陶山書院 從享 議論-17세기 嶺南士族 動向의 一端-」, 『북악사론』 8, 북악사학회, 2001.

이성무, 『朝鮮初期兩班研究』, 일조각, 1980.

이수건, 『嶺南學派의 形成과 展開』, 일조각, 1995.

______, 「光山金氏禮安派의 世系와 그 社會·經濟的 基盤-金緣家門의 古文書 分析」, 『역사교육논집』 1, 1980.

이재두, 「1798년에 편찬한 『영남인물고』와 그 위상」, 『규장각』 58, 규장각한국학연구원, 2021.

이태진, 「16세기의 천방(보) 관개의 발달」, 『한우근박사정년기념사학논총』, 지식산업사, 1981.

______, 「사림파의 향약보급 운동-16세기 경제변동과 관련해」, 『한국문화』 4, 규장각한국학연구원, 1983.

정만조, 「月川 趙穆의 生涯와 學問」, 『韓國의 哲學』 24, 경북대 퇴계연구소, 1996.

조지형, 「조성당 김택룡의 예안 생활과 시조 창작」, 『국학연구』 35, 한국국학진흥원, 2018.

한국역사연구회 조선 시기 사회사 연구반 지음, 『조선은 지방을 어떻게 지배했는가』, 아카넷, 2000.

한영우, 『과거, 출세의 사다리 : 족보를 통해 본 조선 문과 급제자의 신분이동(1·2·3·4)』, 지식산업사, 2013.

______, 『朝鮮前期 社會經濟研究』, 을유문화사, 1983.

황만기, 이동춘 사진, 『선성지와 서부리 : 예안읍지와 예안 행정의 중심』, 민속원, 2018.

1 이상, 김택룡의 가계에 대해서는『조성당선생문집』(이하『문집』)의「세계도」(40~41쪽), 생애에 대해서는「연보」(42~64쪽)를 참조하였고, 족보와 실록을 대조하였다.

2 「연보」1568년조(44~45쪽) 참조.

3 박현순,『16~17세기 禮安縣 士族社會 研究』, 서울대학교 국사학과 박사학위논문, 2006, 143쪽 참조.

4 자세한 내용은 이상현,「月川 趙穆의 陶山書院 從享 議論-17세기 嶺南士族 動向의 一端-」,『북악사론』8, 북악사학회, 2001, 143쪽 참조.

5 "爲人庸愚麤鄙, 險陂昏劣, 門係至賤, 鄕里皆賤惡之. 頃附鄭經世, 出入兩司, 人皆唾罵."『선조실록』129권, 선조 33년(1600) 9월 25일(을축) 5번째 기사. 번역은 국사편찬위원회 '조선왕조실록' 홈페이지 참조. 이하 같다.

6 한영우,『과거, 출세의 사다리 : 족보를 통해 본 조선 문과 급제자의 신분이동 (1)』, 지식산업사, 2013, 563~564쪽; 김성우,「광해군 대 정치 지형의 변동과 경상도 禮安 士族들의 대응」,『역사학보』226, 2015, 124쪽; 조지형,「조성당 김택룡의 예안 생활과 시조 창작」,『국학연구』35, 2018, 300쪽 참조. 김성우는 예안 사족의 가격家格을 3개 등급으로 나누고 김택룡을 그중 2급 사족으로 분류하고 있다.

7 김택룡의『영남인물고』등재에 대해서는 이재두,「1798년에 편찬한『영남인물고』와 그 위상」, 규장각한국학연구원, 2021, 552쪽 참조. 오늘날 관찬, 사찬의 예안 읍지가 다수 남아 있는데, 그중 성재 금난수 종가 소장의『선성지宣城誌』는 서문에 1619년 월천 조목의 제자 권시중이 이를 작성했다고 기록하고 있다. 물론 내용에 권시중 사후 사실도 기록되어 있으므로 현존하는 판본이 초간본은 아니고 추가 편집이 있었음을 알 수 있다. 한편, 1899년 대한제국의 관찬 읍지로서『예안군읍지』가 편찬되었다. 두 읍지 모두 인물 조에 김택룡이 등재되어 있다. 예안 사족사회에서 김택룡의 위상을 알 수 있다. 예안 읍지에 대한 자세한 내용은 황만기, 이동춘 사진,『선성지와 서부리 : 예안읍지와 예안 행정의 중심』, 민속원, 2018, 8~19쪽 참조. 또한,『선성지』의 원문 및 번역문은 國譯宣城誌發刊推進委員會,『(國譯)宣城誌』, 國譯宣城誌發刊委員會, 1993 참조.『예안군읍지』는 규장각 도서로 소장되어 있다(奎10845 마이크로필름본). 참고로, '선성宣城'은 예안의 옛 지명이다.

8 '사회적 지위social status'라는 말은 사회 속에서 차지하는 위상이라는 의미이며 특정 사회의 고유한 문화적 맥락도 고려되는 복합적인 개념이라고 할 수 있다. 이 글에서는 계급, 계층, 신분, 격格 등 다양한 개념을 포괄하는 말로 사용하고자 한다. 관련하여 이 글에서 특히 자주 쓰이는 용어는 '문지門地'라는 것이다. 의미를 풀어보자면 '가문의 지위'라고 할 수 있다. 조선시대 사족사회에서 개인의 사회적 지위는 가문의 그것과 매우 밀접했으며 국가와의 관계에서 획득할 수 있었던 과거나 관직도 문지와 무관치 않았다.

9 조선 전기 신분제 논쟁의 문제의식은 조선 개국 이후 조선 사회를 이끌어 간 지배의 동력을 무엇으로 지칭할 것인가 하는 점일 것이다. 이에 대해 이성무는 '관료[官人]' 지배를, 한영우는 지배층 진입 기회가 양인良人 계층에 개방적이었음을, 송준호는 보다 더 장기 지속적

인 귀족 혼맥의 존재를 각각 주장하였다. 이성무의 입장에 대해서는 이성무, 『朝鮮初期兩班研究』, 일조각, 1980 참조. 한영우의 입장은 한영우, 『朝鮮前期 社會經濟研究』, 을유문화사, 1983 참조. 송준호의 입장은 송준호, 『朝鮮社會史研究 : 朝鮮社會의 構造와 性格 및 그 變遷에 관한 研究』, 일조각, 1987 참조.

10 지배체제론의 관점에서 16~17세기를 사족 중심의 시대인 조선 중기로 설정하는 시각에 대해서는 다음의 연구들을 참조할 수 있다. 이태진, 「16세기의 천방(보) 관개의 발달」, 『한우근박사정년기념사학논총』, 지식산업사, 1981; 이태진, 「사림파의 향약보급 운동-16세기 경제변동과 관련해」, 『한국문화』 4, 규장각한국학연구원, 1983; 한국역사연구회 조선 시기 사회사 연구반, 『조선은 지방을 어떻게 지배했는가』, 아카넷, 2000; 김성우, 『조선 중기 국가와 사족』, 역사비평사, 2001.

11 이 점에 대해서는 앞서 언급한 조선 전기 신분제 논쟁을 통해 잘 알려져 있다. 위에 언급한 이성무, 한영우, 송준호의 연구 참조. 특히, 이 글에서는 지배층의 경제력에 대해 체계적이고 객관적으로 분석할 만한 자료가 부족한 상황에서, 관인 자격 여부를 중요한 분석 기준으로 활용한다.

12 송준호(1992)는 양반 신분의 결정 요인으로 관료로서의 지위보다는 혼맥의 중요성을 더 강조하고, 이것의 장기 지속성을 주장한 바 있다. 혼맥으로 이뤄진 폐쇄 집단 속에 개별 가문의 출입은 많이 있다 하더라도 이러한 전체 집단 자체의 존재는 장기 지속한다는 취지다.

13 부계patrilineal, 부변(부측)patrilateral, 모계matrilineal, 모변(모측)matrilateral 등의 용어가 아래에서도 활용될 것이므로 여기서 간략히 설명하자면 다음과 같다. 즉 부계라는 것은 비조를 기점으로 해서 부父로만 이어져 내려가는 계보를 말한다. 부계집단이란 이러한 계보에 속하는 사람들의 집단이라고 할 것이다. 따라서 동일 성관 집단은 부계집단이라고 할 수 있고, 여기에 며느리 등 여성은 주변화된다. 한편, 부변(부측)이라고 하면, 자손 위치에 있는 어떤 사람을 기점으로 해서 그의 부의 집안을 의미한다. 즉 조부, 조모, 조부의 부모, 조모의 부모 등 모든 집안 어른을 다 지칭한다. 이는 모계, 모변(모측)도 마찬가지다. 즉 모계는 비조로부터 모로만 이어져 내려가는 계보를, 모변(모측)은 어떤 자손의 모와 그 모의 부모, 조부모, 외조부모 등 집안사람을 지칭한다.

14 족보에 관한 이 같은 이해는 권기석, 『족보와 조선 사회 : 15~17세기 계보의식의 변화와 사회관계망』, 태학사, 2011, 110~128쪽; 미야지마 히로시, 「동아시아 세계 속의 한국 족보」, 계명대학교 한국학연구원 편, 『한국 족보의 특성과 동아시아에서의 위상』, 계명대학교출판부, 2013, 23~26쪽 참조.

15 『씨족원류』의 정확한 집필 연도는 알 수 없다. 저자인 조종운의 생몰년(1607~1683)을 고려할 때 17세기 중반으로 비정할 수 있을 것이다. 『씨족원류』 이후에 등장하는 '종합보'들은 성관별로 구분해서 편집하는 것이 통례다. 각 집안에서도 이후 초간보나 재간보의 경우 내외손을 무제한으로 수록하는 경우가 있었고, 이를 이용하여 각 가문만의 성관별 종합보가 만들어지기도 하였다. 1702년 간행된 『해남윤씨족보』와 그를 이은 『만가보』가 그 한 사례다.

16 송준호, 위의 책 1987, 33쪽 참조. 송준호는 『문화유씨가정보』 수록 인물을 총 38,000명(중복 10,000명 제외)으로 파악하였다. 그중 문화 유씨 본계 남자는 1,400명에 불과하다고 하였다. 즉 이것은 문화 유씨 한 집안의 족보라기보다는 문화 유씨 시조 유차달을 출발점으로 하는 당대 지배층 집안의 연결망이었다.

17 고려 말기 지배적인 성관과 그 일원인 문화 유씨에 대해서는 던컨, 존 B., 김범 역, 『조선 왕조의 기원』, 너머북스, 2013, 167쪽 참조.

18 이 족보에는 사위와 반대로 며느리 측의 신규 진입은 불가능하다는 편향이 있다. 즉 기존에 이 족보에 수록되지 않았던 집안 남성이 족보 내에 있는 어떤 사람의 사위가 되면 곧바로 족보에 신규 수록되지만, 반대로 여성 측은 그렇지 못하다. 이것은 딸을 남편 이름으로 수록하는 작성 원리상 당연한 귀결이다. 그렇지만 모든 집안은 유사한 비율로 딸과 아들을 가지므로 이것이 전체적인 불균형을 야기한다고 볼 수는 없다. 딸을 이 족보 내의 인물에게 시집보낼 수 있는 집이라면 높은 확률로 언젠가는 아들을 이 속으로 장가보낼 수도 있을 것이기 때문이다.

19 『문화유씨가정보』에 대해서는 백광열(「『文化柳氏嘉靖譜』(1565) 등장 관료의 친족 연결망을 통해 보는 조선 전기 사림파의 사회적 배경」, 『규장각』 58, 규장각한국학연구원, 2021, 398~403쪽) 참조. 『문화유씨가정보』의 자료 활용 과정에 대해 부기해 둔다. 언급하였지만, 『문화유씨가정보』는 수록 인원만 4만 명에 육박하는 거질의 족보이며, 현재 목판간인본으로 문화유씨대종회에 소장되어 있고, 이 연구에서는 한국학중앙연구원 장서각에 소장된 복사본(마이크로필름)을 활용하였다. 분석하려면 이것을 DB로 입력하는 작업이 필수적이다. 수작업으로 혈연, 혼인 관계의 연쇄를 찾아가는 것에는 한계가 있기 때문이다. 필자는 이 연구를 위해 이 자료를 입력하는 지난한 작업을 수행하던 중, 고려대학교 중세연구실 홈페이지에서 제공되는 '인적정보 DB'에 『문화유씨가정보』와 『안동권씨성화보』가 포함되어 있다는 사실을 알게 되어 입력에 도움을 많이 받았음을 밝힌다. '인적정보 DB'는 홈페이지 형태로 공개되어 있다(http://korea.khistory.org/?mod=gen). 그러나 이것을 입력하는 작업을 이미 상당 부분 수행한 이후였고, 또한 입력 이후에도 오류를 바로잡고 이것을 활용 가능한 형태로 가공하는 등 더욱 지난한 작업을 수행했음을 아울러 밝힌다.

20 와그너, 에드워드, 이훈상 외 역, 『조선 왕조 사회의 귀속과 성취』, 일조각, 2007, 227~244쪽 참조.

21 아울러, 위에 언급한 『안동권씨성화보』(1476) 및 이후 편찬된 『씨족원류』 등의 '종합보'도 이와 마찬가지로 지배층 내혼집단을 드러내기 위한 성격의 기록이라고 할 수 있을 것이므로 참고하도록 한다. 이들 종합보는 각자 개별적인 특성도 있으므로 주의해야 한다. 우선, 『안동권씨성화보』는 수록 인원이 8,000명 정도로 상대적으로 양이 소략하다. 이것은 『문화유씨가정보』에 비해 약 3~4세대(89년) 정도 이른 시기의 것이라는 점이 반영된 것이다. 『씨족원류』 이후의 종합보는 대체로 성관별로 편집된 것이 많은데, 이러한 것들은 편집 시점이 17세기 중반 이후이므로 16세기까지의 인물을 충실하게 반영하지만, 수록 가계의 선별이 사후적이며, 성관별 편집이기 때문에 편집자의 시각이 반영될 수 있다는 단점도 있다. 이 글에서는 이 같은 성관별 종합보의 전통을 집대성하여 1931년 편찬된 『만성대동보』도 참고하고자 한다. 그리고 여기서 또 한 가지 주의할 점을 언급한다면, 가령 김택룡(1547~1627)의 시대는 이미 『문화유씨가정보』(1565) 편집의 끝단에 간신히 물리는 시대이므로, 김택룡이라는 인물이 이 족보 속에 포함되어 있는지를 확인하려면 김택룡뿐만 아니라 그의 내외 상계와 처변의 그것을 모두 찾아보아야 한다는 것이다. 본인은 시기상 등재되어 있지 않더라도 부모나 처변이 등재되어 있을 경우, 이 족보에 등재된 것으로 간주한다.

22 이러한 내용에 대한 설명으로는 이수건, 『嶺南學派의 形成과 展開』, 일조각, 1995 참조. 그리고 박현순, 「16~17세기 禮安縣 士族社會 研究」, 서울대학교 국사학과 박사학위논문, 2006, '1장'도 참조.

23 이수건, 위의 책, 260쪽에 따르면, 이황은 중년 이후 재산으로 "수삼채의 家舍, 150구 내외의 노비, 수천두락의 전답은 확보하고 있었다"고 하였다.

24 직전 제자 세대는 사례 수를 늘리고 좀 더 체계적으로 조사해 봐야 한다. 그러나 지금까지 본 것만으로도 기호 사림과 영남 사림의 차이가 두드러질 것이라고 생각된다.

25 『嘉靖四十三年甲子七月二十日司馬榜目』(국립중앙도서관[古朝26-29-1]) 및 『嘉靖四十五年丙寅十月日文科別試榜目』(국사편찬위원회[MF0002581]) 참조.

26 이경구, 「17~18세기 壯洞 金門 연구」, 서울대학교 국사학과 박사학위논문, 2003, 8쪽 참조.

27 이 과정에 관해서는 후술하기로 한다. 또한, 이상현, 앞의 논문(2001)도 참조할 수 있다.

28 한영우, 『과거, 출세의 사다리 : 족보를 통해 본 조선 문과 급제자의 신분이동 (1·2·3·4)』, 지식산업사, 2013.

29 한영우, 위의 책, 1권, 2013, 7~24쪽 참조.

30 한영우가 참조한 종합보는 『씨족원류』, 『만성대동보』, 『청구씨보』 등인데, 이것들은 모두 잘 알려진 종합보다. 이 종합보에 가계가 등장하지 않는 등 이상 징후를 보이는 인물을 그는 '신분이 낮다'고 표현하였다.

31 한영우, 위의 책, 1권, 2013, 99~101쪽 참조. 조선 초기 문과 급제자의 가계에 관해서는 한영우의 입장과 정반대로 그들은 대부분 관료층 내부에서 배출되었다는 연구도 존재한다. 김창현, 「朝鮮初期 文科及第者의 出身 배경」, 『역사학보』 155, 역사학회, 1997. 그러나 이 연구는 급제자 개인별 사례를 전수조사한 것은 아니므로, 이 연구에서는 한영우의 전수조사에 기반을 둔 연구를 참고하기로 한다. 물론, 한영우 역시 급제자마다 개별 집안 족보를 활용한 것은 아니고 종합보에 그 인물의 계보가 포함되어 있는지의 여부를 조사하였다는 한계는 있지만, 이 정도로도 개인별 특성이 상당 부분 수면 위로 드러나는 계기가 되었다고 생각한다. 추후 개별 사례에 대해 더 세밀한 관심이 필요하다.

32 이 점에 관해서는 송준호, 앞의 책, 1987, 16~67쪽도 또한 참조할 수 있다.

33 한영우, 위의 책, 1권, 2013, 106~107쪽 참조.

34 한영우는 이 시기를 '조선 전기'로 명명하고 있기 때문에(한영우, 위의 책, 1권, 2013, 597쪽), 조선중기의 사족지배체제를 대상으로 하는 이 연구와 관점이 엄밀하게 일치하지는 않는다. 다만, 여기서는 한영우의 실증 조사를 이 연구의 관심과 관련해서만 활용하겠다. 또한, 광해군 대 이후의 문과 급제자에 대해서는 이 연구의 범위가 아니므로 한영우의 연구를 엄밀히 검토하지 못하였다는 점을 밝힌다.

35 『문화유씨가정보』 권7, 用면

36 『조성당일기』 1612년 3월 26일.

37 예컨대, 오늘날 의성 김씨 예안파로 귀결된 계보에는 효우孝友(12세) - 흠조欽祖(13세) 계보가 존재했는데, 효우는 선성 김씨의 계보에도 존재하는 이름이기 때문에, 양 계보가 선계에서 서로 관련이 있지 않은가 하는 의심이 들기도 한다. 나아가, 무엇보다 동성동본인 두 성씨가 공존하는 것이 그다지 일반적이지 않기도 했다. 여기서 선계가 서로 얽혔다는 표현을 썼지만, 사실상 김택룡을 포함하는 가계의 선계가 불명확했던 것으로 보인다.

38 한영우, 위의 책, 1권, 2013, 563~564쪽.

39 현존하는 예안의 향안은 1572년의 것부터 남아 있고, 10년에 1차례씩 수보되었던 것으로 보인다. 이에 대해서는 박현순, 앞의 논문(2006), 46~57쪽 및 206~208쪽 참조.

40 『의성김씨세보』 권4(1901), 官면 참조.

41 이에 관해서는 김형수, 「17세기 초 안동 지역 사회의 재편과 서애학단의 활동」, 『영남학』 31, 2016, 163~168쪽; 정만조, 「月川 趙穆의 生涯와 學問」, 『韓國의 哲學』 24, 경북대 퇴계연구소, 1996, 8쪽 참조.

42 이에 관해서는 이상현, 앞의 논문, 2001 참조.

43 예를 들어서, 『조성당일기』 1612년 2월 2일 참조.

44 이상현, 위의 논문, 2001, 58쪽.

45 김성우, 앞의 논문, 2015, 135쪽 참조.

46 주지하듯이, 1610년 이언적, 이황이 정여창, 김굉필, 조광조와 더불어 동방5현으로 문묘에 종사되었다. 정인홍은 자신의 스승인 조식이 상대적으로 격하된 것에 불만을 품고 1611년 3월 차자를 올려 이언적과 이황의 과오를 비판하였다. 이에 성균관 유생들이 권당에 돌입하고 정인홍을 배척하는 등 정국에 큰 혼란이 일어났다.

47 김형수, 앞의 논문, 2016, 163쪽 참조.

48 『조성당일기』 1612년 3월 26일, 4월 2일.

49 조목은 김택룡과 6촌 내의 김봉령의 여식을 후처로 맞이하여 조석붕, 조수붕의 2자를 두었다. 석붕은 문과, 수붕은 진사에 급제하였는데, 방목에 외조란이 비어 있다(『국조문과방목』 권9 참조).

50 한영우, 앞의 책, 1권, 2013, 519~520 참조.

51 생년이 『가정보』 간행 시점에 물리는 정경세(1563~1633) 자신은 수록되어 있지 않고 그의 조부가 '정은구鄭銀鉤'라는 이름으로 수록되어 있다(『문화유씨가정보』 8권 貢면).

52 몇 가지 기준을 설정하면 네트워크 내에서 중심에 위치하는지 주변에 위치하는지도 규정할 수 있다. 예컨대, 보다 많은 사람들과 연결될수록 중심에 위치한다고 말할 수 있다. 특히 단순히 한 개인의 연결 개수만이 아니라 그가 연결된 사람들 또한 많은 연결선을 가진 사람들일 경우 보다 더 중심에 위치한다고 말할 수 있다. 즉 간신히 몇몇 인물과만 연결된 인물이 있을 수 있고, 수많은 중심인물과 서로 연결된 인물이 있을 수 있는 것이다.

53 김형수, 위의 논문, 2016, 158~163쪽 참조.

54 김현영, 「16세기 사족의 향촌지배체제」, 『(신편) 한국사』 31, 국사편찬위원회, 1998, 26쪽.

55 물론, 이 네트워크가 또 다른 네트워크에 의해 대체될 수 있을 것이다. 이것은 조선 후기의 경우 사족 네트워크가 어떤 양상을 띠는지 살펴보아야 알 수 있다.

5장

조성당 김택룡의 인맥 기반과 문학 네트워크

최은주

머리말

이 연구는 개인의 문집과 일기를 교차 분석해 삶 전반과 밀착되어 있는 인맥 기반을 먼저 검토하고 그 속에서 문학 네트워크는 어떤 특징을 드러내며 형성되는지 살펴보고자 한 것이다. 여기에서 문학 네트워크는 한시漢詩 수수授受 또는 시회詩會 참여 중심으로 형성되는 인맥을 지칭하는 단어로 사용한다. 개인의 삶은 수없이 만나는 타인과 어떤 관계를 형성하는가에 밀접하게 연동되어 있다. 따라서 문집과 일기를 따라 교류 인맥의 구체적인 실상을 파악해 가다 보면 그의 뒤로 펼쳐지는 당대 사회의 다양한 현상들을 함께 만나게 된다. 문학 네트워크는 그러한 인맥 기반 내에서 펼쳐지는 것이기에 개인의 인맥 전반에 있어서 선택적이거나 의도적 또는 집중적일 수 있다. 개인의 문집과 일기가 동시에 남아 있는 경우 그가 일상에서 얼마나 많은 사람과 접촉하고 교류하는지 볼 수 있지만 정작 문학 수수를 하는 대상은 제한

적이기 때문이다.[1]

인맥은 한 번 맺어진 후 고정되는 것이 아니라 변화하고 움직인다. 지속적인 교류로 친밀감이 돈독해지기도 하고 때로는 어떤 계기를 통해 소원해지거나 단절되기도 한다는 것을 염두에 두면 인맥은 변화하고 움직이며 그 속에서 확상과 축소를 반복한다고 볼 수 있다. 확장과 축소에 개인이 그때그때 처한 환경이 개입되는 것이라고 하겠다. 한시 교류는 둘 사이의 관계가 새롭든 익숙하든 기본적으로는 정서적 연대감을 요구하며, 때때로 목적성을 깔고 수단으로 활용하기도 한다. 이 경우는 개인이 가지는 다양한 조건이 작용한다. 예를 들면, 출신 지역과 가문의 위상·학맥 계승·과거급제 및 관직 활동 등과 같은 것이다. 결국 한시 교류도 개인이 그때그때 처하는 환경과 무관하지 않으며 그에 따라 특징적 경향을 나타내는데, 이러한 특징을 파악할 수 있게 만들어 주는 것이 곧 일기 자료다.

경상도 예안 출신의 선비 김택룡金澤龍(1547~1627)은 퇴계의 제자 월천月川 조목趙穆(1524~1606)의 문하에서 수업하였으며, 성성재惺惺齋 금난수琴蘭秀(1530~1604)를 각별하게 따랐다. 그는 1586년(선조 19) 40세에 천거로 경릉참봉에 임명되면서 본격적인 서울살이를 시작했고 1586년 문과에 급제한 후 내외직의 관직을 두루 역임하며 타지 생활을 오래하였다. 또한 월천 사후에는 퇴계를 주향으로 모신 도산서원에 월천의 종향을 추진하면서 지역 내 범퇴계학파 문인들과 적지 않은 갈등을 겪기도 했다.[2] 당시 영남 지역은 퇴계학파 중심의 남인들이 정치적 영향 및 사승師承 관계에 따라 내부적 분화를 한참 겪고 있었고 그럼에도 불구하고 지역을 벗어나면 외형적 결속을 놓지 않을 때였다. 이 글은 이러한 배경 위에서 김택룡의 인맥 기반이 어떤 과정을 거쳐 구축되었고 어떤 모습으로 나타나는지 주목한 것이다. 나아가 그의 관직 경력은 지역 출신이었던 그의 인맥 기반 형성에 어떤 영향을 끼쳤는지 그리고 그 속에서 형성된 문학 네트워크는 어떤 특징적 경향을 나타내는지 함께 살펴보고자 하였다.

이러한 연구를 시도할 수 있는 것은 그의 문집과 일기가 동시에 남아 있기 때문이다. 물론 남아 있는 문집이 4권 2책으로 분량이 소략하고,[3] 일기도 말년에 해당하는 3년에 불과하므로[4] 자료적 접근의 관점에서는 한계가 분명해 보이는 지점이 있다. 그러나 각별한 사이였던 금난수의 『성재일기』에서 젊은 날의 김택룡의 모습을 비교적 생생하게 포착할 수 있고, 동시대 다른 인물의 일기와 문집에서도 김택룡의 자취와 흔적을 일정 부분 발견할 수 있기에 이러한 자료들을 보완해서 분석하면 연구 결과를 입체적으로 도출할 수 있을 것이라 기대한다.

조성당 김택룡에 대해서는 그의 일상 속 문화생활,[5] 혼인 및 가족,[6] 시조 창작[7]을 검토 분석한 연구와 당시 그가 생활했던 지역의 구체적 실상을 정밀하게 추적한 연구[8]가 있다. 이외에 김택룡의 삶의 행적을 통해 영남 사족사회의 변천을 살핀 연구도 있다.[9] 현재까지 김택룡의 인맥 기반에 주목하고 그 속에서 형성한 문학 네트워크의 특징을 살핀 연구는 없으므로 이 글은 기왕의 연구를 바탕으로 이에 대한 논의를 진행해 보고자 한다.

문집과 일기를 통해 본 그의 인맥 기반

김택룡의 자는 시보施普, 호는 와운자臥雲子·조성당操省堂, 관향은 의성義城이다. 1547년(명종 2) 예안현禮安縣 한곡寒谷(현 안동시 예안면 태곡리)에서 태어났다. 그의 집안은 김택룡의 4대조인 김효우金孝友가 예안 한곡에 복거한 이후로 이곳에 세거하였다. 부친은 훗날 승지에 추증된 김양진金揚震이고 모친 숙부인淑夫人 안동 김씨는 내금위 김여광金礪光의 딸이다. 문집에 수록된 연보에 따르면 김택룡은 1554년(명종 9) 8세 때 월천 조목의 문하생이 되었고, 1563년(명종 18) 17세 때 경릉참봉敬陵參奉 이사의李思義의 딸 고양 이씨高陽 李氏를 아내로 맞이했다. 그녀는 후사 없이 일찍 사망한 것으로 보인다. 이후 이의강李義綱의 딸 진성 이씨와 재혼해 5남 6녀의 자식을 두었다.

다음의 도표는 문집과 일기를 통해 그의 삶 전반을 간략하게 정리해 본 것이다.

~1585(39세)
지역 중심의 생활(안동 및 예안 일대)
1576년(30세) 사마시 합격

↓

1586(40세)**~1610**(64세)
관직 중심의 생활(서울 및 지방)
1588년(42세) 문과 급제
- 1586년(선조 14) 경릉참봉으로 시작해 호조좌랑 등 6품관과 사헌부 지평 등 5품관의 중앙관직을 두루 역임
- 임진왜란 직후에는 진주제독관·울산도호부사·영월군수 등의 지방관직과 접반사를 역임

↓

1611(65세)**~1627**(81세)
지역 중심의 생활(예안·풍기·봉화·영주)
1612년·1616년·1617년 등 3년의 일기가 현전

김택룡은 39세까지는 지역 중심의 생활을 영위했다. 이 시기의 활동을 구체적으로 파악하기는 어렵지만 대부분의 지역 유생이 그러했듯이 김택룡 또한 과거시험을 준비하며 치열하게 공부했던 시절이었을 것이다. 8세라는 비교적 이른 나이에 조목의 문하생이 되었는데, 김택룡은 나중에 지은 시에서 이 시절을 다음과 같이 회고했다.

옛날 내가 학문에 뜻을 둔 처음에	昔我志學初
몇 번이나 강학하던 자리에 올랐던가	幾度登鱣堂
성성재惺惺齋를 따라 노닐었으니	從遊惺惺齋
낙동강 물줄기 한가운데였지	洛水之中央
뒤이어 월천 어른을 모셨으니	建事月川翁
옷섶 걷고 가까이 모신 지 십 년	摳衣經十霜
배움에 때를 놓쳐 버리면	學有不及時
어찌 몸 일으켜 높이 날기를 바라랴	寧望起翺翔
계상溪上의 문하에 이르렀으나	縱及溪上門
부질없이 방향을 몰라 헤매었네	冥擿空迷方[10]

김택룡은 처음 학문에 뜻을 두었을 때 여러 차례 공부하는 자리에 참여했고, 그때 금난수를 종유從遊하며 깊은 인연을 맺기 시작했다. 그리고 스승 조목을 가까이에서 직접 모시며 공부했는데 그 세월이 10년에 가까웠다. 계상의 문하에 이르렀다는 것은 조목을 모시고 퇴계 이황의 문하에 나아간 것을 가리킨다. 연보에 1564년(명종 19) 그의 나이 18세 때 퇴계를 뵈었다는 기록이 보인다. 단편적이지만 문집의 기록

그리고 말년 3년에 불과하지만 비교적 상세한 일기의 내용을 종합적으로 검토해 볼 때, 금난수, 조목, 이황은 김택룡의 인맥 기반에서 가장 기본적인 축을 형성한다. 일상적으로 가깝고 친밀하게 교류한 인물들로는 금난수와 조목 그리고 그 주변의 인물들이 포진해 있고, 느슨한 관계를 유지하며 때로는 연대하고 때로는 갈등했던 인물들에 퇴계의 문인들과 그 주변의 인물들이 포진해 있기 때문이다.

김택룡은 어려서부터 금난수[11]를 종유했기에 그 속에서 자연스럽게 금난수의 아들들과 친분을 쌓았다. 금난수는 조목의 누이동생과 혼인해 슬하에 4남 2녀를 두었는데, 4남은 곧 금경琴憬(1553~1634) · 금업琴㦾(1557~1638) · 금개琴愷(1562~1629) · 금각琴恪(1571~1588)이다. 김택룡은 요절한 막내아들 금각을 제외하고 3명의 아들과 매우 가깝게 지냈다. 이러한 교유의 모습은 금난수가 남긴 『성재일기』에서 생생하게 확인해 볼 수 있다.

현전하는 『성재일기』의 기록 기간은 1560년 11월 9일부터 1561년 9월 3일까지와 1575년 5월 13일부터 1604년 2월 13일 금난수의 임종일까지이며, 권말에 1554년 10월 30일부터 1556년 12월 17일까지의 일기가 덧붙어 있다.[12] 금난수의 일기에서 김택룡이 처음으로 등장하는 시기는 1576년(선조 8) 5월 13일이다. 금난수는 부친의 소상小祥을 지냈다고 기록하며 이날 방문한 사람들을 모두 기록했는데, 그 안에 김택룡이 포함되어 있었다. 이해 금난수는 47세였고, 김택룡은 30세였다. 이듬해는 10월 11일에 김택룡이 다녀갔다는 사실만 간략하게 기록했다. 김택룡이 금난수와 그의 아들들 그리고 조목과 많은 시간을 보내며 가깝게 지냈음을 확인할 수 있는 장면이 1578년 4월부터 포착되기 시작한다.

> 1578년(선조 11) 4월 6일
>
> 경과 업 두 아이와 김시보金施普(김택룡)가 봉성鳳城(봉화)에서 돌아와 고산에 머무르며 여러 경치를 감상하였다.[13]

조목은 1568년(선조 1) 집경전 참봉을 사직한 후 여러 관직에 제수되었으나 부임하지 않다가 1576년(선조 9) 10월 봉화현감에 부임해 1579년 7월까지 재직했다. 김택룡과 금난수의 세 아들은 이 시기에 봉화를 자주 왕래하며 조목과 시간을 보냈던 것으로 보인다. 더욱이 1578년 4월에는 17일부터 22일까지 함께 청량산을 유람했는데, 참여한 인물이 조목, 금난수와 그의 차남 금업, 김택룡과 그의 사촌 김경룡 모두 5명이었다. 각자 출발해 산에서 만났는데 4월 20일의 일기에서 다음과 같이 기록했다.

> 1578년(선조 11) 4월 20일
>
> 백운암白雲庵에 올라가서 연적봉硯滴峯을 오른 뒤에 도로 만월암滿月庵으로 내려왔다 암자 벽에다 "조사경趙士敬(조목)은 봉성(봉화)에서 오고, 금문원琴聞遠(금난수)은 그의 아들 업과 함께 고산에서 오고, 김시보(김택룡)는 그의 사촌 경룡景龍과 함께 동곡東谷에서 왔다. 함께 연적봉을 올라가 선경의 구름 경물과 화사한 연초록 경치를 구경하고 돌아오다"라고 썼다. 봉화 수령이 또 절구 한 수를 읊어 벽에 썼다.

김택룡에게 조목과 금난수는 사제 관계 그 이상이었다. 예안현 내에 있을 때에도 예안현을 떠나 타지에 있을 때에도 이들은 끊임없이 만나며 관계를 돈독히 했다. 이러한 모습은 금난수의 일기에서 충분히 확인할 수 있다. 〈표 1〉은 『성재일기』에 김택룡이 얼마나 등장했는지 그리고 그때 지역은 어디였는지를 연도별로 정리해 본 것이다.

〈표 1〉 금난수의 일기에 기록된 김택룡과의 교류 현황

연도	기록 횟수	교류 지역	연도	기록 횟수	교류 지역
1576	1	예안	1590	2	서울
1577	1	예안	1591	2	예안
1578	4	예안	1592	2	예안
1579	2	예안	1593	1	예안
1580	2	서울	1596	2	예안
1581	1	예안	1597	4	예안
1585	4	서울	1599	1	예안
1586	6	서울	1600	1	예안
1587	8	서울	1601	1	예안
1588	14	서울	1602	6	예안
1589	6	서울	1603	2	예안

1576년과 1577년은 금난수가 부친상을 당해 시묘살이 중이었기에 왕래가 잦지 않았던 것으로 보인다. 1578년은 함께 청량산을 유람했던 해다. 1579년(선조 12) 4월 금난수는 유일遺逸로 제릉참봉에 임명되었다. 관직에 나아가기 위해 서울로 떠날 때 지역의 지인들이 모여 잔치를 베풀고 작별 인사를 나누었는데, 이날이 6월 4일이었다. 다음의 예문은

6월 4일의 일기다.

> 1579년(선조 12) 6월 4일
>
> 고을 친구 금협지琴夾之 형제, 이대용李大用, 이통숙李通叔, 권문원權文源, 김시보(김택룡) 및 동네 여러 어른이 모두 모여 전별을 해 주었다.[14]

김택룡도 참석해 금난수를 전송했다. 이날 참석한 금협지 형제는 일휴당日休堂 금응협琴應夾(1526~1596)과 면진재勉進齋 금응훈琴應壎(1540~1616)을 가리킨다. 이대용은 매암梅巖 이숙량李叔樑(1591~1592)으로 농암 이현보의 아들이며, 이통숙과 권문원은 누구인지 자세하지 않다. 금응훈은 이황의 문인으로 이 시기 이 지역 인물들의 일기에 자주 등장하는 인물이다. 『성재일기』뿐만 아니라 김령金坽(1577~1641)의 『계암일록』과 김택룡의 일기에도 등장하는데, 특히 김택룡은 말년에 도산서원에 월천의 종향을 추진하면서 이것을 반대하는 금응훈과 대립하며 갈등을 빚기도 했다.

이때부터 금난수는 1590년(선조 23)까지 집경전참봉·경릉참봉·장흥고 직장·장예원 사평 등의 관직을 역임하면서 주로 서울에 머물렀다. 1580년(선조 13) 2월 김택룡은 과거시험을 치르기 위해 금난수의 아들 금경·금업·금개와 함께 서울에 올라갔던 것으로 보인다. 금난수가 2월 11일의 일기에서 "경과 업 두 아이는 여주呂州에서부터 개[愷]와 헤어져 육로로 오고, 아이 개는 김시보(김택룡)와 함께 뱃길로 왔는데, 한꺼번에 도성에 들어왔다"[15]라고 기록했기 때문이다. 김택룡은 이해 과거시험에서 낙방했다. 이후 몇 년간은 만남이 뜸했는데 이는 서울과 예안이라는 물리적 거리 때문이라도 자연스러운 일이었다. 특별한 계기가 없으면 만나기 어려운 시절이었다.

1585년(선조 18) 금난수의 일기에서 김택룡이 자주 언급된 이유는 당시 조목이 공조좌랑에 임명되어 3월 초 무렵 서울에 도착했고 김택룡 또한 과거 응시를 위해 당시 서울에 있었던 터라 일부러 자주 만났기 때문이라 파악된다.[16] 3월 23일에는 조목의 생일이라고 김택룡을 불러 함께 만났고, 3월 29일에는 관직을 사양하고 내려가는 조목을 전송하는 자리에서 또 같이 만났다. 이 자리에는 영주 출신의 간재艮齋 이덕홍李德弘(1541~1596)도 있었다.

김택룡은 1586년(선조 19) 6월에 천거로 경릉참봉에 임명되었다.[17] 금난수의 기록에 따르면 1586년 7월 22일 김택룡이 뱃길로 도성에 도착했고, 다음 날 사은숙배하였으며, 다음 날부터 임소에 부임했다고 한다. 이때부터 김택룡과 금난수는 서울에서 자주 만날 수 있었다. 김택룡의 연보에 따르면 1588년(선조 21) 문과에 병과로 급제했고 얼마 후 승문원 저작에 임명되었다.[18] 금난수는 김택룡이 문과에 응시해 최종 합격할 때까지 옆에서 지켜보며 많은 시간을 함께했다.[19] 금난수가 관직을 그만두고 낙향한 때가 1590년(선조 23) 4월이었다. 이때까지 김택룡과 금난수는 서울에서 자주 만날 수 있었고, 김택룡은 자연스럽게 금난수의 모임에 참여하게 되었다.

〈표 2〉는 『성재일기』에서 당시 서울에서 모임을 통해 자주 어울렸던 인물들의 정보를 정리해 본 것이다. 일기의 특징상 성과 자를 붙여 기록하거나 성과 관직명을 붙여 기록하는 경우가 대부분이어서 확인이 가능한 인물들만 정리했다. 이 명단에서 김택룡은 제외하였다.

〈표 2〉 금난수가 서울에서 교류한 인물의 명단(『성재일기』 참조)

성명	생몰 연도	자	호	본관	사승 관계	거주지	과거급제 및 관직[20]
鄭復始	1522~1595	以建	桂潭	동래	서경덕의 문인	회덕	1555년 문과 급제
鄭琢	1526~1605	子精	藥圃	청주	이황·조식의 문인	예천	1558년 문과 급제
趙穆	1524~1606	士敬	月川	횡성	이황의 문인	예안	봉화현감·합천군수 등
裵三益	1534~1588	汝友	臨淵齋	흥해	이황의 문인	안동	1564년 문과 급제
鄭崑壽	1538~1602	汝仁	栢谷	청주	이황의 문인	성주	1576년 문과 급제
閔應箕	1530~1578	伯嚮	景退齋	여흥	이황의 문인	영주	광해군 왕자사부
李甯	1531~1595	君美	遠庵	진성	이황의 문인 (조카)	예안	사헌부감찰 등
李憙	1532~1592	子修	栗里	연안	이황의 문인	예천	1574년 문과 급제
李逢春	1542~1625	根晦	鶴川	진성	이황의 문인	안동	1576년 문과 급제
李庭檜	1542~1613	景直	松澗	진성	이황의 문인	안동	사헌부감찰 등
朴欐	1551~1592	居中	勿齋	고령	이황의 문인 (손녀사위)	영주	수운판관 등
李德弘	1541~1596	宏仲	艮齋	영천	이황의 문인	예안	집경전참봉 등
趙振	1543~1625	起伯	聾隱	양주	이황의 문인	서울	공조판서 등
權景虎	1546~1609	從卿	晩悟軒	안동	-	함창	사헌부감찰 등
李國弼	1540~?	棐彦	-	용인	이황의 문인	서울	함창현감 등
金鎭	?	-	-	풍산	-	서울	1549년 문과 급제
鄭三變	1544~?	德全	竹崖	영일	-	영천	1577년 문과 급제
金質重	1555~?	文甫	-	광산	-	청주	1585년 문과 급제
鄭士信	1558~1619	子孚	梅窓	청주	-	서울	1582년 문과 급제
李詠道	1559~1637	聖與	東巖	진성	이황의 손자	예안	호조좌랑 등

금난수가 공무가 아닌 사적인 모임에서 어울리는 인물들은 그 특징이 분명했다. 〈표 2〉에도 확연히 나타나듯이 금난수가 서울에서 교류했던 인물들은 대부분 영남 지역 출신이거나 퇴계의 문인이었다. 기본적으로는 학연과 지연으로 연결되어 있었는데, 그 특징이 분명하지 않으면 혈연 또는 혼맥으로 연결된 경우였다.[21] 예컨대 정복시는 서경덕의 문인이지만 금난수와는 이종사촌 관계였으므로 서울 생활 당시 가장 친하게 지낸 인물이다. 모임의 사례가 많지만, 그중 하루를 예를 들면 다음과 같다. 금난수가 서울 김택룡의 집에서 조목을 전별할 때 쓴 일기다.

> 1587년 12월 25일
>
> 조 합천趙陜川(조목)을 김시보(김택룡) 집에서 전별하였다. 정자정 영공(정탁), 정이건 형(정복시), 김진金鎭, 민백향(민응기), 이군미(이교), 이이후李貽後, 김희중金希中, 권종경權從卿(권경호), 정자부(정사신), 이경직李勁直, 안천뢰安天賚, 박거중(박려), 이성여(이영도), 김시보 등이 모두 모였다.[22]

조목을 조 합천이라 표기한 것은 1587년(선조 20) 11월에 조목이 합천군수에 제수되었기 때문이다. 이때 조목은 사은숙배를 위해 상경했다가 합천으로 떠나는 상황이었다. 김택룡의 집에 모인 인물 가운데 확인이 가능한 경우는 옆에 실명을 표기했다.[23] 김택룡은 서울에 올라간 후 금난수와 자주 만났고, 그 속에서 자연스럽게 금난수가 교류하는 인물들과 새롭게 친분을 쌓기도 하고 또는 기존의 관계를 돈독히 하기도 했다.

1591년(선조 24)부터 1604년(선조 37) 금난수가 세상을 떠날 때까지 만남이 드문드문한 것은 임진왜란의 영향과 함께 서로의 입장이 바뀌었기 때문이다. 이해부터 김택룡은 다양한 관직을 역임하며 서울 또는 타지에 머무르는 날이 많았다.[24] 반면 금난수는 낙향해 지역에서의 일상을 보내고 있었으므로 김택룡이 고향에 돌아올 때 만남을 가지는 정도였다.

『성재일기』만큼 현장감이 있지는 않지만, 이 시기에 김택룡이 주로 어떤 인물들과 교류했는가에 대해서는 그의 문집에서 일정 부분 파악이 가능하다. 1596년(선조 29) 7월 시강원에 입시할 때 유대정兪大禎(1552~1616)이 술과 안주를 보내 김홍미金弘微(1557~1604)와 즐겁게 마시며 시를 읊었다는 기록이 있고,[25] 1599년(선조 32)에는 영주 소수서원에서 경상도 관찰사 한준겸韓浚謙(1557~1627)과 모임을 가지기도 했다. 1600년 가을에는 접반사로 임명되어 명나라 장수 가賈 유격遊擊의 군영에 있었고, 겨울에는 명나라 군대의 반료도감頒料都監으로 강화도 교동현에 머물렀으며, 이듬해에는 명나라 군대를 따라 평안도에 갔다.[26] 이때 김택룡은 그곳의 중국인들과 다수의 시를 주고받았는데, 그 작품들이 문집에 수록되어 있다.

1601년에는 장악원掌樂院에서 열린 영남동도회嶺南同道會에 참석했는데, 당시 이 모임은 영남 출신의 관료들이 서울에서 만든 모임이었다.[27] 참석한 인물의 출신 지역을 살펴보면 상주 7명·함창 4명·김산(김천) 1명·안동 1명·예안 1명(김택룡)·성주 1명·영해 2명·군위 3명·의성 1명·고령 1명·거창 1명·초계 1명·단성 2명 총 26명이었다.[28] 김택룡과 직접적인 교류가 있었던 인물로는 이호민李好閔(1553~1634)과 〈표 2〉에 보이는 권경호 정도가 파악된다. 이후 1602년부터 1610년까지는 안동부 교수와 강원도도사·전라도·영월군수 등의 외직을 역임하거나 예안에 머무르면서 공적인 교류와 사적인 교류를 넘나들었던 것으로 보인다.

1611년(광해군 3) 65세부터 생을 마감한 1627년(인조 5) 81세까지 김택룡은 주로 본가가 있는 예안과 산장山莊이 있는 영주-봉화 권역(현재 영주)을 오가며 일상을 영위했다.[29] 그의 일기는 1612년·1616년·1617년 약 3년간의 기록이 전해지는데, 이 시기에 기록한 것이라 당시 김택룡의 인맥 기반 구축은 어떤 모습이었는지 대략이나마 파악해 볼 수 있다. 김택룡은 지역을 벗어나 서울과 타지에서 관직을 역임하며 바쁘게 생활할 때에는 자연스럽게 또는 선택적으로 지연과 학연으로 연결된 인물들을 만나며 인맥을 형성했다. 공무 속에서 그보다 확장된 인맥을 형성하기도 했지만, 이러한 관계에 대해서는 대체로 소극적이었다고 보인다. 말년에 고향에서 생활할 때에는 혈연과 혼맥 중심의 인물과 교류가 두드러진다. 지역적으로는 그 반경이 예안과 영주로 집약되는 경향을 보여 준다. 예안 내에서도 본가가 있던 한곡을 비롯해 조목이 거처했던 월천(현 안동 도산면 월천길)과 금난수가 거처했던 부포(현 안동 예안면 부포리)를 자주 오갔다. 이때는 조목과 금난수가 이미 세상을 떠난 후였으므로 주로 그의 자제들과 교류했다. 조목의 장남 조수붕趙壽朋(1579~?)과 차남 조석붕趙錫朋(1587~1657) 그리고 금난수의 아들들이다. 김택룡은 『조성당일기』에서 이들과 가깝게 교류하는 상황을 생생하게 기록하고 있다. 또한 조목의 아내 안동 권씨를 '월천 대부인'이라 지칭하면서 그녀에 대한 각별한 마음을 드러내기도 했다. 또한 당시 도산서원 원장을 맡고 있던 금경과도 꽤 자주 만났다. 그와는 향촌 내외의 주요 사안들에 대해 의견을 나누는 등 서로의 일상에 깊숙이 들어가 있을 정도로 친밀감을 드러내었다.

이 시기 김택룡은 학맥으로 맺어진 인물들과의 교류에서는 분화되는 양상을 보인다. 도산서원에 스승 월천 조목의 종향을 추진하는 일 때문이었다. 앞에서 살펴봤듯이 김택룡은 월천의 문인으로 그에 대한 마음이 각별했다. 당시 월천계 문인들은 월천의 종향을 성사시키기 위해 저마다의 위치에서 나름대로 노력을 쏟았는데, 특히 김중청金中清(1537~1629)의 경우 당시 예조좌랑으로 있으면서 대북정권의 협조를 이끌어 내는 등 종향의 성사를 실질적으로 주도했던 인물이다. 또한 김중청의 문인이자 이덕홍의 아들들인 이립李笠(1571~1616)·이강李茳(1573~1623)·이점李蒧(1579~1627)·이모李慕(1582~1639) 4형제도 당시 정계에 진출해 김중청과 함께 종향의 성사를 적극적으로 추진했다. 김택룡의 일기에는 그가 금경, 김중청과 뜻을 함께하며 긴밀히 교류하는 모습이 잘 나타나 있다.

그러나 월천계가 아닌 퇴계 문인들과는 갈등을 빚기도 했다. 김택룡이 지역 내에서 의견 대립으로 갈등을 빚었던 인물들은 주로 예안현 오천에 거주하는 광산 김씨와 봉화 금씨였다. 대표적 인물이 금응훈과 김평金坪(1563~1617)이었는데, 이들과는 같은 지역에서 비교적 가깝게 어울렸으면서도 이 문제에 당면하자 서로 대립하고 갈등하는 모습을 뚜렷하게 보인다. 김택룡의 둘째 사위가 김광찬金光纘(1564~1613)으로 김평의 종질이었음을 감안하면, 이들과는 느슨한 관계를 유지하며 사안과 상황에 따라 긴장과 이완을 반복했던 것으로 보인다. 김령이 쓴 『계암일록』에도 '월천 종향'을 둘러싸고 이해를 달리하는 인물 사이의 관계가 생생하게 기록되어 있다. 김택룡과 김령이 서로 다른 입장이었던 만큼 각자의 시선이 머무른 상황과 그에 대한 생각이 확연하게 다르다는 것을 알 수 있다.[30] 김령은 김택룡을 가리켜 '김영월 어른'이라 지칭하다가 월천 종향의 추진 과정 동안에는 김택룡이라는 이름 그대로 표기하거나 또는 무리를 붙여 표기해 그에 대한 불만을 여과 없이 드러냈다. 시간이 흘러 사건이 묻혔을 때 다시 '김영월 어른'이라 표기하고 있음을 볼 수 있는데, 이를 통해 지역 내 교류 인맥이 어떤 사건을 계기로 확실하게 단절하지 않는 이상 정도에 따라 긴장과 이완을 거듭하며 느슨한 관계를 유지하는 것이 보편적이었음을 알 수 있다.

문학 네트워크의 형성

김택룡은 젊어서는 배움과 학문 중심으로 교류했고, 경릉참봉을 시작으로 중앙관직에 진출하면서부터는 학연과 지연을 넓게 아우르며 교류했다. 만년에 고향으로 돌아왔을 때에는 지연은 범위가 좁아지고 학연은 분화되는 양상을 보이며 교류했다. 여기에서는 김택룡의 변화하고 움직이는 인맥 속에서 문학 네트워크는 어떤 특징을 드러내는지 살펴보려 한다. 문학 네트워크는 한시 수수 및 시회詩會 참여 등을 기반으로 분류할 수 있는데, 이것은 개인의 한시 창작 경향과 연동되어 있다. 김택룡의 한시 창작 경향을 몇 가지로 정리해 보면 다음과 같다.

우선 한시 창작을 소홀히 하지 않았다. 남아 있는 문집의 분량이 많지 않기에 김택룡의 한시 작품이 풍부하다고는 볼 수 없지만, 『조성당일기』에서 포착되는 몇몇 장면은 그가 여가가 생길 때마다 한시를 즐겨 창작했다는 것을 보여 준다. 일기에는 김택룡이 영주의 산장에 있었던 완심당玩心塘을 산보하거나 누대에 올라 자연을 완상할 때면 으레 시를 읊으며 한가롭게 시간을 보내는 모습이 종종 등장한다.[31] 또한 김택룡이 유산遊山을 즐겼으며 그때마다 한시를 창작했다는 점도 알 수 있는데, 남아 있는 일기에는 그가 1612년(광해군 4) 4월 소백산을 유람하고 유산록과 시를 정리하는 과정이 생생하게 담겨 있다.

아들과 제자들에게 문장 및 시의 작법을 강조하며 직접 가르쳤다는 점에서도 그가 한시 창작을 중요하게 인식했음을 알 수 있다. 물론 근본적으로 볼 때 과거시험을 대비하고자 했던 것이 크겠지만, 결국 이런 학습 과정을 통해 작문 작시 역량이 길러진다고 생각하면 김택룡 본인도 어려서부터 이러한 과정을 통해 한시 창작을 연습했다고 볼 수 있다. 일기에서는 한유의 「원화성덕시元和聖德詩」를 비롯해 그의 시와 문장을 가르치는 장면, 두보의 시를 가르치는 장면, 풍소風騷, 즉 시경과 초사를 가르치는 장면[32] 등이 드문드문 포착된다. 한유의 시를 가르쳤던 날의 일기를 제시해 보면 다음과 같다.

① 1612년 7월 4일 : 아들 대생에게 「원화성덕시」를 가르쳐 시 작법을 익히게 했다.[33]

② 1616년 5월 20일 : 아이들이 한유의 시와 문장을 배웠다. / 5월 22일 : 아들 김각이 한유의 시를 배웠다. / 5월 24일 : 아들 김각이 시와 한유의 문장을 배웠다. / 5월 29일 : 아들 김각이 한유의 문장을 배웠다.[34]

스스로 한시를 즐겨 지었기에 그는 여러 사람이 모인 자리에서 즉석으로 시를 짓는 것에 대해서도 유연한 자세를 보여 준다. 결과적으로 이러한 모임도 시회詩會라고 부를 수는 있을 텐데, 다만 일회성이고 순간의 흥취를 즐기며 표출하는 것으로 마무리된다는 특징이 있다고 하겠다.

김택룡의 문집에 수록된 한시 작품은 양이 적은 것도 사실이지만 대부분 말년에 지은 작품으로 추정된다. 물론 이것은 집 안에서 보관하던 시편들이 전란과 화재로 중간에 소실되고 일부만 남았다는 사실에서 비롯된 것일 수도 있지만, 한시 창작 자체가 바쁜 일상에서는 시도하기 어려운 측면이 있고, 관직 생활로 공무에 시달릴 때에는 더욱더 엄두를 내기 어려운 경향이 강하므로 이러한 현상이 나타난 것일 수 있다. 문집에 수록된 김택룡의 한시는 총 134제 319수인데 연작시가 많다. 창작 시기를 대략적으로 추정해 보면 〈표 3〉과 같다. 시기별 작품 가운데 증시나 차운시가 있을 경우 한시 교류로 분류해 인물명을 표기해 덧붙였으며, 만사는 별도로 구분했다.

〈표 3〉 김택룡의 한시 작품 현황

<table>
<tr><th>창작 시기</th><th>~1585년(39세)</th><th>1586~1610년(64세)</th><th>1611~1627년(81세)</th></tr>
<tr><td rowspan="2">작품 수</td><td rowspan="2">5제 7수</td><td>65제 147수</td><td rowspan="2">64제 165수</td></tr>
<tr><td>이중 약 45퍼센트가 1600년·1601년에 창작</td></tr>
<tr><td rowspan="2">한시
교류</td><td rowspan="2">◈조목(1)</td><td>◈이호민(1) ◈유대정·김홍미(1)
◈한준겸(2) ◈박록(1) ◈이홍문(1)
◈홍이상(2) ◈신성기(3) ◈신옥(4)
◈김구정(1) ◈금인(2) ◈조목(1)</td><td rowspan="2">◈김륵(1)
◈금경(1)
◈금개(1)</td></tr>
<tr><td>중국인은 제외</td></tr>
<tr><td>만사</td><td>◈정담 ◈이준</td><td>◈조목 ◈권우</td><td>◈오운</td></tr>
</table>

전체 작품 가운데 절반에 가까운 작품이 1611년(광해군 3) 65세 이후에 지은 것임을 알 수 있는데, 이는 영월군수를 마지막으로 관직에서 물러나 지역에서 비교적 느슨한 일상을 보냈기 때문이다. 앞에서 언급했듯이 일기에서 김택룡은 예안 한곡 본가와 영주의 산장을 오가며 비교적 한가로울 때 시를 읊곤 했던 모습을 종종 보여 주었다. 시에서도 이러한 단서들을 어렵지 않게 포착할 수 있다. 예컨대 「임당에 홀로 앉아 시 원고를 쓰며[林塘獨坐走稿]」라는 작품은 8수로 이루어진 연작시인데, 그중 첫 번째 시 일부분을 발췌하면 다음과 같다.

한천자는 귀거래사 읊으며	寒泉子賦歸來
그 속에 앉았다 누웠다 은둔하네	坐臥捿息於其中
한 사발 밥과 한 쟁반 채소로	飯一盂蔬一盤
배불리 먹고 일없이 여생을 마치려네	食飽無事甘長終
읊조린 시는 백 편을 이루었으니	唫詩成百首
지팡이에 기대어 휘파람 길게 분다네	長嘯倚孤笻
도성으로 보낼 편지는 쓰지 않으리니	不作入京書
다만 참된 공부 수련하리라	但鍊修眞功[35]

임당은 영주의 산장에 있던 연못이며, 한천자는 김택룡이 스스로를 가리켜 부른 것이다. 귀거래사를 읊으며 은둔하는 자신의 모습과 안빈낙도를 즐기며 남은 여생을 보내겠다는 의지를 담아내고 있는데, 이와 동시에 그런 생활 속에서 읊조린 시가 백 편을 이루었다고 말하고 있다. 한가롭게 유유자적하는 가운데 많은 시를 창작하였음을 분명하게

알 수 있는 대목이다. 김택룡은 이 시절에 지은 시 작품 곳곳에서 시흥詩興과 함께 시 짓기에 빠져 있는 자신의 모습을 형상화하고 있다.

창작 시기에 따른 작품 현황에서 주목할 만한 특징은 1586년 40세부터 1610년 64세까지 지은 시 가운데 45퍼센트에 달하는 작품이 모두 1600년과 1601년에 지어진 것이라는 사실이다. 앞에서 언급했듯이 김택룡은 1600년 가을 접반사로 임명되어 명나라 장수 가 유격의 군영에 있었고, 겨울에는 명나라 군대의 반료도감으로 강화도 교동현에 머물렀으며, 이듬해에는 명나라 군대를 따라 평안도까지 갔었다. 이 기간에 김택룡이 지은 시는 총 30제 47수에 해당하는데, 이 가운데 함께 지냈던 중국인에게 준 작품이 20제 29수다. 나머지 10제 18수 가운데 3제 5수는 자신의 회포를 서술한 시이며 7제 13수는 교동현감 신성기辛成己(1558~?)와 당시 배천에 있었던 신옥申沃(1534~1619)에게 보낸 시다. 이러한 사실이 방증하는 것은 활발한 한시 창작의 배경에는 시간적 여유가 큰 요인으로 작용한다는 점이다.

김택룡이 한시로 교류한 중국인은 모두 8명인데 천총 심도소·파총 왕일룡·상공 임학령·상공 서원진·파총 양위·요순경·유덕지·왕홍 등이다. 이중 상공相公 임학령林鶴齡은 한시를 즐겨 지었던 인물로 보이는데, 그가 가 유격 대장군을 따라 동방 원정을 나서면서 그 사이에 지은 많은 작품들을 별도로 정리해 『동정유초東征遊草』 초본을 만들었던 것으로 파악된다. 어느 날 김택룡이 임학령과 담소를 나누다가 그가 쓴 시를 보고 감탄하면서 다른 시도 보여 줄 것을 요청했더니, 이후에 편지와 함께 시편들을 보내왔다고 했다.[36] 임학령이 보내 준 시편을 받아보고 쓴 시가 「상공 임학령이 『동정유초』 두 책을 보내기에 감사하며 드리다[林相公鶴齡送東征遊草二冊 謝贈]」라는 작품이다. 김택룡은 이 시에서 춥지만 맑은 날씨의 겨울날 임학령이 보내 준 시를 한가롭게 읽는 자신의 모습을 형상화하였다.[37] 이해 명나라로 돌아가는 배가 바람에 막혀 어쩔 수 없이 교동현에서 겨울을 머물러야만 했기에 김택룡에게는 시간적 여유가 더 많아진 때였다.[38] 이듬해 4월이 되어서야 명나라 군대가 평안도로 향했는데 그때 임학령이 자신의 시책에 서문을 써달라고 요청했다. 아래의 예문은 그 가운데 일부분인데, 임학령과 한시를 주고받은 장면이 핍진하게 그려져 있다.

> 근래에 또 나를 위해 「한곡십육영寒谷十六詠」의 장편 시를 지으니, 그 시는 더욱 읊을 만하였다. 관서關西의 귀로歸路에서 서로 손을 맞잡고 길을 갈 때는 반드시 고삐를 나란히 하며, 앉을 때는 반드시 자리를 함께하였고, 잠잘 때는 이불을 같이 덮고 먹을 때는 밥상을 같이 사용했다. 술이 있으면 함께 취하고, 흥을 만나면 함께 읊었으니, 시 주머니에 담은 작품이 전날의 주옥같은 백 편의 시뿐만이 아니었다. 공이 서문을 지어 달라고 하기에 내가 문장을 잘 짓지 못한다는 말로 두 번이나 사양하였으나 조르기를 멈추지 않으니 드디어 서투르다는 것도 잊고 뻔뻔스럽게 글을 지었다.[39]

임학령은 김택룡의 「한곡십육영」에 차운해 「열여섯 수로 읊은 서투른 시를 한곡의 김 사백께 써서 드리니 바로잡아 주시기를[十六詠拙言錄呈寒谷金詞伯斤正]」이라는 시를 지었다. 이 시는 『조성당집』의 부록에 수록되어 있다. 평안도로 향하는 여정에서 김택룡과 임학령은 대부분의 시간을 함께 보내며 흥이 돋을 때마다 시를 지었다고 했다. 다른 중국 장수들과의 한시 교류도 이와 같은 양상이었을 것이다. 그는 중국 장수들과 시 짓는 모임을 만들기도 했는데, 「양몽득 선생이 임 상공·서 상공·장 상공 및 나와 함께 시 짓는 모임을 만들어[楊先生夢得與林相公徐相公張相公洎余 爲詩社會]」라는 시에서 이러한 정황을 포착할 수 있다.[40] 김택룡은 이 시에서 "네 선생이 한 서생을 생각해, 시 모임에 모여서 나그네 심정 펼치네[四先生念一書生 詩社來從展客情]"라고 하였다. 이 시절에 김택룡이 펼친 한시 교류는 그가 형성한 문학 네트워크의 특징적 경향을 뚜렷하게 보여 준다. 주어진 상황, 제한된 공간, 한가로운 시간 속에서 김택룡이 택한 것은 그곳의 인물들과 한시를 교류하며 이를 통해 객수客愁와 시름을 잊고 갑자기 닥친 일상의 무료함을 달래는 것이었다. 마침 시를 즐기는 인물들이 적지 않았던 터라 그것이 가능할 수 있었다.

1586년 40세부터 1610년 64세까지 1600년, 1601년 접반사를 역임할 때를 제외하면 시가 매우 소략한 것을 볼 수 있는데, 이것은 서울과 지역을 오가며 관직에 따른 공무와 지역 명사名士로서 바쁘게 보내는 날들이 많았을 것이기에 상대적으로 한시 창작이 위축되었을 가능성이 높다고 하겠다.

김택룡이 한시를 교류했던 대상 인물들에 대한 상세한 정보와 당시 창작 배경 등을 정리해 보면 〈표 4〉와 같다.

스승 조목과는 주고받은 시가 많지 않다. 다만 시 창작 당시 조목과 금난수에 대한 감회가 떠오르면 여지 없이 그들에 대한 존경심과 그리움을 표출하였다. 말년에 지은 작품들에는 이러한 경향이 두드러진다. 봉화의 금인琴軔, 영주의 김륵金玏과 박록朴漉 그리고 진종길秦宗吉, 예

〈표 4〉 김택룡의 한시 교류 현황

인물	생몰 연도	호	자	본관	교류 시기	당시 관직 또는 상황	김택룡 관직 또는 상황	배경(출전)
琴軔	1510~1592	松溪	伯任	봉화	1592년 이전	봉화 거주	修學 중	차운 및 증시(문집)
趙穆	1524~1604	月川	士敬	횡성	미상	예안 거주	修學 중	인근 유람(문집)
兪大禎	1552~1616	-	景休	기계	1596년	음식 보냄	시강원 숙직	숙직 때 보내준 음식물에 대한 감사(문집)
金弘微	1557~1605	省克堂	昌遠	상주		시강원 숙직		
韓浚謙	1557~1627	柳川	益之	청주	1599년	경상도 관찰사	미상	영주 소수서원 유생 모임(문집)
辛成己	1558~?	-	仁叟	영산	1600년 1601년	교동현감	명나라 군대 접반사	술자리 모임 贈詩(문집)
申沃	1534~1619	啓叔	啓叔	평산	1600년 1601년	배천 거주	명나라 군대 접반사	차운 및 증시 등 (문집)
洪履祥	1549~1615	慕堂	君瑞	풍산	1602년	안동부사	안동부 교수	홍이상 자제 사마시 합격 잔치(문집)
							안동제독관	제독관 사직(문집)
秦宗吉	1537~1612	應賀	-	영정	1602년	영주 거주	영주 거주	생일연 차운시 (문집)
李憪	미상	-	景明	-	1602년	영주군수	영주 거주	증시
李好閔	1553~1634	五峯	孝彦	연안	1600년대	미상	풍악산 유람	이호민의 시 차운 (문집)
金玏	1540~1616	柏巖	希玉	예안	1611년	영주 거주	영주 거주	술자리 모임(문집)
琴潔	1544~1615	二樂堂	濯卿	봉화	1612년	선전관	예안 거주	관직 임명 축하 잔치(일기)
영주 군수 (姜公)	미상	-	-	-	1612년	영주군수	영주 거주	송별연(일기)
琴憬	1553~1634	月潭	彦覺	봉화	1611년 이후	예안 거주	예안 거주	방문(문집)
琴愷	1562~1629	望月軒	彦康	봉화	1611년 이후	예안 거주	예안 거주	차운(문집)
朴漉	1542~1632	醉睡翁	子澄	나주	1611년 이후	영주 거주	영주 거주	초대 방문(문집)
金允安	1560~1622	東籬	而靜	순천	1613년 이후	안동 거주	예안 거주	장난삼아 준 시 (문집)

안의 금결琴潔과 금경琴憬 등 지역에 거주했던 문인들과의 교류는 자연스럽다. 각자 또는 김택룡의 관직 생활 등에 따라 지역을 벗어났다가 돌아왔다가를 반복하는 가운데 어떤 계기가 만들어지면 한시 교류를 시도했던 것으로 파악된다. 금인은 당시 지역에서 시로 명성이 높았던 것으로 보인다. 김택룡의 문집에는 금인에게 써서 올린 시 2제 2수와 편지 1편이 수록되어 있는데, 주로 그의 한시에 대한 칭송이 많다. 김택룡은 "송계 시 짓는 노인 기상이 높으니, 본디부터 흉금에는 속세가 섞이지 않았네[松溪詩叟氣象高 太古胸中無雜俗]"라며 금인을 가리켜 시수詩叟라 일컫기도 했다.[41] 한시 창작을 소홀히 하지 않았던 김택룡이었으므로, 금인에 대한 존경심도 깊었지만 그의 인정을 받고 싶은 마음도 컸던 것으로 보인다.

김륵과 박록은 연배도 비슷하고 몰년도 크게 차이가 나지 않아 공간적으로도 시간적으로도 많은 부분을 공유할 수 있었으므로 만남이 꽤 잦았던 인물들이다. 이들은 김택룡의 일기에서도 자주 등장하는 만큼 매우 가깝게 지냈는데, 특히 김륵과는 함께 시회도 도모할 만큼 한시 교류가 적지 않았다. 금난수의 장남 금경과 차남 금개 또한 어려서부터 함께 공부하며 절친했던 사이였으므로 지역에서는 많은 일을 의논하고 또 의지했다. 그 속에서 시흥이 돋거나 계기가 마련되면 역시 한시를 교류하며 정을 나누었다. 김택룡은 금개의 시에 차운해 작품을 짓고 겸해서 그의 형제들, 즉 금경·금업·금개 모두에게 올린다는 제목의 시를 짓기도 했다.[42]

지역 출신이 아닌 인물들의 경우 김택룡의 경력이 영향을 끼친 인연들이다. 유대정과 김홍미는 김택룡이 서울에서 관직 생활 당시 만났던 동료들이었다. 그는 「시강원에서 우연히 짓다[侍講院偶題]」라는 시의 주석에 아래와 같이 기록하며 당시를 회상하였는데, 이 글에서 김홍미와 왜 같이 시를 지었는지 그리고 그 시를 유대정에게 왜 보냈는지를 밝히고 있다.

> 내가 병신년(1596) 봄에 보덕輔德 김홍미金弘微 창원昌遠과 시강원에 숙직 들었을 때 유대정兪大禎 경휴景休가 문학文學으로 동료가 되어 시강원에 술과 안주를 보내니, 창원과 함께 마시고 각자 시 한 장章을 지어 경휴에게 인사하였다. 한곡寒谷에 돌아오고 나서 문득 20여 년의 세월이 지나 지난번 어지러운 원고 속에 우연히 얻으니 옛날 감회가 일어 시권 끝에 그 시를 썼다. 아, 창원은 벌써 고인이 되었고 경휴는 멀리 한양 서쪽에 있어 소식 또한 제때에 받지 못한다. 백발로 감회가 이니 어찌 감개하지 않겠는가. 이제 이를 아울러 써서 옛날 감회에 붙인다.[43]

김택룡은 마지막 부분에서 김홍미는 세상을 떠났고 유대정은 멀리 한양에 있어서 만남은 고사하고 소식조차 제때 받지 못한다고 언급했다. 생활 반경이 달라지면 물리적 거리 때문이라도 그 인연을 지속하기가 어려웠던 것은 너무나 당연했기에, 편지 왕래도 한시 교류도 매우 제한적일 수밖에 없었다. 경상도 관찰사 한준겸韓浚謙, 안동부사 홍리상洪履祥, 영주군수 이각李愨과 강공姜公(성명 미상) 역시 김택룡의 관직 경력이 있었기에 교류가 가능했던 인물들이다.

김택룡의 일기와 문집에는 그가 여러 사람과 함께 시회를 즐기는 모습도 종종 포착된다. 일기에는 물고기 회식을 자주 가지며 흥이 돋으면 때때로 시를 지어 서로 화차운하는 기록들이 보인다. 이 경우 일기의 속성상 자신에게 의미 있는 내용만 선택해서 쓰다 보니 정작 시 작품이나 참여 인물 등 자세한 상황에 대해서는 파악하기 어려운 한계가 있다. 〈표 5〉는 문집에 수록된 시 가운데 시회를 통한 한시 교류 현황을 정리해 놓은 것이다.

〈표 5〉 시회를 통한 한시 교류 현황

날짜	장소	참여 인물	비고
1599년 1월 16일	영주	한준겸(경상도 관찰사), 이육(풍기군수), 하수일(창락도 찰방), 민홍업(소수서원 원장)	문집
1602년 4월 29일	영주	금복고, 김륵, 오운 등 20명	문집
1602년 6월 20일	영주	이각(영주군수), 김륵, 오운, 박록(찰방)	문집
1611년 9월 9일	영주	김륵 외	문집
미상	예안	금경 외	문집

김택룡의 문학 네트워크는 지역적 측면에서 볼 때 영주에 좀 더 집중된 경향을 보인다. 이것은 예안 및 안동에서는 월천계 문인과 강한 유대감을 형성하는 동시에 서애계·학봉계 등 비월천계 문인과는 느슨한 관계를 유지했던 것과 일정한 상관성이 있다. 상대적으로 영주의 퇴계 문인들, 예컨대 박승임·오운·김륵 그리고 그의 자제들과는 친연성을 드러내며 한시도 교류하였는데, 이는 '월천 종향'과 같은 이해 충돌의 상황이 크게 없어서 마찰이 두드러지지 않았기 때문이라 판단된다. 개인의 인맥 기반 내에서 구축되는 문학 네트워크는 기본적으로 상대방과의 정서적 연대감을 바탕으로 선택적이고 또 집중적일 수밖

에 없음을 보여 준다고 할 수 있다.

맺음말

이 연구는 김택룡의 문집과 일기를 교차 분석해 그의 인맥 기반을 추적한 것이다. 더불어 구축된 인맥 기반 위에서 문학 네트워크는 어떤 양상으로 이루어지는지 살펴보았다. 김택룡의 인맥 기반에서 혈연 및 혼맥 관계를 제외하면 금난수, 조목이 기본적인 하나의 축을 형성하고 있었다. 일상적으로 가깝고 친밀하게 교류한 인물들로는 금난수와 조목 그리고 그 주변의 인물들이 포진해 있고, 느슨한 관계를 유지하며 때로는 연대하고 때로는 갈등했던 인물들로는 퇴계의 문인과 그 주변의 인물이 포진해 있었다. 40세 이전은 과거 대비 공부와 학문 연마로 주로 지역에서 생활했고, 40세 이후부터는 서울에서 본격적인 관직 생활을 시작했다. 그리고 1610년(광해군 2) 64세까지 김택룡은 지역과 서울 그리고 외직에 따라 임지를 돌아다니며 생활했다. 1611년부터는 다시 예안과 영주 그리고 봉화를 오가며 지역에서의 일상을 영위했다. 그의 인맥 기반에서 특징적으로 드러나는 현상은 지역을 벗어나 있을 때는 학연과 지연 중심으로 범퇴계학파 및 영남 출신의 인물들과 폭넓게 교류했다면, 지역으로 돌아와서는 학파 내에서도 월천계 그리고 예안 내에서도 월천의 횡성 조씨 가문과 부포의 봉화 금씨 가문으로 좁혀지는 양상을 보여 준다는 것이다. 더욱이 말년에는 '월천 종향'과 같은 사건을 계기로 퇴계학파 비월천계 인물들과 갈등을 빚기도 했다.

김택룡의 문학 네트워크는 시간과 공간의 측면에서 선택적이고 집중적이었다. 시간적 차원에서는 시간적 여유가 확보되는 순간이었고, 공간적 차원에서는 제한된 영역이 자연스럽게 조성되었을 때였다. 이 두 조건을 모두 만족하는 기간이 1600년·1601년 명나라 군대의 접반사가 되어 교동에 머무를 때였는데, 김택룡은 이 시절에만 중국 장수·교동현감 등을 비롯해 총 10명에게 30제 47수의 한시를 써서 주었다. 이 외에는 특정 시간 특정 인물에게 집중되지 않았는데, 다만 관직 생활 등으로 쌓은 본인의 명망과 위상을 토대로 경상도 관찰사·안동부사·영주군수 등 지역 수령들과도 한시로 긴밀하게 교류했다는 점이 특징적이었다.

일기와 문집을 활용해 인맥 기반에 보다 가깝게 접근하고 이 위에서 문학 네트워크의 형성을 살펴보면 입체적인 한시 해석도 가능하다. 김택룡의 경우 금난수의 아들 금경에게 준 차운시가 있는데, 이 시의 전문을 소개하면 다음과 같다.

나부산 천지는 그림 속 같으니	羅浮天地似畫中
그대 찾아가는데 뭇 비방 어찌 꺼리랴	訪子何嫌衆謗叢
깊이 따른 술잔 잡고 정다운 맘 나누니	爲把深盃情款曲
점점이 핀 눈 속의 매화 봄바람에 인사하네	萬點梅雪謝東風[44]

나부산은 예안의 부포마을 남쪽에 있는 작은 산 이름으로 알려져 있다. 첫째 구절에서 금경이 거처하는 부포마을의 그림 같은 경치를 언급하고는 둘째 구절에서 친구를 방문하는데 남들의 뭇 비방을 꺼릴 일

이 뭐가 있겠냐며 자신의 심정을 은근히 드러내었다. 셋째 구절은 그렇게 만난 금경과 함께 술을 마시며 마음을 나누는 장면이다. 넷째 구절은 눈앞에 펼쳐진 계절의 풍경이었겠지만, 곧 봄이 올 것이라는 희망의 분위기를 담아내었다고도 보인다. 김택룡이 이 시를 지었을 때는 당시 도산서원 원장이었던 금경과 함께 월천 종향을 한참 추진 중이었던 시기였다. 향내 반대 여론에 부딪치며 주변의 많은 인물과 갈등을 빚었으므로, 김택룡이 금경에게 가지는 마음은 더욱 특별했을 것이다. "그대 찾아가는데 뭇 비방 어찌 꺼리랴"는 구절은 이러한 배경 위에서야 이해가 가능하다.

참고문헌

김정운, 「17세기 경상도 사족의 혼인과 가족-김택룡 가족의 이야기-」, 『복현사림』 35, 경북사학회, 2017.

나영훈, 「17세기 在京 嶺南 官僚의 同道會와 결속 배경-1601년 『영남동도회첩』을 중심으로-」, 『장서각』 49, 한국학중앙연구원, 2023.

류인태, 「17세기 예안-영주-봉화를 잇는 한 양반의 생활경계」, 『국학연구』 50, 한국국학진흥원, 2023.

박동일, 「月川學團의 동향 일고찰-趙穆의 합천지역 교유인물과 陶山書院 從享을 중심으로」, 『남명학연구』 57, 경상대 경남문화연구원, 2018.

박인호, 「17세기 초 퇴계학파 월천계의 동향과 구전 김중청의 활동」, 『국학연구』 33, 한국국학진흥원, 2017.

백광열, 「예안 사족 김택룡과 영남 사족 사회」, 『국학연구』 50, 한국국학진흥원, 2023.

윤성훈, 「『조성당일기』를 통해 본 17세기 초 영남 사족의 일상 속의 문화생활」, 『한문학논집』 35, 근역한문학회, 2012.

조지형, 「조성당 김택룡의 예안 생활과 시조 창작」, 『국학연구』 35, 한국국학진흥원, 2018.

최은주, 「『계암일록』을 통해 본 17세기 예안사족 김령의 인맥 기반 형성과 특징」, 『퇴계학과 유교문화』 55, 경북대 퇴계연구소, 2014.

1 개인의 저술만 남아 있는 경우 문집에 수록된 한시 교류, 예컨대 상대가 존재하는 화차운시 · 증시(贈詩) · 송별시 등의 사례들은 피상적이기는 해도 그의 교류 인맥을 파악할 수 있는 유용한 단서로 활용할 수 있다. 이러한 연구로는 최은주, 「동계 조형도의 문학교류와 인맥 네트워크」, 『영남학』 28, 경북대학교 영남문화연구원, 2015가 있다.

2 이에 대해서는 박동일의 논문 「月川學團의 동향 일고찰-趙穆의 합천지역 교유인물과 陶山書院 從享을 중심으로」, 『남명학연구』 57, 경상대 경남문화연구원, 2018에 상세하게 밝혀져 있다.

3 김택룡의 문집은 1912년에 간행되었다. 그가 세상을 떠나고 240년이 지난 1863년(철종 14)에 방계 자손 김재숙金載璹이 「유사遺事」를 쓰면서 김택룡의 저술을 수습한 상황을 기록하며 그 성과가 미미했다고 밝혔다.

4 김택룡의 일기는 3권이 남아 있는데, 곧 3년의 기록이다. 그의 나이 66세던 1612년(광해군 4)과 70세던 1616년(광해군 8) 그리고 그 이듬해인 1617년의 일기가 전해진다. 일기는 날짜와 날씨만 적어놓거나 나중에 추가로 기록한 부분도 있긴 하지만, 하루도 빠짐없이 매일 기록되어 있다. 김택룡의 친필 일기로 판단되는데, 중간 중간 다른 사람이 대신 쓴 것 같은 부분도 더러 보인다. 아마도 본인이 형편상 직접 쓰기 어려울 때 누군가를 시켜 쓰게 했을 것이라 파악된다. 일기의 형식과 기록 성향으로 볼 때, 김택룡은 매일매일 기록을 반드시 남기기 위해 각별한 노력을 쏟았다고 짐작해 볼 수 있다. 현전하는 3권의 일기는 아마도 그가 작성한 전체 일기의 일부분에 불과할 것이다(하영휘, 「『조성당일기』 해제」, 『조성당일기』 13~14쪽 참조, 한국국학진흥원, 2010).

5 윤성훈, 「『조성당일기』를 통해 본 17세기 초 영남 사족의 일상 속의 문화생활」, 『한문학논집』 35, 근역한문학회, 2012.

6 김정운, 「17세기 경상도 사족의 혼인과 가족-김택룡 가족의 이야기-」, 『복현사림』 35, 경북사학회, 2017.

7 조지형, 「조성당 김택룡의 예안 생활과 시조 창작」, 『국학연구』 35, 한국국학진흥원, 2018.

8 류인태, 「17세기 예안-영주-봉화를 잇는 한 양반의 생활경계」, 『국학연구』 50, 한국국학진흥원, 2023.

9 백광열, 「예안 사족 김택룡과 영남 사족 사회」, 『국학연구』 50, 한국국학진흥원, 2023.

10 이 시는 총 8수로 이루어진 「한가로이 거처하며 회암의 의고擬古 시에 차운하다[閒居次晦菴擬古]」라는 작품의 넷째 수에 해당한다. 시 내용으로 추정했을 때 김택룡이 말년에 지은 작품으로 보인다.

11 금난수는 자가 문원聞遠이고, 호는 고산주인孤山主人 혹은 성재惺齋·성성재이며, 본관은 봉화奉化다. 봉화 금씨의 시조 영렬공英烈公 금의琴儀(1153~1230)의 16세 후손이다. 금의가 봉화현에 터를 삼은 이후로 봉화 금씨는 대대로 봉화에서 세거하였으므로, 금난수의 집안 역시 봉화에서 세거하였다. 금난수의 집안이 예안에 거주하기 시작한 때는 그의 고조부 금숙琴淑이 사간司諫 권간權簡의 딸에게 장가가서 처향인 예안현禮安縣 부라원浮羅院(현 부포

마을)으로 입향하면서부터다. 금난수는 고조부 금숙의 여섯 번째 아들 금증으로부터 조부 금치소琴致韶(1460~1547), 부친 금헌琴憲(1493~1576)의 계보를 잇는다. 그는 평생의 지기였던 조목의 인도에 따라 퇴계의 문하에서 수학했고, 조목의 누이동생과 혼인해 슬하에 4남 2녀를 두었다.

12 『성재일기』에는 금난수의 현손이 지은 발문이 수록되어 있는데, 그 내용에 의거하면 현전하는 1책의 『성재일기』는 금난수가 직접 기록한 원본이 아니라 그 아들이 베껴 쓴 필사본이며 기록 기간은 1560년부터 1561년까지 그리고 1575년부터 1604년까지라고 했다. 이 가운데 1560년과 1561년, 1554년부터 1556년까지는 대부분 누락되거나 내용이 소략한데, 그 이유는 임진왜란과 정유재란 때 유실되고 남은 부분이라 손상이 심해서 1711년에 남은 내용을 옮겨 쓴 후 배접하고 보완했기 때문이다.

13 금난수, 『성재일기』, 1578년 4월 6일.

14 금난수, 『성재일기』, 1579년 6월 4일.

15 금난수, 『성재일기』, 1580년 2월 11일.

16 당시 금난수는 아들들의 과거시험 응시 과정을 지켜보고 기록했는데, 김택룡을 별도로 언급하지는 않았지만 이전 상황으로 미루어 보아 김택룡 역시 금경을 비롯한 금업·금개와 함께 서울에 머무르며 과거시험에 응시했던 것으로 보인다.

17 김택룡, 『조성당집』, 「조성당선생연보」, "(隆慶)十四年丙戌[先生四十歲] 六月薦授將仕郎 敬陵參奉."

18 김택룡, 『조성당집』, 「조성당선생연보」, "(隆慶)十六年戊子[先生四十二歲] 登文科丙科 □爲通仕郎 □尋補承文院著作."

19 금난수, 『성재일기』, 1588년 3월 일기 참조.

20 문과 급제의 사실이 있는 경우 급제 연도를 표기했고, 유일遺逸이나 음보蔭補로 관직을 역임했을 경우 대표 관직을 표기했다.

21 금난수는 서울에서 관직 생활 당시 육촌계 혹은 육촌회의 친족 모임에 참여한 바 있는데, 세종 대 좌의정 이원李原을 증조로 모시는 내외손과 그 후손의 모임이었다. 금난수의 외조모 고성 이씨가 이원의 증손녀였기에 금난수를 기준으로 외조모 쪽 내외 10촌 형제들이 참여하는 계회였다(박종천, 「『성재일기』 해제」 참조, 『(국역)성재일기』, 한국국학진흥원, 2019).

22 금난수, 『성재일기』, 1587년 12월 25일.

23 이이후李貽後, 김희중金希中, 이경직李勁直, 안천뢰安天賚에 대해서는 자세한 정보를 파악하기가 어렵다.

24 김택룡은 1586년 경릉참봉에 임명되면서 관직 생활을 시작했다. 1588년 문과에 급제하고 그해에 정8품에 해당하는 승문원 저작에 임명되었으며, 1592년 4월 임진왜란이 일어났을 당시에는 선조를 의주로 호종하는 일도 했다. 1594년에는 승문원박사·봉상시직장·호조좌랑에 제수되었다(김택룡의 「연보」 참조). 1595년 병조좌랑·사간원헌납·사간원정언을 역임하였으며, 1596년에는 사헌부 지평·세자시강원 겸사서 등을 역임했다. 1597년에는 도원수 종사관을, 1600년에는 성균관 전적을, 1602년에는 안동부 교수를, 1604년에는 강원도도사를, 1607년에는 전라도도사를 역임했다(『조선왕조실록』 참조). 문집에 수록된 「연보」와 김령의 『계암일록』에 의거하면 김택룡은 1608년 영월군수에 부임해 1610년까지 재직했던 것으로 파악되는데, 이를 끝으로 더 이상 관직에 나아가지 않은 것으로 보인다.

25 김택룡의 『조성당집』에서 「조성당선생연보」의 해당 연도와 「시강원에서 우연히 짓다[侍講院偶題]」의 주석을 통해 이와 같은 사실을 확인할 수 있다.

26 이상은 『조성당집』의 「조성당선생연보」 참조.

27 이에 대한 연구로는 나영훈, 「17세기 在京 嶺南 官僚의 同道會와 결속 배경-1601년 『영남동도회첩』을 중심으로-」, 『장서각』 49, 한국학중앙연구원, 2023이 있다.

28 김택룡, 『조성당집』 부록, 「嶺南同道題名卷」.

29 이에 대해서는 류인태, 앞의 논문에 자세하게 소개되어 있다.

30 이에 대해서는 최은주의 「『계암일록』을 통해 본 17세기 예안사족 김령의 인맥 기반 형성과 특징」에 관련 내용이 상세하게 정리되어 있다(『퇴계학과 유교문화』 55, 경북대 퇴계연구소, 2014).

31 김택룡, 『조성당일기』, 1616년 3월 23일.

32 김택룡, 『조성당일기』, 1616년 6월 6일 · 16일.

33 김택룡, 『조성당일기』, 1612년 7월 4일, "敎生兒元和盛德詩 以習步驟." 성盛은 성聖의 오기다.

34 김택룡, 『조성당일기』, 1616년 5월 20일, "兒輩學韓詩與文"; 5월 22일, "瑴兒學韓詩"; 5월 24일, "珏學詩與韓文"; 5월 29일, "珏兒學韓文."

35 김택룡, 『조성당집』 권1, 「林塘獨坐走稿」.

36 김택룡, 『조성당집』 권3, 「東征詩序 贈別天朝林少庵相公(鶴齡)」.

37 김택룡, 『조성당집』 권2, 「林相公鶴齡送東征遊草二冊 謝贈」, "暉暉冬日小昇窻 攤飯胡床坐獨凭 兩卷淸詩光照榻 詠來齒頰欲生氷."

38 김택룡은 명나라의 상공 임학령에게 써 준 '동정시東征詩'의 서문序文 첫머리에서 만력萬曆 경자년(1600) 가을에 왕명을 받들어 가 유격 대장군의 접반사接伴使로 있을 때 명나라로 돌아가는 배가 바람에 막혀 교동喬桐의 북진北津에서 해를 넘기게 되었다고 스스로 언급한 바 있다.

39 김택룡, 『조성당집』 권3, 「東征詩序 贈別天朝林少庵相公(鶴齡)」, "又爲余作寒谷十六詠長篇 其詩尤可歌詠 而關西歸路 得與相携 行必幷轡 坐必同席 寢則聯衾 食則共案 得酒則同醉 遇興則同詠 其收拾於奚囊者 不但前日之百篇珠璣而已也 公命序之 余以不文辭者 再嬲之不置 遂忘讓拙 强顔而爲之辭."

40 김택룡, 『조성당집』, 「楊先生夢得與林相公徐相公張相公洎余 爲詩社會」, "四先生念一書生 詩社來從展客情 大截朋尊雖未辨 淸談無罷□空."

41 김택룡, 『조성당집』 권2, 「上松溪琴丈(軔)」.

42 김택룡, 『조성당집』 권2, 「謹步琴驪州彦康韻 兼呈伯仲季案下」.

43 김택룡, 『조성당집』 권1, 「侍講院偶題」 "余於丙申春 與輔德金[弘微]昌遠入番侍講院 時 兪[大禎]景休以文學爲同僚送酒肴于院中 與昌遠飮之 各賦詩一章 以謝景休 歸來寒谷 倐忽卄餘星霜 頃於亂稿中 偶得之 感舊而題諸卷端 噫 昌遠已作古人 景休邈在漢西 音信亦不以時 白首興懷 寧不慨然 今此幷寫 以寓感舊之懷耳."

44 김택룡, 『조성당집』 권1, 「次贈浮浦琴彦覺」.

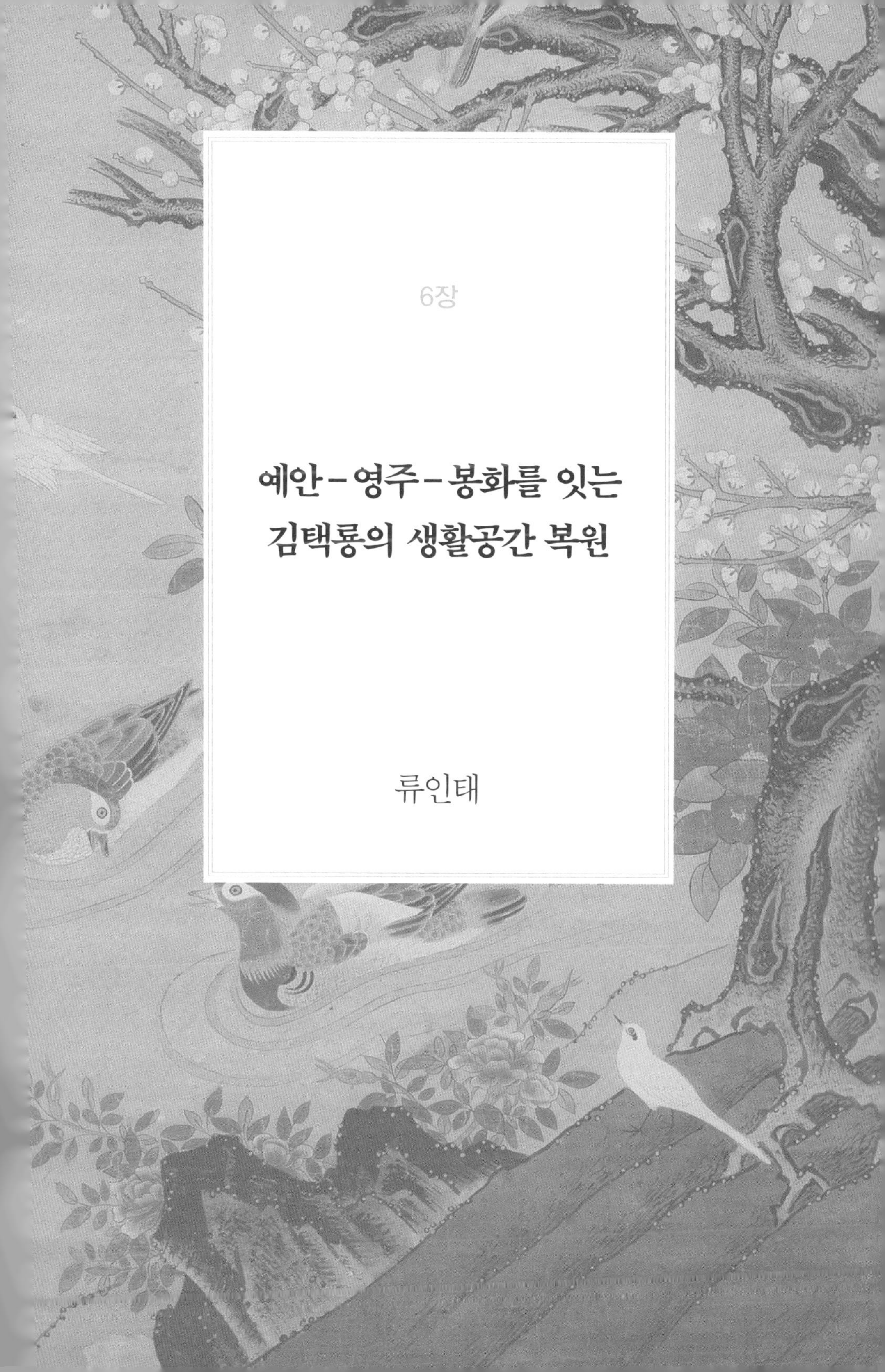

6장

예안－영주－봉화를 잇는 김택룡의 생활공간 복원

류인태

조선시대 생활일기의 공간을 어떻게 읽을 것인가?

조선시대 생활일기에 기록된 정보의 맥락

'생활'이라는 표현에서도 드러나듯이 생활일기는 삶에서의 특수한 경험을 정리하는 데 집중하기보다는 상대적으로 반복되는 일상생활daily life을 기록하는 데 초점을 둔 일기를 말한다. 그동안 발굴·연구된 조선시대 일기 자료를 살펴볼 경우, 외국으로 사행을 다녀온 경험을 서술한 사행일기나 국내에서의 여행 내용을 정리한 기행일기, 전쟁 중 피난을 기록한 피난일기나 유배지에서의 고충을 담은 유배일기 그리고 관료 생활의 임무를 집중적으로 서술한 관직일기나 오랜 기간의 독서 경험을 정리한 독서일기 등과 비교할 때, 생활일기의 기록 양상은 평범한 삶ordinary life의 호흡과 시선이 균질하게 나타난다는 점이 특징이라고 할 수 있다.

예컨대 조선시대 양반의 일상을 담고 있는 생활일기라고 하면 대개 16세기에는 묵재默齋 이문건李文楗(1494~1567)의 『묵재일기默齋日記』, 미암眉巖 류희춘柳希春(1513~1577)의 『미암일기眉巖日記』, 초간草澗 권문해權文海(1534~1591)의 『초간일기草澗日記』 등이, 17세기에는 조성당操省堂 김택룡金澤龍(1547~1627)의 『조성당일기操省堂日記』, 우곡愚谷 이유간李惟侃(1550~1634)의 『우곡일기愚谷日記』, 모당慕堂 손처눌孫處訥(1553~1634)의 『모당일기慕堂日記』, 계암溪巖 김령金坽(1577~1641)의 『계암일록溪巖日錄』, 야곡冶谷 조극선趙克善(1595~1658)의 『인재일록忍齋日錄』과 『야곡일록冶谷日錄』, 지암支菴 윤이후尹爾厚(1636~1699)의 『지암일기支菴日記』 등이, 18세기에는 청대淸臺 권상일權相一(1679~1759)의 『청대일기淸臺日記』, 백불암百弗庵 최흥원崔興遠(1705~1786)의 『역중일기曆中日記』, 월봉月峯 구상덕仇相德(1706~1761)의 『승총명록勝聰明錄』, 이재頤齋 황윤석黃胤錫(1729~1791)의 『이재난고頤齋亂藁』, 통원通園 유만주兪晩柱(1755~1788)의 『흠영欽英』 등이, 18세기와 19세기에 걸쳐서는 서산와西山窩 노상추盧尙樞(1746~1829)의 『일기日記』가, 19세기에는 실재實齋 신현申絢(1764~1827)의 『실재일록實齋日錄』, 경산經山 정원용鄭元容(1783~1873)의 『경산일록經山日錄』, 홍낙건洪洛建(1798~?)의 『감계록監戒錄』, 단계端磎 김인섭金麟燮(1827~1903)의 『단계일기端磎日記』 등이 대표적으로 거론된다.

조선시대 양반의 생활일기에 기록된 서술의 양태는 무척 다양하다. 기록자마다 처한 시공간과 그에 따르는 생활의 조건이 다르고 일상 속 관심과 삶의 지향이 동일하지 않기에, 서술에 주력한 내용과 소재 그리고 기록의 맥락이 다채로운 탓이다. 조선시대 연구에서 양반의 생활일기를 다룬다고 한다면 그와 같이 개별 기록이 지닌 서술 맥락의 특수성을 전제하는 것이 필수겠으나, 한편으로 반복적 일상을 기록하는 일지日誌, Diary이자 생활의 특수한 양상에 대한 수기手記, Journal로서 생활일기라는 형식이 내포한 보편적 양태 또한 존재한다. '나' 또는 '내가 소속된 공동체(가족 또는 가문)'의 삶이 어떻게 작동하고 있는지에 관한 이야기를 온전히 서술하고자 하는 경향이 자연스럽게 반영되기 때문이다. 대체로 생활일기 속에서 발견되는 '인물person', '시간date, period', '장소place, location', '생각thought, idea', '물체thing, object', '행위action, activity', '사건event, happening'에 관한 언급이 그러한 보편적 양상에 해당한다. 조금 다른 방향에서 바라보자면 누가who, 언제when, 어디서where, 무엇을what, 어떻게how, 왜why로 나누어지는 이야기 전달의 육하원칙을 생각해 볼 수 있다. 일기에서 활동이 기록되는 양상은 대체로 누구(인물)와 관련이 있고, 언제(시간)-어디서(장소) 일어났으며, 무엇을(물체) 다루는 가운데 어떻게 판단하고(생각) 행동했는지(행위)를 주된 단서로 삼기 때문이다.

'인물', '시간', '장소', '생각', '물체', '행위', '사건'으로 대표되는 생활일기 속 정보의 보편적 양태는, 해당 기록을 이해하기 위한 단서로서의 위상 및 연구에서의 활용 맥락이 상이하다. 예컨대 '인물'과 '시간'과 '장소'는 주로 고유한 정보(고유명사)로서의 속성을 갖지만, '물체'의 경우 동식물을 제외하고 대개 생활에서 사용된 일반적 물품인 경우가 많다. 그에 비해 '생각'이나 '행위'는 기록자의 특수한 성향이나 환경을 반영하기 때문에 그 특징을 종합적으로 묶어서 일반화하는 것이 쉽지 않다. 그리고 일기는 기본적으로 편년체編年體 형식의 사료이기 때문에 본말本末이 있는 '사건'을 다루려면 기사본말체紀事本末體 형식의 기록으로 대상 자료를 전환해서 들여다보는 시도를 해야 한다. 미디어 전환적 관점에 입각해 연구 대상에 접근하는 것도 일반적인 일기 연구에서는 흔치 않은 일이다.

- 고유한 정보 : 인물, 시간, 장소
- 일반화해야 하는 정보 : 물체, 생각, 행위
- 재구조화해야 하는 정보 : 사건

이 가운데 일기에 담긴 정보를 일반화하고 재구조화하는 과정을 거칠 수밖에 없는, 그래서 그 과정에서 연구자의 주관적 문제의식이나 관념이 부득이 투영될 수밖에 없는 '물체', '생각', '행위', '사건' 등의 정보와 달리, '인물', '시간', '장소'는 고유한 대상이기에 그 자체로 객관성을 담보한 정보에 해당된다. 기록된 일자date에 관한 기본 정보로서 '시간'을 제외할 경우, 일기에 수록된 문맥적contextual 정보를 파악하는 데 있어서 가장 줄기가 되는 요소는 '인물'과 '장소'다.

'장소'가 정보로서 지닌 의미와 가치

일기에 기록된 '인물'의 경우 대체로 기록자가 일상적으로 교유하거나 생활 속에서 우연하게 조우한 이들이다. '인물'에 대한 이해는 일기를 기록한 사람의 대외 활동을 인적 네트워크의 차원에서 바라보게 함으로써, 기록자의 생활이 어떠한 혈연血緣 · 혼연婚緣 · 학연學緣 · 지연地緣 · 직연職緣의 스펙트럼 속에서 조망될 수 있는지를 제공한다. 단순히 '특정 인물군과 꾸준히 교유했다'는 표면적 사실에서 더 나아가 육안으로 포착하기 어려운 인적 교류의 반경과 그에 기초한 사회적 활동의 범위를 나타내는 단서로서 일기에 기록된 '인물'은 매우 중요한 정보의 역할을 한다.[1]

기록자의 교유 활동을 짐작하기 위한 네트워크의 재현 요소로서

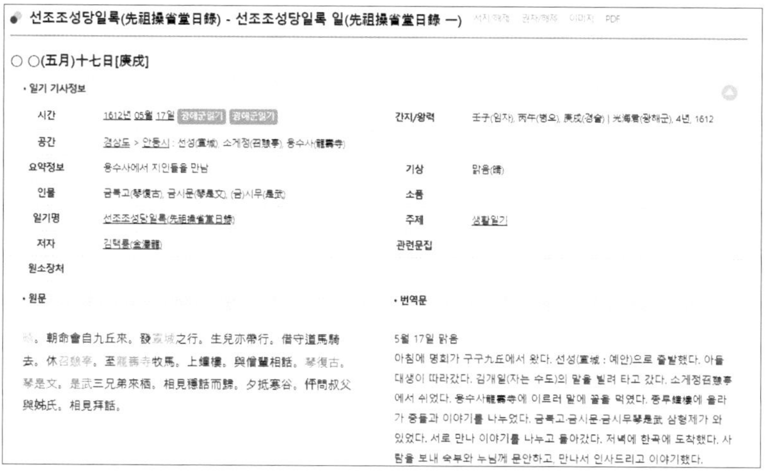

선조조성당일록(先祖操省堂日錄) - 선조조성당일록 일(先祖操省堂日錄 一) 서지/해제 권차/해제 이미지 PDF

○ ○(五月)十七日[庚戌]

• 일기 기사정보

시간	1612년 05월 17일 광해군일기 광해군일기	간지/왕력	壬子(임자), 丙午(병오), 庚戌(경술) | 光海君(광해군), 4년, 1612
공간	경상도 > 안동시 : 선성(宣城), 소게정(召憩亭), 용수사(龍壽寺)		
요약정보	용수사에서 지인들을 만남	기상	맑음(晴)
인물	금복고(琴復古), 금시문(琴是文), (금)시무(是武)	소품	
일기명	선조조성당일록(先祖操省堂日錄)	주제	생활일기
저자	김택룡(金澤龍)	관련문집	
원소장처			

• 원문

晴。朝命會自九丘來。發宣城之行。生兒亦帶行。借守道馬騎去。休召憩亭。至龍壽寺牧馬。上鐘樓。與僧輩相話。琴復古。琴是文。是武三兄弟來栖。相見穩話而歸。夕抵寒谷。伻問叔父與姊氏。相見拜話。

• 번역문

5월 17일 맑음

아침에 명회가 구구九丘에서 왔다. 선성(宣城 : 예안)으로 출발했다. 아들 대생이 따라갔다. 김개일(자는 수도)의 말을 빌려 타고 갔다. 소게정召憩亭에서 쉬었다. 용수사龍壽寺에 이르러 말에 꼴을 먹였다. 종루鐘樓에 올라가 중들과 이야기를 나누었다. 금복고·금시문·금시무琴是武 삼형제가 와 있었다. 서로 만나 이야기를 나누고 돌아갔다. 저녁에 한곡에 도착했다. 사람을 보내 숙부와 누님께 문안하고, 만나서 인사드리고 이야기했다.

한국국학진흥원 제공 '일기류 DB'의 정보 출력 형식(예시 : 『조성당일기』)[1]

'인물'이 핵심적인 정보가 된다면, 그러한 인적 교류의 물리적 범위와 일상생활의 존재론적 흔적을 실제 공간(지도) 속에 매핑할 수 있는 요소로서 '장소'는 그 나름의 유효함이 있다. 조선시대 양반의 생활일기에 기록된 고지명은 대부분 지금은 없어져 버린 옛 공간으로, 현대의 지도에서는 더 이상 그 기능이 유효하지 않지만, 기록자가 영위한 일상의 물리적 경계와 생활의 다층적 위상을 복원할 수 있는 경험적 '장소'로서의 의미가 있기 때문이다.[2] 그리고 그 장소는 기록자 개인에게 있어서는 고유한 생활 좌표coordinate로서의 내포겠으나, 인근의 공간과 인접한 시간을 다루는 또 다른 기록 속의 장소와 교차할 경우 당대의 생생한 위치정보location information로서 그 외연이 확장된다.

한국국학진흥원의 '일기류 DB'가 제공하는 일기 기사 정보의 출력 형식은 앞서 언급한 생활일기의 고유한 요소로서 '인물', '장소'가 지닌 가치를 간접적으로 보여 주는 예시다. 특정 일자의 일기 기사 정보 가운데 '공간', '인물'에 관한 요소가 데이터베이스의 메타데이터 항목으로 정리되어 있음은 곧 해당 정보가 일기의 내용을 이해하는 데 있어서 줄기가 되는 핵심적인 문맥 요소임을 의미한다. 그리고 그 가운데 '공간' 항목은 일기를 기록한 이의 경험적 장소와 고유한 생활반경을 유추할 수 있는 실존적 지표index이자, 당대 해당 지역에서 살아간 이들의 생활을 물리적으로 더듬어 볼 수 있는 매개 정보에 해당한다.

일기에서 언급되는 경험적 '장소place' 또는 특정 공간의 '위치location'에 관한 이해는, 기록에 남은 기록자의 다채로운 생활 양상을 포괄적이고도 입체적으로 들여다볼 수 있게끔 하는 구체적 단서로 기능한다. 물리적 좌표를 갖는 실존적 지표로서 지도라는 미디어에 그것을 매핑mapping해 기록자의 생활 및 활동을 가시적으로 조망할 수 있게 해 준다는 점이, 여타 정보와는 다른 '장소'만이 지닌 뚜렷한 특징이라 할 수 있다.

김택룡의 생활권역과 활동범위에 관한 고찰

김택룡의 중심 주거 공간 : 한곡과 요산

조성당操省堂 김택룡金澤龍은 17세기 초 예안 지역에 거주한 양반 가운데 한 명으로, 그가 남긴 기록인 『조성당일기操省堂日記』는 그의 일상생활 및 지역에서의 활동에 관한 다채로운 내용을 담고 있다.[3] 『조성당일기』에는 김택룡의 행적과 관련된 장소가 여럿 언급되어 있는데,

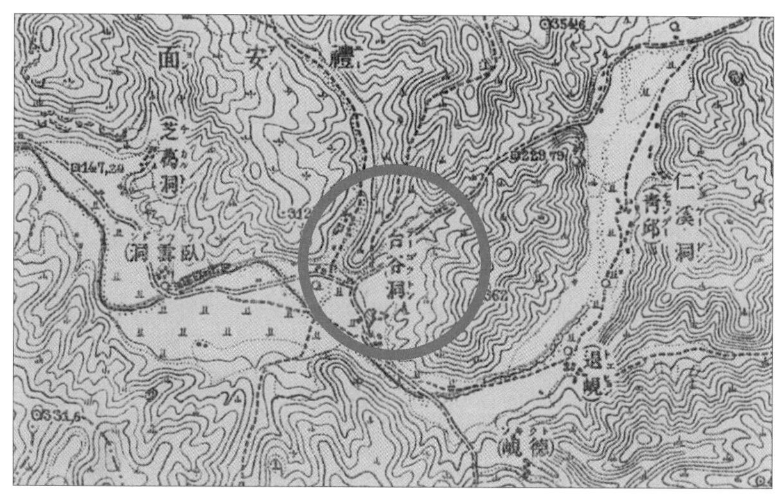

한곡(지도상의 중앙부 태곡동台谷洞) 주변의 공간과 지형[5]

그 가운데 핵심이라 할 수 있는 곳이 두 곳 있으니, 한곡寒谷(지금의 안동시 예안면 태곡리 일대)과 요산腰山(지금의 봉화군 봉화읍 문단2리 일대)이다. 김택룡은 선대부터 내려온 세거지로서 한곡에 본가를 두고 있었고, 일기에서 주로 '산장山庄'이라 거론되는 요산에 별업을 가지고 있었다.

김택룡의 본가가 있던 예안의 한곡은 예안의 중심부인 치소가 있던 곳(현재의 안동시 도산면 서부리 일대)에서 동쪽으로 8킬로미터가량 떨어져 있는데, 고조부 김효우金孝友 대부터 터를 잡고 살기 시작한 곳이다. 이른바 '선성 김씨'로 지칭되는 김택룡의 선대 조상들이 오랜 기간 세거해 온 서쪽 사천沙川(현재의 안동시 녹전면 서삼리)에서 김택룡의 고조부인 김효우가 자리를 옮겨와 새롭게 터전을 잡은 곳으로 알려져 있다.

늑정櫟亭 권시중權是中(1572~1644)이 편찬했다고 알려진 『선성지宣城誌』의 「한곡사적寒谷事蹟」에 그에 관한 내용이 구체적으로 실려 있다.

다음 인용은 해당 부분의 서술이다.

> (…) 마을은 현 동쪽 15리에 있다. 일월산日月山의 한 지맥이 서쪽으로 100여 리를 달려 솟은 것이 동강東岡인데, 이것이 마을의 주봉이다. 수청산水淸山이 왼쪽에 서 있고 능운산凌雲山이 오른쪽에 우뚝하며, 봉선산奉先山이 서쪽에 있는데 웅장하게 솟아올라 있다. 한천寒泉이 동쪽에서 흘러내려와 곧장 와운대臥雲臺 아래쪽을 경유해 사납게 흘러 피암皮巖에 부딪히고서는 회나애回羅崖의 위쪽으로 흘러가 낙천洛川으로 들어간다. 이 마을은 예부터 전하기를 초목이 숲을 이루어 화전민 한 집만이 살고 있었으나, 김효우金孝友가 현 서쪽 사천沙川에 세거하다가 본 현의 향임鄕任으로 상리上里의 점처店處를 오가면서 이 마을을 두루 살펴보니 땅이 기름지고 물맛이 좋아 농사를 짓고 음용하기에 괜찮고 땔나무와 물을 구하기 더욱 요긴하여, 터전을 옮기기로 결심하고 비로소 이곳에 집을 지었다. (…)[6]

김택룡은 선조들이 세거해 온 구업舊業이자 자신의 고향이기도 한 한곡 일대에 관한 애정이 남달랐던 것으로 보인다. 영월군수를 마지막으로 관직을 떠나 환갑 무렵 예안으로 내려온 이후 그가 영위한 은퇴 생활은 대부분 한곡을 주거지로 삼았기 때문에, 말년에는 그러한 시각이 더욱 강하게 드러난다. 다음은 김택룡이 남긴 작품 가운데 세거지로서 한곡에 관한 의취를 담아낸 시구다.

한곡 시냇가의 오래된 집 이백년이 되었으니　　古屋寒溪二百年

현고조 대부터 기초를 세워 닦아 온 것이라네 經營基業自高玄
대대손손 조상을 욕되지 않도록 해야 하리니 兒孫世世期無忝
충효를 대대로 전하고 장수와 복을 누리리라 忠孝相傳壽福全
【위는 한곡 옛집】 【右寒谷先廬】[7]

집 뒤 동강은 푸른 봉우리가 우뚝하고 屋後東岡聳碧峯
문 앞 서쪽 시내는 물소리가 콸콸하네 門前西澗響溶溶
널찍하고 한가로운 땅은 반곡과 같고 寬閒境界同盤谷
드넓게 구름 낀 산은 누워 있는 용과 같네 磅礴雲山似臥龍
고조부에서 아버지까지 대대로 전하여 父祖曾高傳世代
형제 자손 친족들이 얼마나 되는가 弟兄孫子幾緦功[8]

한곡의 경우 자연적 입지나 경제적 소출에 있어서는 예안 일대의 여타 지역에 비해 그 환경이 상대적으로 나았던 것으로 보인다. 다만 지역의 사회적 위상에 있어서는 그렇지 못했던 것으로 보이는데, 이는 분천汾川이나 오천烏川, 온계溫溪 등의 출신자들이 과거 합격과 관직 임명을 통해 지역의 사회적 위상을 꾸준히 높여 나간 것과 달리, 한곡은 김택룡과 그의 종증조 김흠조金欽祖를 제외하고는 과거 합격이나 학문적 성취를 통해 일정 이상의 신분을 성취한 출신자가 없었기 때문이다.[9]

김택룡은 고조 이후 대대로 살아온 세거지이자 인근 여러 전장田庄을 포괄하는 중심 거주지를 한곡에 두고 있었는데, 그와 함께 일기에서 주로 '산장山庄'으로 지칭되는 별업을 요산腰山에 두고 있었다. 기록에 남아 있는 여러 정황을 종합해 볼 때 요산은 죽은 본처 일가의 전장이 있

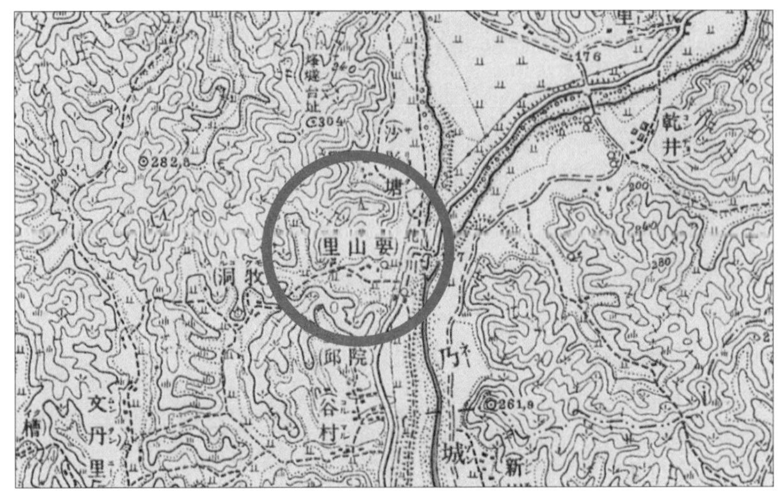

요산(지도상의 중앙부 요산리要山里) 주변의 공간과 지형[10]

었던 곳으로 짐작된다. 참고로 요산의 산장과 별개로 일기에서 '산장山庄'으로 언급되는 곳이 하나 더 있으니, 이른바 '구장龜庄(龜城의 산장)'이라 불리는 요산 인근의 구고九皐(지금의 경북 영주시 단산면 구구2리 일대)에 있던 집이 그것이다.

일기의 내용에 따르면 구고의 산장은 첩(小家, 庶母, 대평의 어미)과 그 사이에서 태어난 서자 대평大平이 거주하던 곳이다. 관련해서 일기에 기록된 내용을 종합적으로 살펴보면 김택룡은 본처와 후처 그리고 2명의 첩을 두었던 것으로 보인다.

○ 본처 : 일기의 기록상 사망했으며, 주로 '망실亡室'로 지칭된다. 이사의李思義의 딸 고양 이씨高陽 李氏로 추정된다.

○ 후처 : 일기의 기록상 살아 있으며, 주로 '실인室人'으로 지칭되는

데, 자식들을 향해서는 '적모嫡母'로 지칭된다. 이의강李義綱의 딸 진성 이씨眞城 李氏로 추정된다.

○ 첩 1 : 일기의 기록상 사망했으며(사망 일자는 1614년 7월 1일로 추정[11]), 주로 '부실副室'로 지칭된다. 서자 대건과 대생 및 두 서녀(장녀, 차녀)의 어미다.

○ 첩 2 : 일기의 기록상 살아 있으며, 주로 '소가小家'로 지칭되는데, 자식들을 향해서는 '서모庶母'로 지칭된다. 대평의 어미다.

1617년 8월 17일자 일기의 내용[12]을 보면 요산 인근(문단)에는 본처와 본처의 장인 장모 그리고 첩 1의 묘소가 있었던 것으로 보인다. 집에서 단오 절제를 지낸 기록이 보이는 1617년 5월 5일자 일기 내용[13]에도 '영천의 처부모榮川妻父母'라는 표현이 보이는데, 이를 통해 요산 인근에 본처의 장인 장모 묘소가 있었다는 추정이 더욱 힘을 얻는다.[14]

흥미롭게도 해당 날짜의 일기에는 그와 함께 '처외숙 양위[舅氏兩位]'에도 제사를 지냈다는 내용이 확인되는데, 이로써 짐작해 보건대 본처 일가가 요산을 중심 거주 공간으로 삼고 있었으며 어느 순간 대가 끊어지고 집안의 재산을 모두 분재받은 본처가 사망하면서 자연스럽게 김택룡이 처가의 재산을 모두 차지하게 된 것이 아닌가 생각된다. 구체적인 문서가 남아 있지 않아 어디까지나 추정일 뿐이지만, 일기를 살펴보면 ① 본처 처가 인물에 관한 언급이 없다는 점, ② 김택룡이 가진 전토 가운데 요산 인근 여러 곳이 확인된다는 점, ③ 요산이라는 지역과 김택룡 선대 행적의 연관성이 확인되지 않는다는 점 등으로 미루어 볼 때, 요산 산장과 인접 지역의 여러 전토가 본처 일가의 재산이었을 가능성이 있다.

요산의 산장에는 '완심당玩心塘'이라는 연못과 그 인근에 누정이 있었던 것으로 보인다. 그 단서가 1612년 3월 23일자 일기에 기록되어 있는데, 다음 인용은 그에 관한 구체적 내용이다.

> 완심당玩心塘에 나가 막힌 곳을 뚫어 맑은 물을 끌어왔다. 부인夫仁에게 누정 위의 지저분함을 쓸고 닦게 했다. 우두커니 머물다가 돌아왔다. (…) 오늘 노배奴輩와 마을 사람들이 향도香徒 모임으로 모여 술을 마시는데, 지당池塘의 반송盤松이 덮개를 덮은 듯 땅으로 늘어져 사람들이 그 아래에 앉거나 서 있지를 못해서, 이 사람들 중 7, 8명을 불러 지탱하여 일으키니, 그 아래에서 앉거나 서 있을 수 있고, 다니고 머물거나, 소요하거나 쉴 수 있게 되었다. 지정池亭이 이로부터 더욱 보기 좋아져서 모두가 기뻐했다.[15]

노비를 써서 완심당을 청소하는 한편 사람들을 데려다 인근에 가지를 늘어뜨린 소나무를 정리한 내용이 서술되어 있다. 마을 사람들과 어울려 교류하던 공간으로서 완심당 일대가 활용되었음을 추측해 볼 수 있다. 완심당을 청소한 내용은 문집에 실린 다음 시를 통해서도 확인할 수 있는데, 김택룡은 요산을 방문할 때마다 완심당 일대를 소요하며 유유자적한 시간을 보냈으리라 짐작된다.

완심당이 오랫동안 황폐하여	翫心塘久廢
보수하느라 심혈을 쏟았네	修築費經營
푸른 이끼 낀 돌을 깎아내고	爲斲蒼苔石
푸른 시내 맑은 물을 틔웠네	因疏碧澗淸

바람 앞에 옥 소리가 울리고 風前鳴玉韻
달빛 아래 풍경 소리 흔들리네 月下撼金聲
세상 생각은 모두 사라지고 世念都消釋
흉금이 바닥까지 밝아지네 胸襟徹底明[16]

한곡과 요산을 오간 김택룡의 생활양상

한곡과 요산을 오가며 예안과 영주와 봉화 일대에서 활동했던 김택룡은, 대략 1년의 1/2 이상은 한곡에서, 나머지 1/2 또는 1/3가량의 기간은 요산에서 보낸 것으로 짐작된다. 그에 관한 단서는 『조성당일기』에 기록된 1612년, 1616년, 1617년 내용을 통해 유추할 수 있는데, 〈표 1〉은 『조성당일기』에 수록된 유관 내용을 정리한 것이다.

〈표 1〉 한곡과 요산을 왕래한 김택룡의 생활(근거 : 『조성당일기』)

<table>
<tr><th>날짜</th><th>체류 기간</th><th>체류 공간</th><th>활동권역</th></tr>
<tr><td>1612년 01월 05일 →1612년 03월 04일
(※1612년 01월 05일 이전 일기는 결락)</td><td>60일 이상</td><td>한곡</td><td>예안</td></tr>
<tr><td>1612년 03월 04일 →1612년 03월 07일</td><td>04일</td><td>요산</td><td rowspan="9">영주-봉화</td></tr>
<tr><td>1612년 03월 07일 →1612년 03월 11일</td><td>05일</td><td>구고</td></tr>
<tr><td>1612년 03월 11일 →1612년 04월 16일</td><td>36일</td><td>요산</td></tr>
<tr><td>1612년 04월 16일 →1612년 04월 23일</td><td>08일</td><td>구고</td></tr>
<tr><td>1612년 04월 23일 →1612년 04월 27일</td><td>05일</td><td>소백산</td></tr>
<tr><td>1612년 04월 27일 →1612년 05월 01일</td><td>04일</td><td>구고</td></tr>
<tr><td>1612년 05월 01일 →1612년 05월 14일</td><td>14일</td><td>요산</td></tr>
<tr><td>1612년 05월 14일 →1612년 05월 16일</td><td>03일</td><td>구고</td></tr>
<tr><td>1612년 05월 16일 →1612년 05월 17일</td><td>02일</td><td>요산</td></tr>
<tr><td>1612년 05월 17일 →1612년 07월 25일
(※1612년 07월 25일 이후 일기는 결락)</td><td>70일 이상</td><td>한곡</td><td>예안</td></tr>
</table>

날 짜	체류 기간	체류 공간	활동권역
1616년 01월 06일 →1616년 01월 18일 (※1616년 01월 06일 이전 일기는 결락. 01월 06일 한곡에서 요산으로 이동)	13일	요산	영주-봉화
1616년 01월 18일 →1616년 01월 27일	10일	구고	
1616년 01월 28일 →1616년 02월 09일	12일	요산	
1616년 02월 11일 →1616년 02월 22일	12일	한곡	예안
1616년 02월 22일 →1616년 02월 27일	06일	역동서원	
1616년 02월 27일 →1616년 03월 07일	10일	한곡	
1616년 03월 08일 →1616년 03월 13일	06일	요산	영주-봉화
1616년 03월 13일 →1616년 03월 18일	06일	구고	
1616년 03월18일 →1616년 04월 05일	16일	요산	
1616년 04월 05일 →1616년 04월 11일	07일	구고	
1616년 04월 11일 →1616년 04월 15일	05일	요산	
1616년 04월 15일 →1616년 06월 01일	47일	한곡	예안
1616년 06월 01일 →1616년 07월 04일	33일	요산	영주-봉화
1616년 07월 04일 →1616년 09월 04일	61일	한곡	예안
1616년 09월 04일 →1616년 10월 08일	34일	요산	영주-봉화
1616년 10월 08일 →1616년 10월 12일	05일	구고	
1616년 10월 12일 →1616년 10월 17일	06일	요산	
1616년 10월 17일 →1616년 10월 24일	08일	구고	
1616년 10월 24일 →1616년 11월 13일	20일	요산	
1616년 11월 14일 →1616년 12월 24일 (※1616년 12월 24일 이후 일기는 결락)	41일	한곡	예안
1617년 01월 27일 →1617년 03월 07일 (※1617년 01월 27일 이전 일기는 결락)	40일	한곡	예안
1617년 03월 07일 →1617년 04월 03일	27일	요산	영주-봉화
1617년 04월 03일 →1617년 09월 04일	150일	한곡	예안
1617년 09월 04일 →1617년 11월 11일	67일	요산	영주-봉화
1617년 11월 14일 →1617년 12월 19일 (※1617년 12월 19일 이후 일기는 결락)	30일 이상	한곡	예안

일기에서 그 내용이 확인되는 1612년의 기록 7개월 약 200일의 기간을 살펴보면, 김택룡은 한곡의 본가에서 약 130일을 체류하고, 요산의 산장과 인근 첩(小家)이 살던 구고九皐의 집에서 약 70일을 체류했다. 1616년의 경우 1월부터 12월까지의 내용이 기록되어 있는데, 한곡과 요산-구고를 7차례 왕래하였으며, 한곡에서 약 180일을 체류하고 요산과 구고에서 약 160일을 체류하였다. 1617년의 경우 2월부터 12월까지의 내용이 기록되어 있으며, 한곡과 요산을 4차례 왕래하는 가운데 한곡의 본가에서 약 220일을 체류하고 요산의 산장에서 약 100일을 체류하였다. 1616년보다 상대적으로 더 많은 시간을 한곡에서 보냈음을 알 수 있다.

김택룡이 한곡과 요산에 체류한 기간과 공간에 관한 정보를 토대로 예안宣城, 영주榮川, 봉화奈城를 매개한 생활의 양상을 살펴보면, 김택룡은 소백산 여행(1612년 4월)과 역동서원 제사(1616년 2월)를 제외한 나머지 기간을 대부분 거주 공간에서 체류하였으며, 상대적으로 요산의 별업이 있던 영주와 봉화 일대보다 한곡의 본가가 있던 예안 지역에서 더 오래 활동했다.

관련해서 몇 가지 특징적인 사실을 짚어볼 수 있는데, 그 가운데 하나는 1612년, 1616년, 1617년 모두 3월 초순 즈음 김택룡이 한곡(예안)에 있다가 요산(영주-봉화)으로 이동했다는 사실이다. 1612년은 3월, 4월, 5월을, 1616년은 3월, 4월을, 1617년은 3월을 요산에서 보냈는데, 이를 통해 김택룡은 주로 요산에서 봄을 보내고자 하였으리라 추측해 볼 수 있다. 관련해서 김택룡은 1612년, 1616년, 1617년 모두 한곡에 있다가 3월 초순에 요산으로 거주 공간을 옮기는데, 일기의 내용을 살펴보면 3월 4일이 아버지 김양진金楊震의 기일이라 한곡에서 아버지의 제사를 지낸 이후 요산으로 이동한 것을 확인할 수 있다. 한 달 이상 요산에 머무르며 봄을 지낸 1612년, 1616년과 달리 1617년의 경우 한 달이 채 되기 전 한곡으로 돌아가는데, 이는 당해 1월 사망한 아들 김적의 장례일이 4월 15일로 정해져, 장례를 앞두고 4월 초 예안으로 돌아간 것이다.

1612년의 경우 일기 기록이 7월까지만 남아 있어서 확인되지 않지만, 1616년과 1617년의 기록을 보면 공통적으로 9월 초순에 김택룡이 한곡에서 요산으로 거주 공간을 옮겼다는 사실을 알 수 있다. 이는 매년 9월 1일 사당 참배와 차례를 지냈으며, 1617년의 경우 9월 4일이 오천烏川에 거주했던 죽은 딸(김광찬의 처)의 기일이었기에, 그와 같은 요인이 거주 공간의 이동 시점과 관련이 있음을 알 수 있다. 이와 반대로 1612년은 확인되지 않지만 1616년과 1617년의 경우 11월 중순 무렵 요산에서 한곡으로 거주 공간을 옮긴 것이 확인된다. 관련해서 일기의 내용을 살펴보면 11월 16일은 숙부의 기제사였으며, 11월 20일은 시사時祀가 있는 날이자 1617년의 경우 당해 사망한 아들 김적의 생일제를 지냈음이 확인된다. 그 외 11월 23일도 누군가의 기제사였으며, 11월 24일은 한곡마을의 강신회가 열렸던 날이다. 11월에 한곡에서 거행해야 할 각종 제사와 행사가 있었기에 그 무렵 요산에서 한곡으로 돌아왔으리라 추측할 수 있다.

이와 같이 물리적 공간을 매개로 『조성당일기』에 기록된 1612년, 1616년, 1617년 김택룡의 생활을 바라볼 경우 한곡을 중심으로 한 예안(선성) 생활권역과 요산을 중심으로 한 영주(영천)-봉화(내성) 생활권역

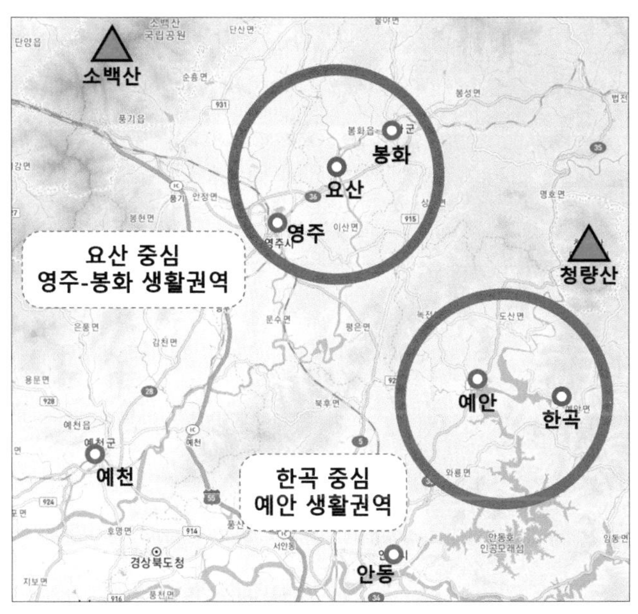

김택룡의 예안 생활권역과 영주–봉화 생활권역(KakaoMap 제공)

으로 나눌 수 있다. 위의 그림은 그와 같이 예안 일대와 영주-봉화 일대로 크게 나누어지는 김택룡의 생활권역 및 활동 범위를 지도에 개략적으로 표시해 본 것이다. 한곡을 중심으로 한 예안(선성) 권역과 요산을 중심으로 한 영주(영천)-봉화(내성) 권역에서 이루어진 김택룡의 여러 생업 및 교유 활동을 더욱 섬세하게 조망하려면 일기에 기록된 '장소'를 매개로 각 생활권역 내에서 발생한 이동·방문·통신의 흔적을 잘 정리해야 한다. 누구who를 만나고 무엇을what 다루었으며 어떻게how 했는지의 단서가 김택룡이 기록한 장소place에 담겨 있기 때문이다.

예컨대 예안 권역은 고통원高通原, 와운대臥雲臺, 태동胎洞, 사동砂洞, 가동檟洞, 정리井里, 덕현德峴 등의 한곡寒谷 일대를 중심으로 월천月川,

역동서원易東書院, 분천汾川, 오담鰲潭, 도산서원陶山書院 등을 포괄하는 부포浮浦 일대 그리고 탁청정濯淸亭을 포함한 오천烏川 일대와 감원정鑑源亭, 가서檟墅를 포함한 가구加丘 일대 및 비암鼻巖, 향교鄕校 등을 포함하는 예안 치소治所 일대로 구분된다.

영주-봉화 권역은 문단文壇, 건정巾正, 도촌陶村, 빈동賓洞, 사랑沙浪, 항북項北, 마평馬坪 등의 요산腰山 일대를 중심으로 조촌助村, 구고九皐를 포괄하는 구미龜尾 일대 그리고 원암遠岩과 임구林丘를 포함하는 반포反浦 일대, 원당元塘과 구학정龜鶴亭을 포함한 영천榮川 치소 일대, 탑평塔坪을 위시한 동쪽 지역의 내성奈城 치소 일대로 구분된다.

점, 선, 면에 기초한 김택룡의 생활공간 복원

조선시대 경제력을 갖춘 지역 양반의 생활일기는 대체로 생업生業으로서의 경제활동과 근린近隣, neighborhood에 관한 내용을 많이 포함한다. 생업에 관한 기록은 주로 노비와 가족을 동원한 농사일 및 토지와 노비 등을 거래한 매매 관련 내용이다. 근린에 관한 기록은 일대에 떨어져 사는 가족과의 통신 및 선물 행위 그리고 지역의 사람을 만나거나 틈틈이 인근의 유력자와 교유하는 양상으로 나타난다. 다음은 그러한 내용이 서술된 1617년 5월 15일자 『조성당일기』의 기록이다.

> 아들 숙琡이 산장山庄에서 돌아와, 집안이 무사함을 알았다. 석石은 어제 산양山陽으로 돌아갔고, 홍붕洪霦 무리도 돌아가 원가院家에 들어갔으

며, 구고九皐의 대평 어미는 보리타작할 때 산가山家에 돌아왔는데, 춘금春金과 금덕今德이 와서 씨 뿌린 밭에 김을 매었으며, 도촌陶村 권근오權謹吾 일가는 20일 후 도촌 본가로 돌아간다고 한다. 임구林丘의 딸이 추로주秋露酒와 편지를 보냈는데 평안하며 본가에 들어갔고, 수랑水娘은 아직 원당元塘에 있는데 머지않아 본가에 들어올 것이라고 한다. 숙이 돌아올 때 금언각琴彦覺·손우孫祐·성이성成以性 등 여러 사람이 조석붕趙錫朋을 전별하기 위해 원루院樓에 모여 있어서, 들어가 만나 술을 마시고 한곡寒谷에 돌아왔는데 해 지고 나서야 도착했다고 한다.[17]

당시 김택룡은 한곡寒谷에 있었는데, 요산腰山의 산장山庄을 방문하고 돌아온 장남 김숙金璹으로부터 여러 소식을 들은 내용을 기록한 것이다. 노비와 지인들의 소식 및 첩과 딸들의 안부 그리고 스승인 조목의 차자이자 문과에 급제해 서울에서 벼슬을 하고 있던 조석붕趙錫朋[18]에 관한 이야기도 보인다. 흥미로운 것은 그 모든 내용이 '장소'와 연결되어 있다는 것이다. 산장, 산양, 구고, 도촌, 임구, 원당, 원루, 한곡 등 일기에 언급된 장소를 정확히 파악하지 못한 상태에서는, 기록상 생업과 교유 활동의 물리적 범위와 그 성격을 제대로 이해하기가 어렵다.

일기에 기록된 생활과 활동의 매개로서 인문적 성격을 내포한 '장소'를 일종의 지리 정보geographic information로 디지털 환경에서 파악·재현하기 위한 방법은 크게 3가지가 있다. 해당 장소를 점點, dots으로 찍고, 점으로 찍힌 장소 사이를 선線, lines으로 연결하고, 장소 사이의 위상을 파악하기 위해 면面, faces을 구성하는 것이다. 점, 선, 면으로 디지털 환경에서 재현되는 장소 정보는 각각의 형식이 내포한 특징을 매개로, 일기에 기록된 내용을 이해하는 데 있어서 다양한 단서를 제공해 줄 수 있다.

점點, dots : 옛 장소의 복원

일기에 기록된 장소는 각 공간이 지닌 성격이나 물리적 규모(범위)와 별개로 점의 형태로 나타낼 수 있다. 다음은 일기에 기록된 여러 장소를 성격과 유형에 따라 분류하고 그 대표적인 사례를 정리한 것이다.

○ 본가와 별업이 있던 마을 : 한곡寒谷, 요산腰山, 구고九皐
○ 가족들이 살던 곳 : 산양山陽, 유천柳川, 오천烏川, 도촌陶村, 임구林丘, 원당元塘 등
○ 소유 전답이 있던 곳 : 태동胎洞, 사동砂洞, 가동檟洞, 정리井里, 덕현德峴, 산지山池, 사랑沙浪, 항북項北, 마평馬坪 등
○ 여타 인근의 읍면동리 : 남산南山, 부포浮浦, 월천月川, 분천汾川, 온계溫溪, 반포反浦, 조촌助村, 구미龜尾 등
○ 지금의 예안, 영주, 봉화의 치소 : 선성宣城, 영천榮川, 내성奈城
○ 건축 : 도산서원陶山書院, 역동서원易東書院, 구학정龜鶴亭, 탁청정濯清亭, 감원정鑑源亭, 소게정召憩亭, 용수사龍壽寺 등
○ 산과 바위와 하천 등의 자연지형 : 용두산龍頭山, 비암鼻巖, 오담鰲潭 등
○ 고개 : 용령龍嶺, 굴현屈峴 등

거주 공간으로서 본가와 별업이 있던 곳, 인근의 가족이 살던 곳, 소유 전답이 있어 관리를 위해 직접 방문하거나 노비들을 사역하던 곳,

지금의 예안, 영주, 봉화의 치소가 있던 공간 및 행정적으로 그에 속한 읍면동리의 여러 마을과 그곳에 지어진 건물들, 산과 바위와 하천 등의 자연지형과 산을 넘나들기 위해 거쳤던 고개 등. 일기에는 그러한 다채로운 유형의 장소가 기록되어 있는데, 해당 장소 가운데 일부는 현대에도 여전히 그 명칭이 잔존하고 있어 그 위치를 파악하기 어렵지 않은 곳도 있지만, 반대로 그곳이 어디인지를 파악할 수 있는 자료가 거의 남아 있지 않아 정확한 위치를 알 수 없는 곳도 있다. 후자의 경우 일기의 유관 기록과 여타 자료에 남은 일부 단서를 토대로 그 대략적인 위치를 추정할 수밖에 없는데, 『조성당일기』에 기록된 장소 가운데서도 사동砂洞(砂峴)과 가동檟洞과 수륙동水陸洞(水綠洞)이 그에 해당하는 대표적 사례다.

사동은 한곡 인근으로 묘사되고 경작하던 전답이 있어 김택룡의 일상에서 늘 관리가 이루어지던 곳이며, 가동은 사동고개[砂峴]를 거쳐 이르던 곳으로 경영하던 전답뿐만 아니라 고조부 김효우의 묘소를 포함해 일가의 선영이 있던 곳으로 일기에 자주 언급되는 곳이다. 수륙동(수록동)은 가동에 인접해 있으면서 선영 일부가 있던 곳이다. 사동과 가동과 수륙동이 어디인지를 파악하는 일은 곧 김택룡의 전답 경영과 선영 관리를 이해하는 데 있어서 유효한 단서다. 일기와 여타 자료에서 확인되는 사동, 가동, 수륙동의 위치에 관한 정보는 다음과 같다.

○ 사동砂洞은 한곡 인근에 있던 곳으로, 와운암臥雲岩(지금의 안동시 예안면 귀단1리 일대)-태동胎洞(지금의 안동시 예안면 태곡리 1106 일대)-사동砂洞으로 이어지는 이른바 동강東崗(현재의 왕모산 자락)의 일부에

위치하고 있었다.[19]

○ 가동檟洞은 사동을 경유해 당도할 수 있었다.[20] 『선성지』에 한곡을 지나 영양英陽과의 접경인 장갈현長碣峴(지금의 안동시 예안면 동천리 1 일대)까지 이르는 경로가 서술되어 있고 그 가운데 '가동柯洞'을 언급하고 있는데[21] 아마도 가동檟洞과 같은 곳으로 짐작된다. 기록에 따르면 가동柯洞은 예안의 치소를 기준으로 한곡寒谷(20리)-청파靑坡-가동柯洞(30리)-용동鎔洞(36리)-장갈현長碣峴(41리)으로 이어지는 경로 가운데 일부다.

○ 수륙동水陸洞(水綠洞)은 가동과 인접해 있던 곳이다.[22] 지명의 특수함을 고려하자면, 과거 수곡水谷으로 지칭되었고 지금은 '수능골' 또는 '수늦골'이라 불리는 예안면 삼계리 750 지역 일대가 유력한 후보지다.

위의 여러 정보를 고려해서 종합적으로 추론하였을 때 그 조건을 모두 충족하는 사동, 가동, 수륙동의 위치를 295쪽 그림과 같이 추정할 수 있다.

『조성당일기』에 기록된 장소 가운데는 김택룡의 사적인 생활과 활동을 들여다볼 수 있는 단서뿐만 아니라, 조선시대 '선성(예안)-영천(영주)-내성(봉화)'이라는 큰 행정구역 간의 경계를 공간적으로 이해하기 위한 차원에서 필요한 정보도 포함되어 있다. 예안과 영주의 경계에 있었다고 거론되는 '소계정召憩亭'이 그러한 예시라 할 수 있는데, 소계정은 그동안 여러 자료에서 언급되어 온 것과 별개로 그 위치에 대한 비정이 제대로 이루어지지 않았다. 다음은 『조성당일기』 1612년

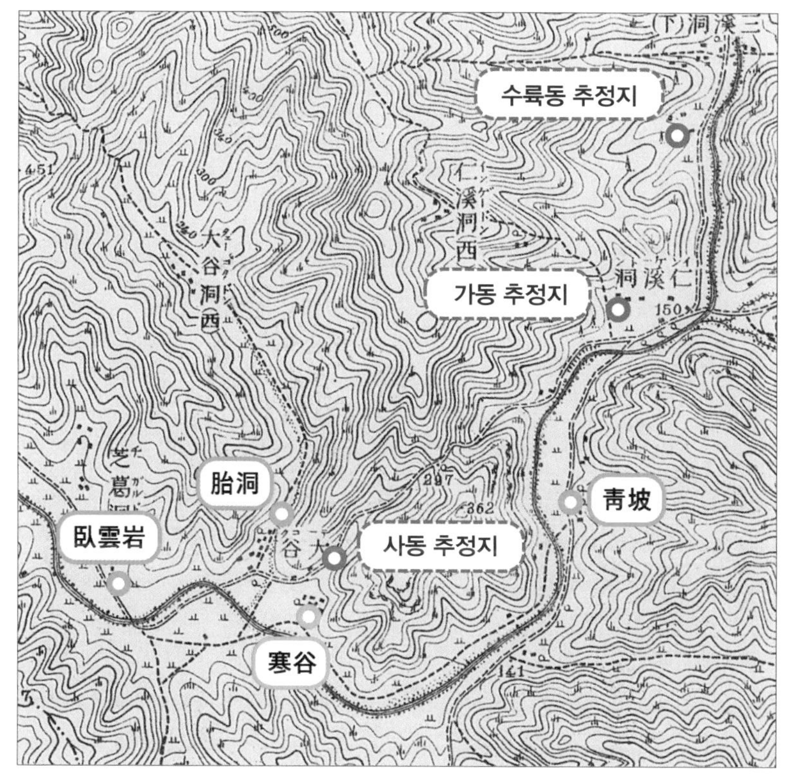

사동, 가동, 수륙동의 추정 위치[23]

5월 17일자 일기에 서술된 소게정에 관한 내용이다.

> (…) 선성宣城으로 출발했다. 아들 대생大生도 따라나섰다. 수도守道(김개일)의 말을 빌려 타고 떠났다. 소게정召憩亭에서 쉬고 용수사龍壽寺에 이르러 말에 꼴을 먹였다. 종루鐘樓에 올라가 중들과 이야기를 나누었는데, 금복고琴復古·금시문琴是文·금시무琴是武 삼형제가 와 있어서, 함께 만나 느긋하게 이야기를 나누고 귀가하였다. 저녁에 한곡寒谷에 도착했다. (…)[24]

이 내용을 통해 유추할 수 있듯이 김택룡에게 있어 소계정은 한곡(예안)과 요산(영주-봉화)을 오가는 길목에서 쉬어 가던 공간으로, 일종의 지역과 지역의 이동 간 경유지였다. 『선성지宣城誌』의 「예안현계한禮安縣界限」과 김령金坽(1577~1641)의 『계암일록溪巖日錄』에서도 유사한 맥락의 기록이 확인된다. 아래의 두 인용은 각각 『선성지』의 「예안현계한」과 『계암일록』 1622년 6월 26일자 일기의 내용이다.

> (…) 또 도마현刀磨峴을 넘어 40리 되는 곳에 정자가 있는데 이름이 소계정召憩亭이다. 농암聾巖 이상공李相公(이현보)께서 영천군수로 재직하셨을 때 세운 것으로, 그 뒤 공께서 관찰사[方伯]가 되어 이곳에 와서 쉬셨다. 나뭇가지가 하늘을 뒤덮고 녹음이 땅에 가득해, 길을 다니며 더위를 먹거나 무더위를 두려워하는 사람이 이곳에 나아가면 마치 부모의 은혜와 같아서 이름 하기를 '소계정'이라 한 것이다. 예안과 영천 양 읍의 경계에 위치한다. (…)[25]

> (…) 밥을 먹은 뒤에 천성川城(영천)으로 갔다. 아들 면지勉之가 따랐다. 소계정召憩亭 소나무 그늘에서 말을 쉬게 했다. 조도 별장調度別將 지응곤池應坤이 영천榮川에서 와서 우촌愚村에 머물러 쉬다가 예안으로 가려고 한다. (…)[26]

앞에서 언급한 여러 기록을 종합해 보면, 소계정의 위치는 ① 영천(영주)과 예안의 경계에 있으면서 두 곳을 오가는 이들의 휴식공간으로 활용되었으며, ② 예안을 기준으로 도마현刀磨峴(지금의 안동시 녹전면 매정

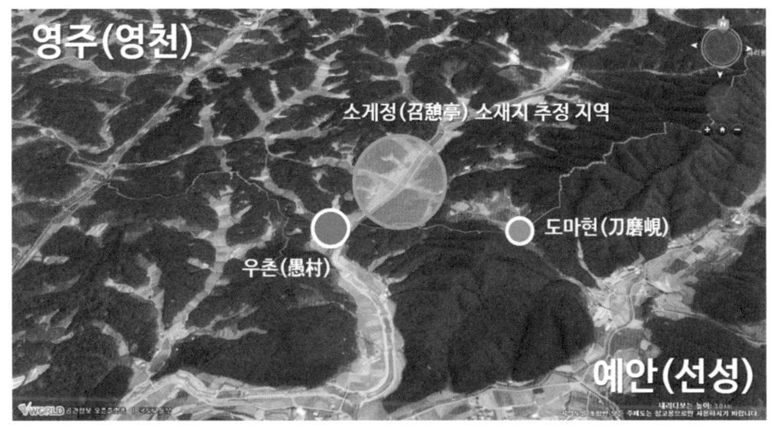

소게정 소재 추정 지역(공간 정보 오픈 플랫폼 '3D Map'[27] 제공)

리 산208 일대)을 지난 곳에 있고, ③ 예안의 치소에서 대략 40리 정도 떨어져 있으며, ④ 우촌愚村(지금의 봉화군 상운면 토일리 749-1 일대)과 인접한 곳에 있었음을 알 수 있다. 위의 그림은 그러한 여러 정보를 바탕으로 소게정이 있었을 것으로 짐작되는 공간을 지도상에 나타낸 것이다.

소게정이 소재했을 것이라 추정한 지역은 지금의 봉화군 상운면 토일리 토일리마을 일대다. 이 지역이 옛날 조선시대 중기를 기준으로 예안과 영천의 경계였는지를 확인할 수 있다면, 해당 추측은 더욱 큰 설득력을 얻을 것이다.

이와 관련해 조선시대 중반 16세기 영천(영주)과 선성(예안)의 지역 경계를 참고할 수 있는 자원이 있으니, 고려대 민족문화연구원에서 제공하는 '조선시대전자문화지도'[28]다. GIS 기반의 해당 데이터베이스는 1530년 증수된 『신증동국여지승람』(55권 25책)의 기록을 바탕으로 지도를 통해 당시 행정구역 간의 경계를 확인할 수 있는 서비스를 제공한다.

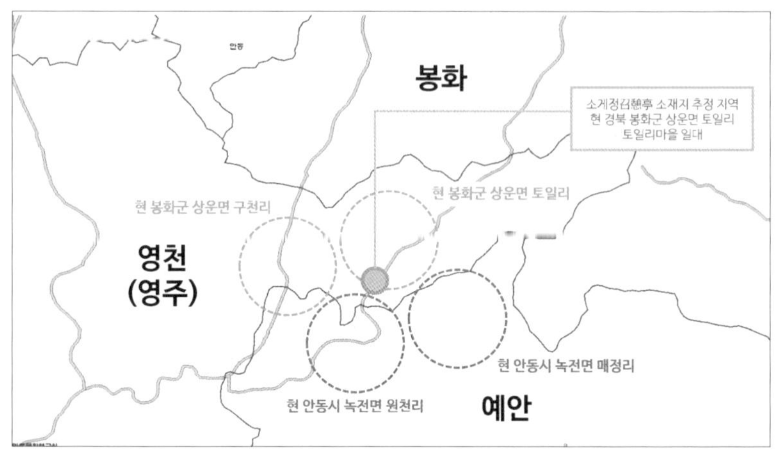

16세기 영천–예안의 행정구역 간 경계를 바탕으로 한 소게정 추정 위치
고려대 민족문화연구원 '조선시대전자문화지도'

위의 그림은 그 결과(당시의 행정구역 경계)를 출력해 소게정이 있었을 것이라 추정되는 지역을 매핑한 것이다. 앞서 여러 기록을 통해 언급된 영천(영주)과 예안의 경계로서 소게정(추정지)의 위치가, 실제 행정구역 간 물리적 경계를 통해 확인된다.

이와 같은 방식으로, 필자는 『조성당일기』에 기록된 장소를 대상으로 현재에도 그 명칭이 잔존하고 있거나 옛 지명과 관련된 유관 자료가 많아서 그 위치를 파악하기 용이한 장소는 그에 충실한 정리 작업을 거쳐 지도상에 매핑하였고, 앞서 예시를 든 '사동', '가동', '수륙동', '소게정' 등의 사례와 같이 현 시점에서 옛 장소의 위치를 비정하기 쉽지 않은 곳은 여러 기록에 있는 내용을 단서로 삼아 그 추정 위치를 최대한으로 비정하고자 하였다.[29]

다음의 전자 지도는 그러한 과정을 거쳐 『조성당일기』에 기록된 김

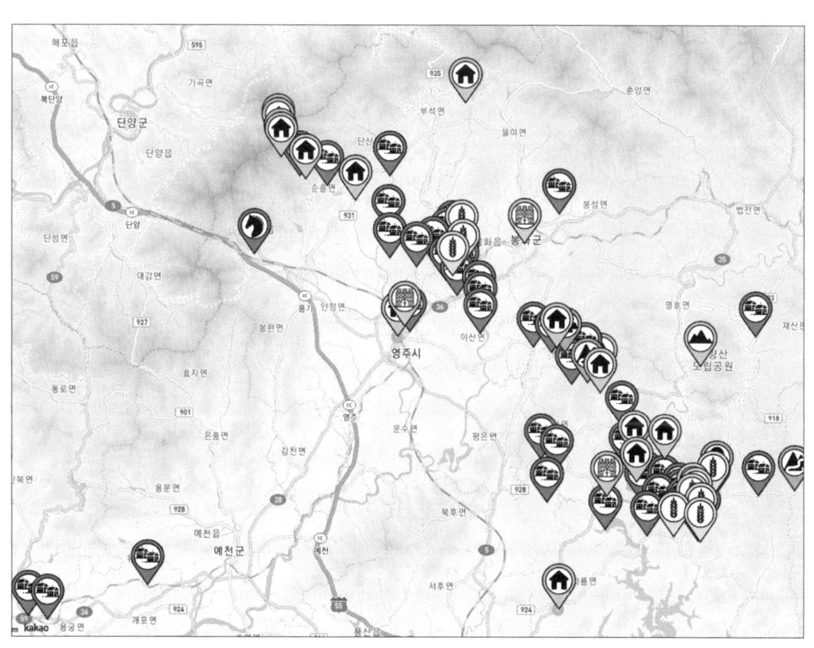

구분	표시 대상	예시	개수(총 84곳)
	마을(洞·里·村)	요산腰山	49곳
	치소治所(郡과 縣)	선성宣城(예안) 치소	3곳
	역원驛院	창락역昌樂驛	1곳
	건축물	용수사龍壽寺	12곳
	묘역	수륙동水陸洞 추정지	1곳
	전답	가동檟洞의 전답 추정지	10곳
	하천이나 여울	오담鰲潭	1곳
	산이나 구릉	용두산龍頭山	4곳
	고개	용령龍嶺	3곳

김택룡의 생활공간 전자 지도(KakaoMap API 활용)[30]

택룡의 여러 생활공간을 디지털 환경에서 복원한 결과물이다.

선線, lines : 이동 경로의 재현

기록상의 장소를 지도에서 점으로 표시한 뒤 시도할 수 있는 후속 작업이 있으니, 바로 매핑한 점들을 이어 선을 그리는 것이다. 지도상의 선은 곧 사람이나 물자의 이동 경로를 재현한 것이라 할 수 있는데, 그 속성은 일종의 교통로로서 도로와 유사하다. 옛 기록에 남아 있는 사람이나 물자의 이동 경로를 전자 지도상에 재현할 수 있다면, 지금은 확인하기 어려운 옛 길을 복원해 이동 과정에서 발견되는 여러 특징을 공간적 차원에서 해부해 볼 수 있을 것이다.

『조성당일기』에도 김택룡이 사람이나 물자를 어딘가로 보내거나, 자신이 직접 인근의 장소를 방문한 내용이 곧잘 확인되는데, 그 가운데서도 이동 거리가 상대적으로 길고 이동 양상이 꾸준히 확인되는 경로가 하나 있으니, 바로 한곡(예안)과 요산(영주-봉화)을 오간 교통로다. 일기의 기록에 따르면 김택룡은 1612년에 2차례, 1616년에 7차례, 1617년에 4차례 한곡과 요산을 왕래하였다. 1612년의 기록이 7개월여에 지나지 않음을 고려할 때, 계절별로 한 번씩 1년에 총 4차례 이상 두 곳을 왕래하였으리라 짐작된다. 일기에 기록된 경유 장소를 매개로 한곡과 요산을 왕래한 이동 경로를 정리하자면 다음과 같다.

한곡寒谷-와운대臥雲臺-지장리紙匠里-고통원高通原-부포浮浦-역동서원易東書院-오담鰲潭-분천汾川-온계溫溪-용수사龍壽寺-용령龍嶺-고매점古梅店과 굴현屈峴-도마현刀磨峴-소게정召憩亭-조천槽川-반포反浦-

임고林皐-원암遠岩-백암栢岩-건정巾正-요산腰山

예안으로부터 영천으로 향한 방향을 기준으로 볼 경우, 김택룡은 본가가 있던 한곡에서 출발해 서쪽으로 와운대와 지장리 그리고 고통원 앞길을 경유해 부포에 이르렀던 것으로 보인다. 부포에서 북쪽으로 역동서원 앞을 경유해 올라가다가 배를 타고 오담[31]을 건너 분천[32]에 이르렀고, 분천에서 다시 북쪽으로 방향을 돌려 온계[33]로 향했다. 온계를 지나 용수사[34]를 거쳐 그 위의 용령,[35] 즉 용두산 고개를 넘어 고매점(고점)[36] 또는 굴현[37]을 경유하였으며, 용두산을 완전히 벗어난 이후에는 도마현을 넘은 뒤 소게정[38]에서 휴식을 취한 것으로 보인다. 소게정은 예안과 영천의 접경에 해당하는 곳으로, 이후 조천[39]을 경유해 반포[40]에 이르렀으며 인근 임고(임구)[41]에 살던 딸을 방문하기도 했고, 원암[42]과 백암 앞길을 경유해 건정[43]을 거쳐 요산에 도착한 것으로 추측된다.

이와 같이 세부 경유지를 매개한 전체 이동 경로를 기초 자원으로 삼아 김택룡이 이동했던 옛 교통로를 디지털 환경에서 복원하는 작업을 진행했다. 전자 지도상에서 옛 교통로를 복원하는 과정은 다음과 같은 3단계의 절차를 거쳐 이루어졌다.[44]

① 『조성당일기』에 기록된 김택룡의 이동 경로를 바탕으로, 경유 장소의 좌표를 모두 찾아서 전자 지도상에 마커로 매핑하였다.

② 매핑된 여러 좌표를 연결하는 옛 길을 그려나가는 데 있어서 1910~1920년 사이에 제작된 「일제 시기 근대지형도(3차 지형도,

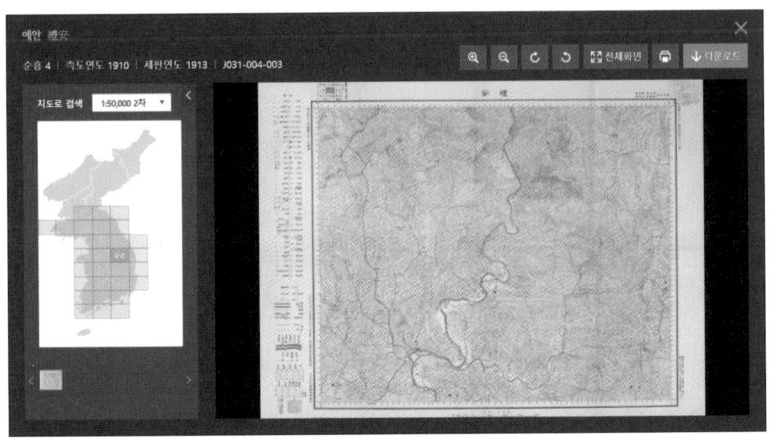

예안 일대의 지형도
국립중앙박물관 소장 조선총독부박물관 문서[45]

1 : 50,000 축적)」와 「구한말 지형도(2차 지형도, 1 : 50,000 축적)」(예시 : 위의 그림)를 활용하였다.

관련해서 「일제 시기 근대지형도(3차 지형도)」는 조선 말기, 즉 19세기 말경 한반도의 경관 정보를 잘 담고 있어, 그동안 조선시대 역사지리환경을 복원할 때 많이 사용되어 왔다. 그런데 근래에 이루어진 연구[46]에 따르면, 「구한말 지형도(2차 지형도)」상의 도로 정보가 조선시대의 고지도에 그려진 교통로와 더욱 부합한다는 것이 밝혀졌다. 이는 개화기 이후 신작로의 건설과 행정구역 개편에 따른 지역 간 연결 구조의 변동이 3차 지형도에 반영되었기 때문인데, 이로 인해 옛 길을 복원하는 데 있어서 2차 지형도와 3차 지형도를 함께 참고해야 한다. 최근 국립중앙박물관에서 제공하고 있는 '조선총독부박물관 문서' 지도 서비스를 통해(위의 그림 참조), 2차 지형도와 3차 지형도를 고화질 이미

예안 용두산 일대의 지형(공간 정보 오픈 플랫폼 '3D Map' 제공)

지로 열람하는 것이 가능하다.

③ 3D 형태의 입체적 지형을 매개로 땅의 고저 및 경사와 관련해 교통로로 짐작되는 경로의 이동 효율성을 검토하기 위한 목적에서, 국토교통부의 '공간 정보 오픈 플랫폼'[47]에서 제공하는 3D Map(예시 : 위의 그림)을 통해 복원하고자 하는 옛 길 주변의 물리적 환경을 세세하게 확인하였다.

①이 점을 찍는 단계라면, ②는 찍은 점을 선으로 연결하는 단계로, ③은 연결한 선을 최종적으로 검토하는 단계로 볼 수 있다. 만약 ①단계에서 일부 좌표라도 오류가 있다면, ②단계 작업의 결과물은 신뢰성을 확보하기 어려울 것이다. 그리고 ③단계에서 치밀한 검토가 이루어지지 않는다면, ②단계 작업의 의미가 퇴색할 수 있다. ①과 ②와 ③ 각 단계의

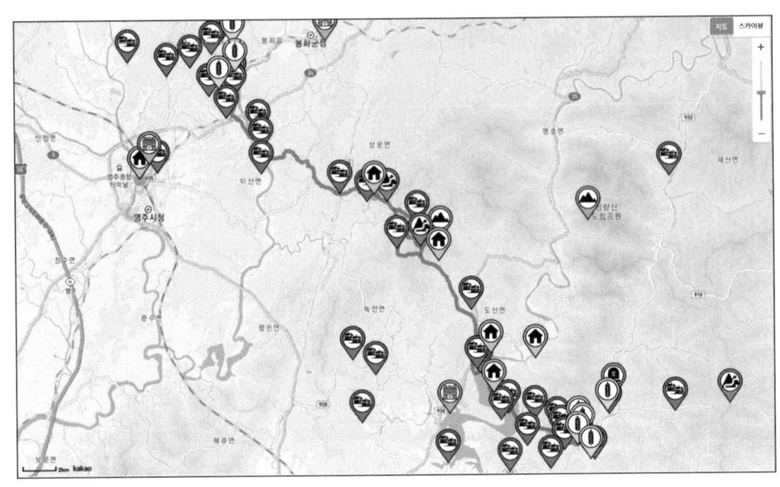

김택룡의 한곡-요산 이동경로 전자 지도(KakaoMap API 활용)[48]

작업을 유기적으로 연결하는, 종합적 성격의 연구를 진행해야 한다.

위의 전자 지도는 그러한 섬세한 과정을 거쳐, 『조성당일기』에 남아 있는 한곡-요산을 오간 김택룡의 구체적인 이동 경로를 디지털 환경에서 복원한 결과물이다.

면面, faces : 생활권역의 형상화

점은 좌표를 찍고 선은 점들을 연결하는 형태로서, 지도상에 표현하는 방식이 다소 고정된 것처럼 보이기도 하는데, 점이나 선과 달리 면은 그 표현 형태가 다양하다는 것이 특징이다. 예컨대 다수의 점들을 연결해 다각형polygon으로 면을 구성할 수도 있고, 중심좌표를 기준으로 원circle을 그림으로써 일정한 반경으로 면을 나타내는 것도 가능하다.

이 가운데 김택룡의 생활반경을 가시적으로 확인할 수 있는 방법으

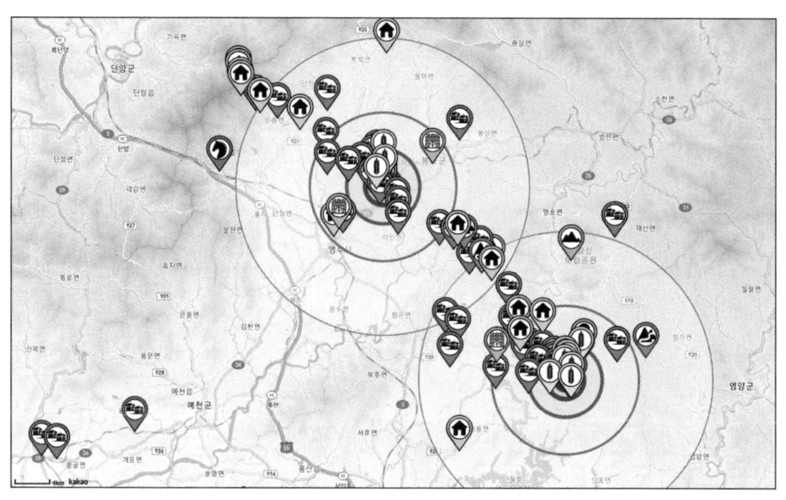

한곡-요산 중심의 생활권역 전자 지도(KakaoMap API 활용)[49]

로 원을 그리는 것이 유효할 수 있다. 거주 공간을 중심으로 여러 수치의 직선거리를 반지름으로 삼아 원을 그릴 경우, 유관 장소를 매개로 거리에 따른 생활권역의 여러 층위를 들여다볼 수 있기 때문이다.[50]

그러한 문제의식에 입각해 위의 그림과 같이 김택룡의 거주 공간인 한곡과 요산을 중심 좌표로 삼아 직선거리 1킬로미터, 2킬로미터, 4킬로미터, 8킬로미터, 16킬로미터에 해당하는 원 5개를 지도상에 나타냈다.

조선 후기 10리가 대략 4.6킬로미터라고 할 때,[51] 직선거리 4킬로미터에 있는 장소는 중심 거주 공간으로부터 실제 10리 정도 떨어져 있는 곳으로, 8킬로미터와 16킬로미터에 있는 장소는 각기 20리와 40리 가량 떨어져 있는 곳으로 이해할 수 있다. 각각의 거주 공간을 기준으로 일정 거리 내에 어떤 공간들이 자리하고 있는지를 확인할 수 있다는

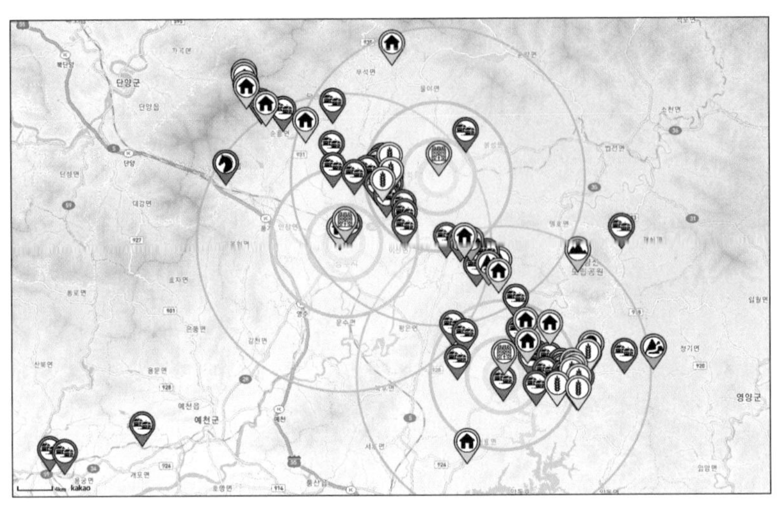

예안–영천–봉화 치소 중심의 생활권역 전자 지도(KakaoMap API 활용)[52]

것은, 곧 거주지를 매개한 주변부로의 활동이 물리적 거리와 맺고 있는 관계를 파악할 수 있게끔 하는 구체적 단서가 된다.

위의 그림은 그와 유사한 맥락에서 김택룡 개인의 거주 공간이 아니라 예안, 영천(영주), 내성(봉화)의 치소治所를 중심좌표로 삼아 앞서와 동일한 면적의 원 5개를 지도상에 나타낸 것이다. 거주 공간을 기준으로 한 생활권역의 관점에서 벗어나, 치소를 중심좌표로 삼아 김택룡의 생활 속 장소를 들여다볼 때는 아무래도 행정구역 간 물리적 거리와 접경의 위상이 중요한 단서가 된다. 앞서 제시한 거주 공간을 중심으로 한 생활권역 지도와 치소를 중심으로 한 생활권역 지도에서 얻을 수 있는 각각의 사실을 종합하면, 김택룡의 활동반경의 교차 영역에 관한 흥미로운 단서를 얻을 가능성이 크다.

이 글에서 옛 공간을 복원하기 위한 논리와 방법을 고민하고 그것을 제시하는 데 주력한 것은, 옛 사람(김택룡)의 '생활공간'을 복원한다는 문제의식하에 옛 기록(『조성당일기』)을 어떻게 미시적으로 읽고자 했으며, 그 내부에 자리한 여러 지식 사이의 의미적 관계를 어떻게 이해하고자 했는지에 대한 필자의 문제의식을 섬세하게 밝히는 것이 중요하다고 생각했기 때문이다. 예컨대 필자는 『조성당일기』의 내용을 반복해서 읽으며 김택룡의 생활을 여러 각도로 검토하는 가운데, 일기에 기록된 유관 장소의 위치를 현대 지도에 비정하기 위한 단서를 하나하나 발췌해 정리하였으며, 그 과정에서 작은 정보라도 얻을 수 있겠다고 판단이 되면, 온오프라인에서 찾을 수 있는 자료를 폭넓게 수집·검토·참고하였다.

이후 총 84곳의 고지명에 관한 좌표를 찾아서 그것들을 점點, dots으로 찍고, 점으로 찍은 장소 사이를 선線, lines으로 연결하고, 장소 사이의 위상을 파악하기 위한 면面, faces을 전자 지도에 구현하는 실험적 시도를 진행함으로써, 『조성당일기』에 기록된 김택룡의 생활을 공간적 차원에서 해부할 수 있는 기초 자원을 마련하고자 하였다. 이러한 접근은 데이터를 매개로 조선시대 일기를 꼼꼼하게 독해하기 위한 전략의 일환이자, 조선시대 연구를 위한 기초 자원을 디지털 포맷으로 가공·공유하고자 하는 디지털인문학적 시도라 할 수 있다.

예를 들어 점-선-면을 매개로 구현한 4개의 전자 지도는 그것 자체로 옛 공간을 디지털 환경에서 아카이빙한 결과물로서의 가치가 있으며, 또한 김택룡의 생활을 공간적 차원에서 큐레이션한 연구 결과로서 수용될 수 있다. 그리고 전자 지도를 구현하는 데 사용한 84곳의 좌표에 관한 구체적 정보를 웹상에서 JSON 포맷의 데이터셋으로 가공해 공개하였다.[53] 유관 데이터를 참고하고자 하는 연구자들을 대상으로 언제든 다운로드받아서 자신의 연구에 활용할 수 있도록 한 것인데, 해당 데이터셋은, 추후 『조성당일기』에 담긴 내용을 깊이 다루고자 하는 연구자는 반드시 참고해야 할 로 데이터raw data의 기능을 할 것이다.

이 글은 그러한 전자 지도 구현 과정에서의 인문학적 문제의식과 그 논리적 절차를 정리·제시하고, 실제 결과물로서 전자 지도와 공간 데이터를 웹상에 구현한 내용을 종합적으로 기술함으로써, 해당 데이터를 여타 연구자에게 공유하고 그것이 유관 연구에 활용될 수 있게끔 하는 데 초점을 두었다.

이 글에서 제시한 공간 데이터와 전자 지도가 추후 『조성당일기』에 기록된 김택룡의 생업 및 교유 활동을 구체적으로 분석·해부하는 데 유효한 단서가 되고, 더 나아가 17세기 예안-영주-봉화 지역의 역사와 문화를 이해하는 데 필수 자원으로 활용된다면, 기초 데이터 편찬 과업으로서 진행된 본 연구의 학술적 의미가 더욱 분명해질 것이다.

참고목록 : 복원 장소별(가나다 순) 중심좌표 정보

지역	유형	위치
가동檟洞 혹은 가동 추정 지역	마을(洞·里·村)	위도:36.694055 경도:128.919137
가동檟洞 전답田畓 추정 지역	전답	위도:36.695683 경도:128.918193
감원정鑑源亭 소재 추정 지역	누정	위도:36.611002 경도:128.767916
건정巾正	마을(洞·里·村)	위도:36.862582 경도:128.681675
고매점古梅店 또는 고점古店	마을(洞·里·村)	위도:36.794659 경도:128.797805
고통원高通原	마을(洞·里·村)	위도:36.692677 경도:128.870725
구고九皐 또는 구구九丘	마을(洞·里·村)	위도:36.902411 경도:128.611376
구미龜尾	마을(洞·里·村)	위도:36.881205 경도:128.612391
굴현屈峴	마을(洞·里·村)	위도:36.782151 경도:128.784206
구학정龜鶴亭 소재 추정 지역	누정	위도:36.821258 경도:128.618766
금곡金谷	마을(洞·里·村)	위도:36.678878 경도:128.865570
남산南山	마을(洞·里·村)	위도:36.678878 경도:128.865570
내동來洞	마을(洞·里·村)	위도:36.676052 경도:128.889304
내성奈城(봉화) 치소治所	읍치	위도:36.890088 경도:128.741487
덕현德峴	마을(洞·里·村)	위도:36.670927 경도:128.909039
덕현德峴 전답田畓 추정 지역	전답	위도:36.671238 경도:128.906463
도마현刀磨峴	고개	위도:36.806324 경도:128.778689
도산서원陶山書院	서원	위도:36.727161 경도:128.843434
도촌陶村 또는 도동陶洞	마을(洞·里·村)	위도:36.889339 경도:128.672564
등양騰陽	마을(洞·里·村)	위도:36.887339 경도:128.605129

지역	유형	위치
마평馬坪 전답田畓 추정 지역	전답	위도 : 36.889636 경도 : 128.681351
문단文壇	마을(洞·里·村)	위도 : 36.862904 경도 : 128.665347
박곡朴谷 또는 박점朴店	마을(洞·里·村)	위도: 36.666136 경도: 128.853854
반포反浦	마을(洞·里·村)	위도 : 36.834761 경도 : 128.697999
배순점裵順店	마을(洞·里·村)	위도 : 36.936375 경도 : 128.552735
백암栢岩	마을(洞·里·村)	위도 : 36.851329 경도 : 128.676366
백운동서원白雲洞書院	서원	위도 : 36.925468 경도 : 128.580266
봉두암鳳頭巖	사찰	위도 : 36.962003 경도 : 128.507962
부석사浮石寺	사찰	위도 : 36.998281 경도 : 128.686885
부포浮浦	마을(洞·里·村)	위도 : 36.696046 경도 : 128.853529
분천汾川	마을(洞·里·村)	위도 : 36.718997 경도 : 128.834306
빈동賓洞	마을(洞·里·村)	위도 : 36.877822 경도 : 128.653589
사동砂洞-사현砂峴 추정 지역	마을(洞·里·村)	위도 : 36.680775 경도 : 128.898862
사동砂洞 전답田畓 추정 지역	전답	위도 : 36.683087 경도 : 128.901409
사랑沙浪 전답田畓 추정 지역	전답	위도 : 36.875325 경도 : 128.682623
사천沙川	마을(洞·里·村)	위도 : 36.694055 경도 : 128.919137
산양山陽	마을(洞·里·村)	위도 : 36.611721 경도 : 128.258744
산지山池	마을(洞·里·村)	위도 : 36.661098 경도 : 128.902899
산지山池 전답田畓 추정 지역	전답	위도 : 36.660609 경도 : 128.904931
석륜사石崙寺	사찰	위도 : 36.959372 경도 : 128.508685
선성宣城(예안) 치소治所	읍치	위도 : 36.696498 경도 : 128.815854
소게정召憩亭 소재 추정 지역	누정	위도 : 36.810331 경도 : 128.770454

지역	유형	위치
소백산小白山 국망봉國望峯	산 또는 구릉	위도 : 36.973081 경도 : 128.506436
소백산小白山 자개봉紫蓋峯	산 또는 구릉	위도 : 36.970285 경도 : 128.506497
수록동水綠洞 또는 수륙동水陸洞	묘역	위도 : 36.703027 경도 : 128.922223
아방鵝坊	마을(洞·里·村)	위도 : 36.884517 경도 : 128.667838
안간교安干橋	교량	위도 : 36.942167 경도 : 128.532384
역동서원易東書院 소재 추정 지역	서원	위도 : 36.706784 경도 : 128.844527
영천榮川(영주) 치소治所	읍치	위도 : 36.828488 경도 : 128.625067
오담鰲潭	하천 또는 여울	위도: 36.716956 경도: 128.836388
오천烏川	마을(洞·里·村)	위도 : 36.671236 경도 : 128.813667
온계溫溪	마을(洞·里·村)	위도 : 36.749734 경도 : 128.831423
와운대臥雲臺	마을(洞·里·村)	위도 : 36.682243 경도 : 128.887361
요산腰山	마을(洞·里·村)	위도: 36.869095 경도: 128.681579
용궁龍宮	마을(洞·里·村)	위도: 36.608663 경도: 128.277396
용동鎔洞 추정 지역	마을(洞·里·村)	위도 : 36.694912 경도 : 128.961708
용두산龍頭山	산 또는 구릉	위도 : 36.786266 경도 : 128.812530
용령龍嶺	고개	위도 : 36.782947 경도 : 128.799677
용수사龍壽寺	사찰	위도: 36.775316 경도: 128.811230
우촌愚村	마을(洞·里·村)	위도 : 36.806580 경도 : 128.765736
원당元塘	마을(洞·里·村)	위도 : 36.824236 경도 : 128.630637
원암遠岩	마을(洞·里·村)	위도 : 36.843587 경도 : 128.696723
월란사月瀾寺	사찰	위도 : 36.724024 경도 : 128.872402

지역	유형	위치
월천月川	마을(洞·里·村)	위도 : 36.692502 경도 : 128.848986
유천柳川	마을(洞·里·村)	위도 : 36.634314 경도 : 128.373419
임구林丘 또는 임고林皐	마을(洞·里·村)	위도 : 36.822365 경도 : 128.697742
장갈현長葛峴	고개	위도: 36.698401 경도: 128.997251
재산才山	마을(洞·里·村)	위도 : 36.816047 경도 : 128.961909
정리井里-정사鼎舍	마을(洞·里·村)	위도 : 36.666707 경도 : 128.880061
정리井里 전답田畓 추정 지역	전답	위도 : 36.664939 경도 : 128.879321
조천槽川	마을(洞·里·村)	위도: 36.811096 경도: 128.748043
조촌助村 또는 조와리助臥里	마을(洞·里·村)	위도: 36.873544 경도: 128.638150
지례촌知禮村	마을(洞·里·村)	위도 : 36.717630 경도 : 128.768264
지장리紙匠里	마을(洞·里·村)	위도 : 36.686547 경도 : 128.885109
창락역昌樂驛	역원	위도 : 36.885394 경도 : 128.481290
청량산淸凉山	산 또는 구릉	위도 : 36.794330 경도 : 128.908720
초암草庵	마을(洞·里·村)	위도 : 36.944242 경도 : 128.526218
탑평塔坪	마을(洞·里·村)	위도 : 36.91204 경도 : 128.774987
태동胎洞	마을(洞·里·村)	위도 : 36.683322 경도 : 128.897422
태동胎洞 전답田畓 추정 지역	전답	위도 : 36.686614 경도 : 128.898844
한곡寒谷 또는 태곡台谷	마을(洞·里·村)	위도 : 36.678590 경도 : 128.899780
한곡寒谷 전답田畓 추정 지역	전답	위도 : 36.678466 경도 : 128.898020
항북項北 전답田畓 추정 지역	전답	위도 : 36.866537 경도 : 128.671935
회석檜石	마을(洞·里·村)	위도 : 36.943194 경도 : 128.613478

참고문헌

김택룡, 박미경 역, 『조성당선생문집操省堂先生文集』, 한국국학진흥원, 2021.

김택룡, 하영휘 역, 『조성당일기操省堂日記』, 한국국학진흥원, 2010.

김령, 『계암일록溪巖日錄』, 한국국학진흥원, 2013.

국역선성지발간추진위원회, 『국역 선성지宣城誌』, 도서출판 성심, 1993.

국립중앙도서관 소장 『의성김씨세보』 권4(전 20권), 1901.

김명자, 「『梅園日記(1603~1644)』를 통해 본 예안 사족 金光繼의 관계망」, 『대구사학』 129, 대구사학회, 2017.

김현종, 「『大東地志』「程里考」에 기반한 조선후기의 1리里」, 『대한지리학회지』 53, 대한지리학회, 2018.

______, 「역사지리정보시스템(HGIS)를 활용한 조선시대 교통로 복원 방법론 연구」, 『문화 역사 지리』 29(3), 한국문화역사지리학회, 2017.

류인태, 「데이터로 읽는 17세기 재지사족의 일상-『지암일기(1692~1699) 데이터베이스 편찬 연구』」, 한국학중앙연구원 한국학대학원 박사학위논문, 2019.

박현순, 『16~17세기 禮安縣 士族社會 硏究』, 서울대학교 국사학과 박사학위논문, 2006.

백광열, 「조선 후기 한 지방 양반의 친족연결망-海南尹氏 尹爾厚 친족의 사례 검토-」, 『태동고전연구』 39, 한림대학교 태동고전연구소, 2017.

윤성훈, 「『조성당일기操省堂日記』를 통해 본 17세기 초 영남 사족의 일상 속의 문화생활」, 『한문학논집』 35, 근역한문학회, 2012.

이근호, 「김두흠金斗欽의 관료 사회 인적 네트워크와 현실 대응-『숭재일록崇齋日錄』을 중심으로」, 『국학연구』 36, 한국국학진흥원, 2018.

전경목, 「『미암일기』를 통해 본 16세기 양반관료의 사회관계망 연구 – 해배 직후 시기를 중심으로-」, 『조선시대사학보』 73, 조선시대사학회, 2015.

정치영, 「일기를 통해 본 한말~일제강점기 양반소지주의 활동공간-柳瑩業의『紀語』를 자료로-」, 『대한지리학회지』 39(6), 대한지리학회, 2004.

최은주, 「『계암일록』을 통해 본 17세기 예안사족 김령의 인맥 기반 형성과 특징」, 『영남학』 55, 경북대학교 퇴계연구소, 2014.

고려대 민족문화연구원 제공 '조선시대전자문화지도'(URL: http://www.atlaskorea.org/historymap.web/IdxRoot.do).

국립중앙박물관 제공 '조선총독부박물관 문서'(URL: https://www.museum.go.kr/modern-history/map.do).

국토교통부 제공 '공간정보 오픈플랫폼'(URL: http://map.vworld.kr/map/maps.do).

국토지리정보원 제공 '국토정보플랫폼'의 '국토정보맵'(URL: http://map.ngii.go.kr/ms/map/NlipMap.do).

한국국학진흥원 제공 '일기류 DB'(URL: https://diary.ugyo.net/).

주

1 이와 같은 맥락에서 일기에 등장하는 주요 인물을 대상으로 인적 네트워크를 조망하고 그로부터 기록자의 교유 활동 범위와 그 의미를 해석하는 연구가 꾸준히 이루어져 왔다. 발표 시점을 기준으로 대표적인 논문을 나열해 보면 다음과 같다. 최은주,「『계암일록』을 통해 본 17세기 예안사족 김령의 인맥 기반 형성과 특징」,『영남학』 55호, 경북대학교 퇴계연구소, 2014, 235~272쪽; 전경목,「『미암일기』를 통해 본 16세기 양반관료의 사회관계망 연구-해배 직후 시기를 중심으로-」,『조선시대사학보』 73호, 조선시대사학회, 2015, 71~113쪽; 김명자,「『梅園日記(1603~1644)』를 통해 본 예안 사족 金光繼의 관계망」,『대구사학』 129권, 대구사학회, 2017, 239~268쪽; 백광열,「조선 후기 한 지방 양반의 친족연결망-海南尹氏 尹爾厚 친족의 사례 검토-」,『태동고전연구』 39, 한림대학교 태동고전연구소, 2017, 41~88쪽; 이근호,「김두흠金斗欽의 관료 사회 인적 네트워크와 현실 대응-『숭재일록崇齋日錄』을 중심으로」,『국학연구』 36, 한국국학진흥원, 2018.

2 일기에 기록된 장소(공간) 정보를 지도상에 온전히 복원하는 일은 쉽지 않다. 고지명을 찾고 그 위치를 비정하는 과정에서 유관 방면의 다종다양한 문헌을 검토해야 하며, 문헌을 통해 알게 된 정보와 실제 현장 답사를 통해 파악한 정보를 비교해서 얻은 데이터를 여러 차례 검수해야 하기 때문이다. 쉽지 않은 작업이지만 이러한 과정을 거쳐 연구 결과물을 논문으로 발표한 대표적 사례가 두 가지 있으니, '정치영,「일기를 통해 본 한말~일제강점기 양반소지주의 활동공간-柳瑩業의『紀語』를 자료로-」,『대한지리학회지』 39(6), 대한지리학회, 2004, 922~932쪽'과 졸고 '류인태,「데이터로 읽는 17세기 재지사족의 일상-『지암일기(1692~1699) 데이터베이스 편찬 연구』」, 한국학중앙연구원 한국학대학원 박사학위논문, 2019'다. 정치영은 한말 구례에 살았던 양반 류형업柳瑩業이 38년 동안 쓴 생활일기『기어紀語』를 대상으로, 그의 일생에 걸친 활동 공간을 분석하고 생애주기에 따른 공간 활동의 복원을 시도하였다. 류인태는 17세기 해남에 살았던 양반 윤이후尹爾厚가 약 8년 동안 쓴 생활일기『지암일기支菴日記』를 대상으로, 그의 생활반경을 파악하고 이동 경로를 복원함으로써 일상의 범위를 공간적 차원에서 해부하였다.

3 한국국학진흥원 제공 '일기류 DB'(https://diary.ugyo.net/).

4 김택룡의 생활과 행적 및 기록물로서『조성당일기』의 가치와 그 특징에 관해서는 '김택룡, 하영휘 역,「『조성당일기』 해제」,『조성당일기』, 한국국학진흥원, 2010, 11~29쪽'과 '윤성훈,「『조성당일기操省堂日記』를 통해 본 17세기 초 영남 사족의 일상 속의 문화생활」,『한문학논집』 35, 근역한문학회, 2012, 9~36쪽'의 내용을 참고할 수 있다.

5 「1 : 50,000 3차 지형도」. '禮安, 측도연도 : 1915, 제판연도 : 1916, J058-004-004'.

6 "村在縣東十五里 日月山之一支 西走百餘里而起 名曰東岡 爲是村之主 水淸山左立 凌雲山右屹 奉先山在西而雄峙 寒泉自東而下流 直注經臥雲臺之下 奔流觸皮巖 而注于回羅崖之上 入于洛川 是村也 古傳草樹成林 只有山氓一戶居于村上 金孝友世居縣西沙川 以本縣鄕任往來 上里店處 周覽是村 土肥泉甘 可耕可飮 柴水尤闞 決意移居 始卜築于此." 국역선성지발간추진위원회,『국역 선성지宣城誌』, 도서출판 성심, 1993, 357쪽.

7 『조성당선생문집操省堂先生文集』 권1, 「한곡십육영寒谷十六詠」.

8 『조성당선생문집操省堂先生文集』 권1, 「산거억선성구업山居憶宣城舊業」.

9 박현순, 『16~17세기 禮安縣 士族社會 硏究』, 서울대학교대학원 박사학위논문, 45~46쪽.

10 「1 : 50,000 3차 지형도」. '乃城, 측도연도 : 1915, 제판연도 : 1917, J058-007-004'.

11 『조성당일기』 1616년 7월 1일자 일기. "(…) 부실副室의 재기再期 제사를 지냈다. 진사進士 박회무朴檜茂가 와서 치전했다. 이서李嶼와 홍붕洪霌이 왔다. 장녀는 피액避厄 중이라 오지 않았다. 차녀와 두 아들은 모두 상복을 벗고 길복(평상복)으로 갈아입었다. 신주神主를 누 위로 옮기고 죽은 아내(先室)의 부모 신위에 제사상을 차렸다[行再期副室祭 朴進士檜茂來奠 李嶼洪霌來 長女以避厄不來 次女兩兒皆脫服就吉 移置神主於樓上 設奠物於先室考妣神位]. (…)" 1617년 7월 1일자 일기. "(…) 이날은 대건大建 어미의 기일이라 소식素食을 한다. 죽은 후 첫 기일이지만 가지 못한다. 두 딸이 의당 산장山庄에 모여 제사를 지낼 텐데, 멀어서 소식을 알 수 없다. 부질없이 대생大生과 대건 두 아들만 마주하니 그저 처량할 따름이다[是日建母忌日 行素 乃死後初忌而 不得往見 兩女當會祭山庄而 邈不聞之 空對生建兩兒 只自悽惋而已]. (…)"

12 『조성당일기』 1617년 8월 17일자 일기. "(…) 아들 숙琡이 영천榮川의 산장山庄에서 돌아와 산장이 무사함을 알았다. 문단文壇에 있는 장인과 장모 묘소墓所에 배소拜掃를 행하고, 죽은 아내(亡室)와 대건大建 어미의 제사도 묘소에서 지냈는데, 권근오權謹吾도 참례했다고 한다[琡兒還自榮庄 知山庄無事 舅姑拜掃行於文壇墓所 亡室與建母祭 亦行於墓所而 權謹吾亦參云]. (…)"

13 『조성당일기』 1617년 5월 5일자 일기. "(…) 사당에서 절제를 거행했다. 증조 이하의 제사를 지냈으며, 또 사랑에서 영해寧海의 외조부모, 풍산豊山의 처외조 안安 충순위忠順衛 양위, 영천榮川의 처부모 및 처외숙 양위에 별도로 제사를 지냈다[行祭祀堂 祭曾祖以下 又於斜廊別祭寧海外祖父母 豊山妻外祖安忠順兩位 榮川妻父母及舅氏兩位]. (…)"

14 국립중앙도서관 소장 『의성김씨세보』 권4(전 20권), 1901년, 周면의 내용에 따르면, 본처인 고양 이씨의 아버지 이사의李思義는 병신년(1536) 생으로, 그 묘소가 '순흥 동쪽 요산[順興東腰山]'에 있는 것으로 기록되어 있다. 장인 장모의 묘소가 요산 인근 문단文壇에 있다는 일기의 내용과 크게 다르지가 않다. 참고로 후처인 진성 이씨의 아버지 이의강李義綱은 경신년(1560) 생으로, 족보에 따를 경우 그 묘소는 '가동檟洞'에 있는 것으로 확인된다.

15 『조성당일기』 1612년 3월 23일자 일기. "出玩心塘 疏決湮塞 以導淸源 令夫仁掃除亭上糞穢 延佇而歸(…) 且今日奴輩與里人會飮香徒 而池塘盤松偃蓋垂地 人不得坐立于其下 招此輩七八人 支撑竪起 其下可坐可立 可行而止 可以逍遙 可以消遣 池亭自此增好容顔矣 皆喜悅焉."

16 『조성당선생문집操省堂先生文集』 권1, 「수축구성산장완심당우제修築龜城山庄翫心塘偶題」.

17 『조성당일기』 1617년 5월 15일자 일기. "(…) 琡兒自山庄還 知家間無事 石則昨日還山陽 洪霌輩亦還入院家 九阜平母則 麥秋時還來山家而 春金今德來鋤種田 陶村權謹吾一家 念後當還陶村本家云 林丘女息送秋露 有書亦平安 入于本家 水娘時在元塘 當隨後入來云矣 歸時琴彦覺孫祐成以性諸人 以餞趙錫朋事會院樓 入見飮酒而歸寒谷 以至日暮云. (…)"

18 조석붕趙錫朋(1585~1657)은 김택룡의 스승 월천月川 조목趙穆(1524~1606)의 차자다. 자는 자백子百이며 호는 한사寒砂다. 1603년 생원시에 합격하고, 1615년 문과에 급제했다. 직장直長과 봉상시 주부奉常寺主簿를 역임했는데, 그로 인해 일기에서는 주로 직장 또는 주부 조석붕으로 언급된다.

19 『조성당일기』 1617년 3월 5일자 일기. "와운암臥雲岩, 태동胎洞, 사동砂洞의 동강東崗 모두

가 들불 때문에 타 버렸다. 사람들이 모두 가서 연일 계속 불을 껐지만 마침내 모두 타 버려 민둥산이 드러났다[臥雲岩胎洞砂洞東崗 並爲野火所爇 人皆往救連日遂至赭兀]. (…)"

20 『조성당일기』 1617년 2월 26일자 일기. "(…) 이날 아들 숙琡과 가동檟洞으로 갔다. 사현砂峴을 경유해 사동砂洞 뒷산이 장례를 치를 만한지 여부를 살펴보았다. 가동에 도착해 윤실允實의 밭을 경작하고 있는지 여부를 검사하였다. 귀복貴福 등이 이날 밭을 갈기 시작했기 때문인데, 오지 않았다. 청일靑一과 함께 밭을 개간할 일을 논의하고 선영先塋으로 올라갔다[是日與琡兒 往檟洞 由砂峴 見砂洞後原 可葬與否 至檟洞 檢允實田耕治與否 以與貴福輩起耕於是日故也 不來焉 與靑一 議墾田之事 因上先塋]. (…)"

21 "(…) 다음이 한곡寒谷인데, 목사牧使 김흠조金欽祖가 여기서 태어났으며, 현에서 20리 거리다. 그다음은 청파靑坡인데, 안동의 무인 권대의權大義가 이곳에 처음 터를 잡았으며, 본 현의 향소鄕所를 지난다. 그다음은 가동점柯洞店인데, 현에서 30리 거리다. 그다음은 용동점鎔洞店인데, 현에서 36리 거리다. 그다음은 장갈현長碣峴인데, 현에서 41리 거리다[次有寒谷 金牧使欽祖生于此 距縣二十里 次有靑坡 安東武人權大義始居于此 經本縣鄕所 次有柯洞店 距縣三十里 次有鎔洞店 距縣三十六里 次有長碣峴 距縣四十一里]. (…)" 국역선성지발간추진위원회, 앞의 책, 1993, 433쪽.

22 『조성당일기』 1617년 8월 14일자 일기. "(…) 누님 집에서 가동檟洞과 수륙동水陸洞 절제節祭를 지내기 위해 무덤에 올라가려 했으나, 빗줄기가 그치지 않아 하는 수 없이 숙琡의 집 청사廳事에 신주를 모시고 지냈다. 제사를 파하고 생질 정득 집에서 제사음식을 먹었다[姊氏家行檟洞水陸洞節祭 欲上塚而 雨勢未已 不得焉 奉神主行於琡家廳事 破餕餘於得甥家]. (…)"

23 「1 : 50,000 2차 지형도」. '禮安, 측도연도 : 1910, 제판연도 : 1913, J031-004-003'.

24 『조성당일기』 1612년 5월 17일자 일기. "(…) 發宣城之行 生兒亦帶行 借守道馬騎去 休召憩亭至龍壽寺牧馬 上鐘樓 與僧輩相話 琴□古琴是文是武三兄弟來栖 相見穩話而歸 夕抵寒谷. (…)"

25 "(…) 又踰刀磨峴 四十里有亭 名曰召憩 聾巖李相公宰榮川時 所植 其後公爲方伯 來憩于此 枝葉蔽芾 綠陰滿地 行暍而畏炎者 就之如父母 名之曰召憩亭 卽禮安榮川 兩邑之交也. (…)" 국역선성지발간추진위원회, 「예안현계한禮安縣界限」, 위의 책, 1993, 432쪽.

26 『계암일록』 1622년 6월 26일자 일기. "(…) 食後往川城 勉之兒從 歇馬于召憩亭松陰 調度別將池應坤自榮川往歇愚村 將向禮安矣 (…)"

27 국토교통부의 '공간 정보 오픈 플랫폼'(http://map.vworld.kr/map/maps.do).

28 고려대 민족문화연구원 제공 '조선시대전자문화지도'(http://www.atlaskorea.org/historymap.web/IdxRoot.do).

29 일기에 기록된 모든 장소의 위치를 정확히 파악한다는 것은 불가능에 가깝다. 도서관이나 아카이브에서 발견할 수 있는 구술 기록이든 문자 기록이든 혹은 답사를 통해 확인할 수 있는 현장의 물리적 흔적이든, 해당 장소에 관한 기록이나 자취가 현대까지 전해지지 않는 경우가 많기 때문이다. 이러한 생각을 극단적으로 밀고 나갈 경우 옛 지명을 현대에 비정하고 그에 대한 위경도 좌표를 디지털 환경에서 점dot으로 찍는 것의 완결성에 대한 비판이 제기될 수도 있다. 최선을 다해 노력한다 하더라도 결국에는 알 수 없는 곳들이 남을 것이기 때문이다. 한편으로 모든 곳을 파악할 수는 없지만, 그래도 현 시점에서 알 수 있는 최대한의 장소를 지도상에서 점으로 나타내는 것은 그 나름의 학술적 의미가 있다는 판단이다. 언제 없어져 버릴지도 모르는 과거 공간에 관한 정보를 디지털 환경에서 아카이빙함으로써 유관 연구에 참고할 수 있는 기초 자원의 외연을 확대하는 시도이자, 그것을 바탕으로 부분적으로나마 옛 사람들의 생활공간을 더듬어 보는 것이 가능해지기 때문이다.

30 김택룡의 생활공간 전자 지도(http://redint.info/geo/JoseungdangPlace.htm).

31 『조성당일기』 1612년 3월 5일자 일기. "(…) 배로 오담鰲潭을 건넜다[舟渡鰲潭]. (…)"; 1667년 6월 1일자 일기. "(…) 배로 오담鰲潭을 건넜다[舟渡鰲潭]. (…)"; 1617년 4월 3일자 일기. "(…) 오담鰲潭 나루 어귀에 이르러 심인숙沈仁叔·심운해沈雲海와 남신각南信慤을 만나 같이 배를 타고 강을 건넜다[至鰲潭渡口 逢沈仁叔雲海南信慤 同舟以濟]. (…)"; 1617년 9월 4일자 일기. "(…) 배로 오담鰲潭을 건넜다[舟渡鰲潭]. (…)"

32 『조성당일기』 1616년 11월 14일자 일기. "(…) 분천汾川 아래에 도착했다[到汾川下]. (…)"; 1617년 3월 7일자 일기. "(…) 분천汾川 위에서 금시양琴是養을 만났는데, 그의 형 시문是文이 사망했다고 들었다[逢琴是養於汾川之上 聞其兄是文之喪]. (…)"

33 『조성당일기』 1612년 3월 5일자 일기. "(…) 온계溫溪에 이르렀다[至溫溪]. (…)"; 1616년 7월 4일자 일기. "(…) 온계溫溪에 도착했다. 오순吳淳의 부음을 듣고 사람을 보내 조문하려 했으나 그냥 지나쳤다[抵溫溪 聞吳淳之訃 欲伻問經過.] (…)"; 1616년 11월 14일자 일기. "(…) 온계溫溪에 도착했다. 사람을 보내어 상을 당한 오여강吳汝橿에게 안부를 물으면서, 천연두 때문에 조문을 갈 수 없다고 했다. 답장이 이르렀다[到溫溪 伻問吳汝橿遭喪 以痘忌不能歷弔云 答語至]. (…)"

34 『조성당일기』 1612년 5월 17일자 일기. "(…) 용수사龍壽寺에 이르러 말에 꼴을 먹였다. 종루鐘樓에 올라가 중들과 이야기를 나누었다[至龍壽寺牧馬 上鐘樓 與僧輩相話]. (…)"; 1616년 2월 9일자 일기. "(…) 용수사龍壽寺에서 숙박했다[宿龍寺]. (…)"; 1616년 4월 15일자 일기. "(…) 용두사龍頭寺에는 들어가지 않고 소나무 아래에서 쉬면서 일성一誠과 느긋하게 이야기를 나누었다[不入龍頭寺 憩松樹下穩一誠]. (…)"

35 『조성당일기』 1616년 2월 9일자 일기. "(…) 날이 저물 무렵 용령龍嶺을 넘었다[乘暮踰龍嶺]. (…)"; 1616년 11월 14일자 일기. "(…) 비로소 출발해 용령龍嶺을 넘었다[始發踰龍嶺]. (…)"; 1617년 3월 7일자 일기. "(…) 용령龍嶺에서 오여귤吳汝橘을 만났는데 청송 오운이 3일 사망했다고 들었다[逢吳汝橘於龍嶺 聞吳靑松之喪在於三日]. (…)"

36 『조성당일기』 1612년 3월 5일자 일기. "(…) 고매점古梅店에 도착해 말에게 꼴을 먹였다[抵古梅店牧馬]. (…)"; 1616년 1월 6일자 일기. "(…) 고점古店에서 말에게 꼴을 먹였다[牧馬古店]. (…)"; 1616년 3월 8일자 일기. "(…) 서원 사람 걸이傑伊가 고점古店의 동구까지 왔다가 인사하고 떠났다[院人傑伊至古店洞口而辭去]. (…)"; 1616년 6월 1일자 일기. "(…) 고개를 넘어 고점古店 아래에서 말을 먹였다[踰嶺牧馬古店之下]. (…)"; 1616년 7월 4일자 일기. "(…) 고점古店에 이르러 말을 먹였다[至古店牧馬]. (…)"; 1616년 9월 4일자 일기. "(…) 가다가 고점古店에 이르러 명금이가 마중을 나왔다[行至古店 命金來迎]. (…)"; 1616년 11월 13일자 일기. "(…) 나는 어둑할 때 고점古店 아랫마을에 도착해 여귀손余貴孫의 집에 들어가 묵었다. 그의 집은 새로 지어 깨끗하고 구들이 따뜻해 편안히 잤다[吾行薄昏至古店下洞里入宿余貴孫家 其家新作淨好 溫堗穩宿]. (…)"; 1617년 4월 3일자 일기. "(…) 고점古店에서 오윤吳奫을 만났는데, 충주에 간다고 한다. 정원貞元의 집에서 말에게 꼴을 먹였다[古店逢吳奫往忠州云 牧馬貞元家]. (…)"; 1617년 9월 4일자 일기. "(…) 고점古店에 이르러 아래 냇가에서 말을 먹이는데, 고점의 전장 사람 중 와서 알현하는 자가 있었다[抵古店下溪邊牧馬 古庄人有來謁者]. (…)"

37 『조성당일기』 1616년 3월 7일자 일기. "(…) 가다가 굴현屈峴에 이르러 고점古店 사람 우禹모의 집에 숙박했다[行至屈峴 宿店人禹□家]. (…)"

38 『조성당일기』 1612년 5월 17일자 일기. "(…) 소게정召憩亭에서 쉬었다[休召憩亭]. (…)"

39 『조성당일기』 1616년 3월 8일자 일기. "(…) 그래서 두 노와 함께 길을 가서 조천槽川에 이르렀는데, 요산腰山의 전장田庄에서 돌아오는 개석介石을 만나 집안일에 대해 일러주었다[遂與兩奴行 至槽川 逢介石還自山庄 口授家間之語]. (…)"

40 『조성당일기』 1617년 9월 4일자 일기. "(…) 대평·대건과 동행하여 반포反浦에 이르렀다[與大平建兒同行 至反浦]. (…)"

41 『조성당일기』 1616년 7월 4일자 일기. "(…) 아침에 아들 대건과 함께 출발해 임구林丘에 이르렀다[早發與建兒 同至林丘]. (…)"; 1617년 9월 4일자 일기. "(…) 대평은 바로 요산腰山 집으로 향하고, 나와 대건은 임고林皐의 딸애 집에 들어가 정겹게 이야기를 나누고 잤다[大平直向山庄 俺與建兒入林皐女息家 款話留宿]. (…) "

42 『조성당일기』 1617년 4월 3일자 일기. "(…) 원암遠岩을 경유하는 길에서 황해도사黃海都事 김우익金友益을 만났다. 김여엽金汝燁 형제에게 사람을 보내 안부를 물었으나, 집에 없었다[由遠岩途逢黃海都事金友益 伻問金汝燁兄弟 不在]. (…)"

43 『조성당일기』 1616년 1월 6일자 일기. "(…) 건정巾正 앞길을 경유해 저녁에 요산腰山 집에 들어왔다[由巾正路 夕入山庄]. (…)"; 1617년 3월 7일자 일기. "(…) 날이 어둑해져 건정巾正 길을 경유했다.[日迫曛暮 由巾正路]. (…)"

44 이러한 방식의 작업은 졸고 '류인태, 앞의 논문, 2019'의 'Ⅵ. 데이터를 통해 발견한 몇 가지 이야기-2.생활권역과 원거리 여정에 대한 지리적 분석'(200~229쪽)에서 시도된 바가 있다. 해당 연구는 윤이후가 생활 속에서 일상적으로 이동한 교통로와 해남에서 거제 사이를 왕복한 이동 경로를 전자 지도상에서 복원하였다.

45 국립중앙박물관 제공 '조선총독부박물관 문서' 지도 서비스(https://www.museum.go.kr/modern-history/map.do).

46 김현종, 「역사지리정보시스템HGIS을 활용한 조선시대 교통로 복원 방법론 연구」, 『문화 역사 지리』 29 (3), 한국문화역사지리학회, 2017, 145~165쪽.

47 국토교통부의 '공간 정보 오픈 플랫폼'(http://map.vworld.kr/map/maps.do).

48 김택룡의 이동경로 전자 지도(http://redint.onfo/geo/JoseungdangRoads.htm)

49 김택룡의 생활권역(거주 공간 중심) 전자지도(http://redint.info/geo/JoseungdangRoads.htm).

50 기준 공간을 중심으로 동심원을 그려 개인의 생활반경을 표현하는 것은 GIS의 버퍼Buffer 분석에 해당하며, 버퍼 간의 활동반경의 교차 영역을 추출하는 것은 GIS의 중첩overlay 분석에 해당한다. 버퍼 분석에서 조금 더 정밀한 분석 결과를 얻으려면, 기준 공간에서 등거리 반지름을 가진 원을 설정할 것이 아니라, 거리 비용(시간, 경사, 길의 상황 등)을 고려한 거리 비용 래스터 레이어를 이용하는 방안이 필요한데, 조선시대의 경우 지역 도로망을 상세하게 복원하거나 세부 도로의 상황 등을 종합적으로 정리한 DB가 구축되어 있지 않기에, 참고할 만한 자료가 부족해 그와 같은 정밀한 분석 연구는 현 시점에서 시도하기가 현실적으로 어렵다.

51 다음의 내용을 참고할 수 있다. "『대동지지』 「정리고」의 리수와 해당 구간 거리(미터)를 이용해 1리 거리를 계산한 결과 전국의 1리 거리는 459미터로 계산되었다. 곧 10리는 미터법으로 환산하면 4.6킬로미터다. 본선만으로 한정하면 약 469미터이며 지선을 포함하면 약 459미터다. 노선별로 그 편차가 -28미터에서 -83미터까지 나타난다. 또한 1리 거리를 주척으로 환산하면 본선 기준으로 약 21.7센티미터이며, 지선을 포함하면 약 21.2센티미터다. 이는 도로의 길이를 표현할 때는 주척 단위를 사용했음을 반증하는 예가 될 것이다." 김현종,

「『大東地志』「程里考」에 기반한 조선 후기의 1리里」, 『대한지리학회지』 53권, 대한지리학회, 2018, 19쪽.

52 김택룡의 생활권역(치소 중심) 전자 지도(http://redint.info/geo/JoseungdangCircle2.htm).

53 이 연구에서 좌표를 찾아 현재의 위치를 비정하고 전자 지도에 복원한 84곳의 장소(고지명)에 관한 정보는 JSON 포맷의 데이터로 가공해, 필자의 홈페이지(http://redint.info) 'Research Datasets' 하위의 'JoseongdangPlaceDataset_ver001' 항목에 공개하였다.

조성당일기

1판 1쇄 발행 2023년 12월 8일

지은이 · 윤성훈 장준호 신동훈 백광열 최은주 류인태
펴낸이 · 주연선

(주)은행나무
04035 서울특별시 마포구 양화로11길 54
전화 · 02)3143-0651~3 | 팩스 · 02)3143-0654
신고번호 · 제1997-000168호(1997. 12. 12)
www.ehbook.co.kr
ehbook@ehbook.co.kr

ISBN 979-11-6737-376-2 (93910)